航天发展新动力

商业航天

张保庆　吴　勤　张梦湉　赵　天　编著

中国宇航出版社
·北京·

图书在版编目(CIP)数据

航天发展新动力：商业航天 / 张保庆等编著. -- 北京：中国宇航出版社，2017.8(2018.5 重印)

ISBN 978-7-5159-1362-9

Ⅰ. ①航… Ⅱ. ①张… Ⅲ. ①航天工业－工业发展－中国 Ⅳ. ①F426.5

中国版本图书馆 CIP 数据核字(2017)第 176987 号

责任编辑 黄　莘
责任校对 王　妍　汪秀明　**装帧设计** 宇星文化

出版发行 中国宇航出版社

社　址 北京市阜成路 8 号　**邮　编** 100830
(010)60286808　(010)68768548
网　址 www.caphbook.com
经　销 新华书店
发行部 (010)60286888　(010)68371900
(010)60286887　(010)60286804(传真)
零售店 读者服务部
(010)68371105
承　印 三河市君旺印务有限公司

版　次 2017 年 8 月第 1 版
2018 年 5 月第 2 次印刷
规　格 787×960
开　本 1/16
印　张 15.75
字　数 235 千字
书　号 ISBN 978-7-5159-1362-9
定　价 68.00 元

本书如有印装质量问题，可与发行部联系调换

前　言

PREFACE

航天产业是当今世界最具挑战性和广泛带动性的高科技领域之一，是国家综合国力的集中体现和重要标志，是国家战略性新兴产业和先进制造业的重要组成部分。随着世界航天产业的快速发展，仅仅依靠国家、政府投入的传统航天发展模式已难以为继。商业航天以其特有的创新发展模式，为助推航天产业经济发展带来强劲动力，成为航天经济可持续发展、建设高效费比航天能力的重要手段。

世界主要航天国家为顺应商业航天蓬勃发展新态势，陆续推出一系列促进商业航大发展的举措，为商业航天营造了良好的发展氛围。在全面建设小康社会、实现中国梦的关键时期，商业航天发展模式以其特有的创新理念引起了国内的广泛关注。商业航天已成为我国航天事业发展的新动力，可进一步促进航天技术在经济社会各领域的广泛应用，对建设航天强国、助推航天梦具有重要意义。

《航天发展新动力——商业航天》一书分为商业航天概述、商业航天法规政策概览、商业航天产业分析、商业航天企业盘点、商业航天发展展望共5章内容，内容丰富、资料翔实、特色鲜明，较为全面地反映了世界商业航天的最新发展态势，具有较高的参考价值。

本书的编著人员为北京航天情报与信息研究所长期从事航天战略、航天装备与技术、商业航天等领域研究的人员，在编写过程中广泛参阅了国内外公开发布的资料和数据，力求内容客观、全面、准确。希望本书的出版能够为相关管理部门与科研人员把握世界商业航天发展态势提供有益的帮助。

由于商业航天领域涉及面十分广泛，许多问题还有待深入研究。本书如存在不足之处，敬请广大读者批评指正。

编　者

2017年6月

目 录
CONTENTS

第一章　商业航天发展概述

第一节　商业航天解读

商业航天是航天事业发展到一定阶段的必然产物，是未来航天发展的大趋势。目前，全球航天产业正处于能力和市场快速发展的鼎盛时期，商业航天成为助推航天产业发展的强劲动力。为顺应商业航天蓬勃发展的新态势，各国政府相继出台多项政策与法律法规，制定了符合各自国情的商业航天发展重大计划，为商业航天营造良好的发展氛围。

一、商业航天概念

有关商业航天的概念，不同国家有不同的阐释。美国将商业航天定义为由私营企业提供的航天产品、服务或活动，这些私营企业为此需要承担一定比例的投资风险和责任，按照典型的市场激励机制运行来控制成本并获得最大的投资回报，并具有为现有的或潜在的非政府客户提供航天产品和服务的合法资质。其内涵包括三个方面：一是国家类航天工程项目商业化运行，即把私企能承担的国家重大航天任务通过市场竞争机制交给私营企业运营；二是非政府航天工程项目商业化运行，即航天项目完全由私营企业自行发起、社会投资、自主经营、自担风险；三是航天应用领域商业化，即私营企业围绕卫星通信、卫星遥感、卫星导航等领域提供航天产品和服务。不同于美国，欧洲对企业的所有制属性不做限制，将商业航天定义为按市场规则运行的所有航天活动。

在全面建设小康社会、实现中国梦的关键时期，商业航天发展模式以其特有的创新理念引起了国内的广泛关注，我国商业航天正迎来一个快速发展的时期。对于商业航天的概念，本书认为，商业航天是以市场为主导，采用市场手段，运用市场机制，按照市场规律开展的航天活动，是航天事业发展到一定阶段的必然产物。

除具有航天产业所具有的高技术、高投入、高风险等基本特点外，商业航天还具有如下特点：一是时代性，商业航天是航天技术发展到一定阶段和航天产业发展到一定规模的产物；二是经济性，一方面商业航天对国民经济发展具有广泛带动作用，另一方面在满足国家社会安全的同时，从事商业航天的企业按照市场规律获得一定的经济效益；三是市场驱动性，商业航天活动是市场驱动下的航天活动，各项业务开展均按照市场机制和市场规律运行；四是约束性，商业航天并非完全的自由经济，必须受国际规则、国家法律等的约束，要符合国家安全和公共安全利益。

二、商业航天提出背景

商业航天不是什么新概念，政府采购服务的模式在美国早已实行多年，特别是在遥感和通信方面，取得了很大的实效。近几年商业航天再次引起国际航天界的关注，主要是因为美国在载人航天和深空探测等领域引入商业和市场机制。

冷战后期，随着商业航天的兴起，美国政府在 1988 年的航天政策中增加了商业航天的内容，将航天活动分为国家安全航天、民用航天和商业航天三部分。1988年2月，里根总统宣布了国家航天政策和关于商业航天活动的建议，对航天商业化予以大力扶持，并为美国商业航天活动指明了方向。1991年2月，美国前总统布什签署了新的商业航天政策，要求政府机构鼓励商业航天企业发展，只要他们的活动和国家活动及外交政策的利益一致，与国际和国内的法律义务一致，与政府的政策要求一致。

进入21世纪，美国三届总统专门委员会对政府的航天计划进行了考察，得出的共同结论是：发展商业载人航天非常迫切，未来的新兴航天力量必须成为载人航天发展的突出角色。为此，美国政府在2006版《国家航天政策》中进一步明确了关于商业航天的指导方针。4年之后，美国于2010年6月28日又发布了《国家航天政策》。关于商业航天方面，美国政府继续看好商业航天发展前景，提出要创建健壮、有竞争力的工业基础，促进创新，利用商业航天产品和服务满足政府需求，并且在国际合作协议框架下，推广对美国商业航天产品和服务的购买和使用等。新政策确定的商业航天方针通过采购政策、体制创新来推动商业航天的发展。2010版《国家航天政策》首次给出了商业航天的定义，将“商业”定义为由私营企业提供航天产品、服务或航天活动，这些私营企业为此需要承受一定比例的投资风险和责任，按照典型的市场激励机制运行来控制成本并获得最大的投资回报，并具有为现有的或潜在的非政府客户提供航天产品和服务的合法资质。

世界商业航天与全球经济、政治、军事和其他相关工业有着千丝万缕的联系。在商业航天领域领先的国家不仅能够获得经济增长中较大的份额，更能够通过制定行业标准，制约、控制其他竞争者的发展。无论是受经济利益的驱使，还是出于对国家安全、外交策略、军事战略等方面的考虑，世界主要航天国家都在竞逐商业航天市场。

第二节 全球商业航天发展态势分析

商业航天是采用市场化手段、运用市场机制或按市场规律开展的航天活动，涵盖运载火箭生产与发射、卫星研发与运营、地面设备制造与服务、新兴航天活动等诸多领域，具有产业链条长、服务领域广、带动作用强等特点。商业化是航天事业发展到一定阶段的必然产物，已成为航天技术持续发展的基础。

近年来，以美国、欧盟为首的世界主要航天国家和组织大力推进商业航天发展，制定了符合各自国情的商业航天发展重大计划，逐步推动航天产业发展由为军事和政府部门服务为主，向为经济和社会发展服务为主转变。在太空旅游、空间运输、卫星遥感等方面，国际航天商业化进展显著，原本由政府主导的航天产业正逐渐走向大众消费时代，并最终走向寻常百姓家。

一、美欧布局商业航天

在新兴技术持续突破、“太空+互联网”跨界融合、新兴航天企业蓬勃发展、私有资本纷纷涌入的促动下，全球即将进入新太空时代。美欧已超前布局、谋求先机，意图占据新太空时代的战略制高点。

美国学者2009年提出“太空2.0”概念，认为太空领域的变革类似于互联网变革，“互联网1.0”时代夯实了信息传播的基础，而“互联网2.0”时代是大众利用互联网的时代。“太空1.0”时代，运载火箭、卫星、航天新材料等发展日益成熟，夯实了太空开发的基础，而“太空2.0”时代是大众利用太空的时代。2015年10月，NASA在“人类与商业航天”国际论坛上提出了美国即将迈入第二个太空时代（“太空2.0”）的观点。NASA认为，在“太空 2.0”时代，太空开发不再仅由政府主导，应由政府、私营企业、科学技术界、公众共同推动，每个角色都将发挥其独特且必要的作用。NASA 强调众包、众筹等研发模式在新太空时代具有重要意义，并将长期目标由“注重探索月球、火星等太空目标”向“兼顾拓展人类在太阳系的活动范围”方向延伸。

欧洲航天局局长沃尔纳自 2015 年以来，多次提到“太空 4.0"概念，强调未来太空开发活动将进入“太空 4.0”时代。他认为，像“工业 4.0”那样，太空探索和开发活动的演变过程也历经了 4 次革命。“太空 1.0”时代始于 16 世纪哥白尼提出“日心体系”学说，天文学的发展进入全新的阶段；“太空 2.0”时代始于 20 世纪 60 年代“阿波罗”计划的实施；“太空 3.0”时代始于 20 世纪 80 年代国际空间站设想的提出、推进和实施，由此太空成为人类活动的一个新领域。欧洲航天局将新太空时代定义为“太空 4.0”，并指出在“太空 4.0”时代，政府主导的计划、私营企业参与的项目、太空旅游业将相互交叉融合，新兴主体大量参与，航天应用与社会互动日益频繁，参与航天活动的国家不断增加，商业化趋势明显。为了迎接太空新时代的到来，欧洲航天局将在社会互动、航天商业化、与工业界新兴主体开展交流合作、与欧盟委员会培育合作关系等方面发挥重要作用。欧洲航天局提出未来的太空活动将越来越多地考虑技术以外的因素，更加重视航天任务与科学、工业、政治和社会的互动。

二、应用领域不断拓展

当前，世界主要航天国家和组织都在大力推进商业航天发展，其业务范围正在从传统的商业卫星发射、商业卫星应用向新兴领域拓展：一是空间活动范围由近地轨道向深空拓展；二是商业航天业务由无人向载人领域跨越；三是向军事应用不断迈进；四是逐步开展太空旅游、太空采矿等新型太空活动。

从近地轨道向深空拓展。随着商业航天技术的不断发展，深空探测成为继商业卫星通信、商业卫星遥感、商业运载火箭和货运飞船后，美国商业航天的又一新领域。私营商业航天公司的参与，将为深空探索提供一条加快进度、降低成本、分担风险的有效途径。NASA“月球催化剂”计划按商业合同向月球快车公司、太空机器人技术公司等企业提供技术和资金支持，为商业月球探测计划研发月球着陆器等产品。2016 年 8 月，美联邦航空管理局首次批准美月球快车公司 2017 年向月球发射 MX-1 着陆器的申请，开创了私营企业进行商业深空探测的先例。美国太空探索技术公司 2016 年宣布，计划最早于 2018 年用“猎鹰”重型火箭发射无人“红龙”飞船抵达火星。美深空工业公司提出了首个商业小行星探测活动，拟于 2020 年发射质量为 50 千克的探测器勘测近地小行星。

从无人向载人航天跨越。随着技术的成熟度与可靠性不断提升，商业航天业务从无人向载人领域发展。NASA 已经与波音公司、太空探索技术公司签订合同，采购 CST-100 和“龙”载人飞船执行国际空间站乘员运输任务。2015 年，NASA 公布了为首次商业载人航天挑选的 4 名航天员的名单，他们将与相关企业合作筹备太空之旅，推动私营企业开展近地轨道运输。太空探索技术公司发布了“星际运输系统”计划，提出 2018 年进行“红龙”火星着陆舱不载人试验，最早 2025 年实现载人登陆火星。

军事应用价值不断显现。在军用卫星发射方面，美国太空探索技术公司通过了美国空军的认证，首次获得军星发射资格；2017 年 5 月 1 日，美国太空探索技术公司利用猎鹰 -9 火箭首次执行大型军用卫星发射任务，成功发射国家侦察办公室的间谍卫星 NROL-76，成功实现了火箭第一级的第四次陆地回收，标志着美国私营航天企业研制的火箭形成国家安全载荷发射能力。在天基信息支援作战方面，美国先进的商业遥感卫星分辨率已达到 0.31 米，超过部分军用卫星分辨率，在支援局部战争，曝光朝鲜、伊朗导弹试验及核试验等行动中，提供了大量高分辨率图像。在卫星通信领域，美国的商业通信卫星支持国防部 40% 的通信需求，未来 10 年将增长到 60% 以上，商业卫星通信在伊拉克战争中占卫星通信的80%。在空间态势感知方面，美国图像分析公司建立的“商业太空中心”运行后，跟踪了6000~7000个在轨空间目标，成为美国政府和军方空间态势感知能力的重要补充。

新型太空活动方兴未艾。近年来，商业航天企业还提出太空旅游、小行星采矿等新型太空活动。太空旅游方面，已有不少商业公司涉足该领域，美国太空冒险公司通过与俄罗斯合作，将多名游客送往空间站旅游；维珍银河公司从2005年起就推出太空旅游项目，其“太空船票”每张售价20多万美元，已卖出700多张票；美国XCOR公司研制出两座太空船“山猫”，也计划用于私人太空游。美国2015年通过《美国商业航天发射竞争法案》与《2015外空资源探索和利用法》，为私人实体进行月球及行星采矿提供了法律依据，标志着美国成为第一个赋予私人外空采矿合法权的国家。

三、各国政府全力扶持

商业航天的快速发展离不开政府扶持，这是航天领域高技术、高投入、高风险的工业特点所决定的。近年来，美、欧、日、印等主要国家和地区为顺应商业航天蓬勃发展新态势，陆续推出一系列促进商业航天发展的举措，为商业航天营造了良好的发展氛围。

美国在1988年、2006年和2010年的《国家航天政策》中多次提出或进一步明确鼓励商业航天发展的指导方针，指出要吸纳和增加私营部门参与美国政府航天系统及基础设施的设计与开发，强调积极探索采用有创造力的、非传统的举措来采购商业航天产品和服务。此外，先后出台《零重力零税收法》《航天现代投资法》等配套政策，规定可以对从事航天活动的企业实行免税，提出加快发展更具商业潜力的商业航天运输业等。2015年又出台了《商业航天政策》《商业地理空间情报战略》《美国商业航天发射竞争法案》等，促进了商业航天发射、卫星遥感等领域的发展，为新兴航天企业的成长铺平了道路。美国政府和军方还通过技术扶持、直接补贴、出资建设系统、采购卫星数据产品等手段，扶持商业航天企业发展。例如，太空探索技术公司“猎鹰”系列火箭研制中获得了NASA“阿波罗”计划的部分技术，内华达山脉公司“追梦者”航天飞机获得NASA研发的HL-20升力体构型方案。此外，NASA采取了一系列实质性的资助计划支持商业航天力量发展。

英国2015年发布了其首部《国家航天政策》，指出其未来目标是成为欧洲商业航天及有关空间领域技术的中心，并在世界航天领域中占据更大市场份额（即2030年前，英国在全球航天市场中占10%的份额）。法国政府2015年公布了《商业航天投资计划》，强调继阿里安-6运载火箭之后，未来商业航天的投资重点将聚焦于甚高分辨率对地观测、高/低轨道先进通信卫星等，并计划利用欧洲投资银行贷款进行融资，全面增强法国在全球商业航天市场中的“加速度和竞争力”。

日本积极投身商业航天，持续推进航天政策改革，并将增加商业航天任务发射频率及扩展商业航天市场份额视为提升全球航天竞争力和区域领导地位的重要渠道，并计划在今后10年争取每年接到1个以上国外或商业公司的卫星发射订单。印度政府通过发展与美国的合作关系，打破航天合作政策壁垒，积极抢占国际商业航天发射市场。

四、技术创新风起云涌

技术创新对于商业航天的发展也至关重要，技术原始创新、集成创新及多项技术融合应用都是商业航天持续发展的重要推动力。近年来，国外商业航天企业发展迅速，新概念、新技术层出不穷，取得了诸多开创性的新研究成果。3D打印、大数据、云计算等一大批新兴技术的发展，也直接或间接地助推了商业航天的发展。

国外商业航天企业技术创新注重接地气，注重解决工程实际问题，注重在工程实践中不断完善，更加重视创新与继承的结合。例如，“猎鹰”火箭的垂直起降、充气式太空舱等都是在多年之前美国政府曾经支持开展过的研究项目，但限于当时的技术基础，这些创意未能在工程中得以实施，新兴商业航天企业接过这些“创意大旗”，并借助科技快速发展的成果，将其逐步实施。美国商业航天企业的创新也十分关注现代科学技术与航天技术应用的结合。如通过大量应用 3D 打印技术，不仅能使航天器零件快速成型，适应火箭研发阶段频繁变更的要求，也可缩短生产流程，降低成本。

商业航天最典型的技术创新成果当属太空探索技术公司的猎鹰 -9 火箭。2017 年 3 月 31 日，太空探索技术公司首次利用回收的猎鹰 -9 火箭第一级成功发射 SES-10 商业通信卫星并实现火箭第一级再次海上回收，标志着大型火箭子级垂直回收技术已趋于成熟。猎鹰 -9 火箭在动力系统发射前和飞行过程中全面采用健康监测和故障诊断技术；在飞行控制中采用轨道在线规划及控制重构技术；在垂直起降可控回收技术方面，突破了动力系统推进剂流量调节及管理、高精度导航及姿态控制、箭体回收可伸缩支架设计等关键技术。猎鹰 -9 为了弥补单台发动机推力不足的问题，同时规避大推力发动机研制的技术挑战，火箭一级采用按特定结构并联的 9 台 Merlin 发动机。相类似，美国萤火虫空间系统公司的萤火虫阿尔法火箭一级采用了并联的 12 台小推力火箭发动机，美国 - 新西兰火箭实验室公司的电子运载火箭采用了并联的 9 台发动机。

针对小卫星发射、太空旅游或者载人点对点快速抵达等未来需求，国外私营航天企业充分发挥各自优势，在空中发射、航天飞机、微小型火箭等领域开展创新性的研究，为商业航天发展提供了多种途径的解决方案。例如，美国芝加哥行星空间公司的研究重点是一种航天飞机，可进行地球表面高超声速飞行，实现点对点运输，目标为 20 分钟内从纽约到巴黎；XCOR 公司研制的航天器每次发射间隔周转时间只需要 2 个小时，亚轨道太空飞行业务只需要 9.5 万美元；维珍银河公司正在研制液氧 / 煤油动力的两级小型空射运载火箭运载器 1 号。毕格罗航天公司将太空开旅馆的创意与充气式太空舱、空间站甚至深空探测结合在一起，实现了极大的创新。

五、新兴企业迅速崛起

在政府大力支持下，新兴航天企业“井喷式”出现并快速发展，涌现出太空探索技术公司、一网公司、行星公司、美丽大地公司、轨道洞察公司等一批明星商业航天企业。航天产业链方面，各个环节已形成多家私营企业良性竞争的局面，涵盖了火箭发射、卫星通信网络、卫星遥感图像、卫星数据服务、太空采矿、卫星运营服务等多个领域。经过多年发展，部分新兴私营企业逐步占据了商业航天产业链条的关键环节，成为了业界翘楚，在全球商业航天领域扮演着越来越重要的角色。火箭发射环节，诞生了太空探索技术、轨道科学 ATK 两大“新贵”，均已成功完成多轮火箭发射，为美国航天局多次完成向国际空间站运货的任务，打破了波音公司、洛克希德·马丁公司等在美国太空发射领域的垄断；卫星制造领域，诞生了包括数字地球、尖顶、行星、行星资源等在内的一系列公司；卫星图像数据处理领域，活跃着轨道洞察、美丽大地等公司。

发展模式方面，商业航天企业在产品生产制造、投资、服务等方面与传统航天企业发展思路存在很大不同，在项目管理、公司运营等方面有很多优势，在快速响应用户需求和成本控制等方面更为灵活，进而建立起有效的商业运营模式和盈利模式。

太空探索技术公司为了在满足产品可靠性的前提下降低成本、缩短研发周期，创建了适合自身发展的发展模式，包括：扁平化的高效组织管理模式，以小型精英科研团队保证工作效率和质量；尽量购买成熟技术和产品，其零件大都采用全球货架式采购模式，避免了重复研发成本；注重产品的通用化、标准化，其火箭在动力系统、箭体设计、导航控制等部分都尽力做到通用；选择集中的办公空间，通过开放式工作环境降低人员交流成本，并实现设计与工艺无缝对接，提高生产效率；坚持关键系统自行设计生产，缩短供应链、以严格的纵向整合来降低开发成本；研发可重复使用技术，提升产品的成品速度并降低成本等。太空探索技术公司的商业化运营思路和贯彻始终的成本控制理念等做法已成为全球众多商业航天企业学习模仿的“蓝本”。

美丽大地公司（原天空盒子成像公司）通过将微小卫星技术与云服务、大数据等新一代信息技术以及定制服务创新运营模式相结合，实现了低成本、高时空分辨率卫星图像应用的商业构想。此外，世界上一些大型互联网企业进军航天领域，也为商业航天领域带来新思维、新理念与新模式。

六、社会资本争相涌入

航天领域投资具有周期长、资金需求大等特点，单靠政府投资效率并不高。商业航天快速增长的背后除了政府这一推手外，还有社会资本这个重要推手，吸引社会资本参与是国际上推动商业航天发展的一条有益经验。航天产业的发展需要大量资金支持和资本力量助推，商业航天与军用航天、民用航天的重要区别，决定了其投融资的社会化和市场化属性。商业航天产业以其无限的生命力和巨大的发展潜力，吸引着政府、企业、科研机构、投资机构以及应用推广机构的眼球。

21 世纪前 5 年，初创航天企业数量年均为 3 家；2010 年后，初创航天企业数量增至年均 8 家，越来越多的人开始关注该领域，并成立相应的企业。太空探索技术、美丽大地等公司的成功向外界展现了商业航天盈利的可能性，吸引了谷歌、亚马逊、脸书、苹果等一批互联网巨头和众多社会资本通过收购、创办企业、投资等方式涉足该领域。如 ViaSat 公司于 2009 年收购了 WildBlue 公司；Monsanto 公司于 2013 年收购了 ClimateCorporation 公司；谷歌于 2014 年收购了天空盒子成像公司等。近几年，投资界对商业航天领域的兴趣越来越浓厚。据美国《初创航天领域投资报告》显示，2000 年—2015 年企业收购和风险投资的作用开始逐步凸显，资本的活跃度显著增强。从投资金额看，初创企业累计获得 133 亿美元投资，投资总额的 2/3 集中发生在过去 5 年，且大部分来源于风险投资。

2015年，初创航天企业获得的投资超过了过去15年的总和，其中，风险投资达到18亿美元，是过去15年总和的1.7倍；从投资者的数量看，近十年增长明显，从2000年—2005年间的年均7家投资者，到2006年—2010年间的年均19家，又猛增到2011年—2015年间的年均55家，投资者年均数量将近增加到第一个五年的8倍。可以看出，航天领域的“赚钱效应”已逐步得到市场认可和投资者青睐。如Astrocale、OrbitalInsight、OmniEarth等公司获得了A轮融资，Mapbox、Spaceflight、Spire等公司获得了B轮融资。值得注意的是，2015年太空探索技术公司从谷歌和富达基金公司获得了10亿美元的投资，一网公司从维珍集团等多家国际领先公司获得5亿美元的A轮投资。

七、小结

在国家政策的大力扶持下，商业航天快速发展，新兴商业航天企业快速崛起，这些航天的“新生力量”带来了全新的思维方式、发展理念和商业模式，引入了技术创新和成本降低，颠覆了航天发射、卫星应用等领域，将商业航天推向了新高度，掀起了互联网时代商业航天发展的新篇章。我国航天应积极学习借鉴国外商业航天的成功经验，从国家和企业方面采取措施，推进商业航天发展，提升我国航天产业的创新力以及国际竞争力，推动我国由航天大国向航天强国转变。

第三节　创新驱动商业航天发展

航天产业是当今世界最具挑战性和广泛带动性的高科技领域之一，是国家综合国力的集中体现和重要标志，是国家战略性新兴产业和先进制造业的重要组成部分。创新是商业航天发展的主要驱动力。美国以及欧洲的主要航天国家在技术、商业模式、管理等方面积极推进商业航天的创新发展，取得了诸多重要进展，对我国商业航天的发展具有很好的参考借鉴作用。

一、商业化为航天事业持续繁荣与发展开辟新的途径

商业航天是未来航天发展的大趋势。仅仅依靠国家、政府投入的传统航天发展模式已难以为继，航天技术要想支撑产业发展，必须走商业化道路，商业化是航天事业发展到一定阶段的必然产物，已成为航天技术持续发展的基础。以美国、欧盟为首的世界主要航天国家和组织正在大力推进商业航天发展，制定了符合各自国情的商业航天发展重大计划，向经济和社会发展服务转变。

商业航天蕴含巨大价值。2015 年全球航天经济总量约 3230 亿美元，其中 76% 为商业航天，按照航天领域每投入 1 美元将换来 7~14 美元回报的规律，可带动产生数万亿美元的经济效益；航天对国民经济和社会生活诸多领域产生了深远的影响，近年来我国已有 2000 多项航天技术成果移植到国民经济各部门；商业航天与其他产业相互渗透，在国家提出的“一带一路”“中国制造 2025”“互联网 +”等方面具有重要地位与独特作用。

二、技术的创新与融合引领商业航天不断向前发展

技术的持续创新、融合与应用成为商业航天发展的动力，也是商业航天确立“快速、便捷、廉价、可靠”发展优势的基础。低成本发射、智能终端、大数据技术、微系统技术、手机卫星、芯片卫星等新技术、新应用的不断涌现，带动了商业航天的不断发展和变革。

新一代快速机动、廉价、可靠的小型运载工具是满足商业航天需要的必然选择。目前正在开展小型运载火箭研制设计的商业公司接近 20 家，其中部分型号已经完成了设计生产，即将开展飞行试验；还有部分公司在探空火箭或运载火箭相关的技术基础上，已经完成某些关键部件的研制。美国的维珍

银河公司推出的“运载器一号”获得了一网公司和NASA的订单；美国火箭实验室公司创造性地提出了发射服务网上订购的业务，用户从2015年8月起可预订“电子”小型运载火箭发射服务；美国矢量空间系统公司正在研制可将25~45千克有效载荷送入轨道的微小卫星运载火箭；西班牙PLD公司也提出了建造“亚里安”低成本微小卫星运载火箭的计划。

随着我国“长征六号”“长征十一号”“快舟”等快速、便捷、可靠、廉价的小型火箭应运而生，卫星的发射方式由传统的搭载开始向个性化、定制化、众筹化方向转变。快舟一号运载火箭开创了我国用固体运载火箭成功发射卫星的先河。“快舟二号”采用了国际首创的星箭一体化技术，可实现快速集成、快速测试、快速发射；是我国首个具有快速集成、快速入轨能力的小型固体运载火箭，创造了我国航天发射的最快纪录，初步形成了我国亟需的空间快速响应能力。以快舟十一号低成本固体火箭为代表的系列火箭的研制，将形成可靠的低成本航天发射能力，可以提供更优质、经济的国际商业发射服务，满足各类空间应用和科学实验对灵活进入空间的需求。

图1–3–1　快舟一号甲固体运载火箭

可重复使用的天地往返运输系统具有广阔的商业应用前景。未来可重复使用的天地往返运输系统应该发挥航空飞行器与航天飞行器各自的优点，是一种能够在稠密大气层、临近空间和地球低轨道之间往返飞行的新型空天飞行器。美国近年来通过 X-37B、XS-1 飞行器、可重复使用猎鹰 -9 火箭进行火箭动力重复使用运载器的关键技术攻关，并开展了组合动力重复使用运载器的预先研究。美国蓝色起源公司成功将回收的“新谢泼德”火箭再次发射并回收，验证了亚轨道可重复运载技术；猎鹰 -9 火箭多次海上垂直回收试验的成功，为开发运载火箭重复使用技术、降低进入空间成本探索了一条创新之路。欧洲对火箭助推器可控回收技术进行了研究，正在开展单级入轨空天飞机以及“佩刀”发动机的研制。

图 1-3-2　降落在美国航天局肯尼迪航天中心的 X-37B 太空飞机

组建及应用微小卫星星座成为商业航天领域的一个重要方向。微小卫星在成本控制、响应速度、安全性、维护性和功能重构等方面有其不可替代的优势。近期，多个商业小型遥感卫星星座计划陆续进入部署阶段，宏大的近地轨道互联网卫星星座按计划将在未来进入星座建设阶段。美丽大地公司通过 24 颗 100 千克级卫星组网，将提供 1 米级图像与视频并具备 8 小时全球数据更新能力；英国一网公司和美国太空探索技术公司分别提出了建设 648 颗和 4000 颗低轨小卫星星座计划，以提供宽带上网服务。中国航天科工集团公司（以下简称“航天科工”）依托自身的专业技术优势，开展了小卫星、微纳卫星、卫星组网等核心技术的探索。发展的“福星”低轨宽带移动卫星通信系统，以天基互联网接入为主要目的，采用 100 多颗低轨小卫星覆盖全球；融合微纳卫星与智能手机技术，创新发展了高度集成化、模块化、标准化的智能手机卫星；将航天技术与云服务结合，开展遥感云服务、天基物联网等项目。2017 年 3 月 3 日，航天科工利用其研制的开拓运载火箭成功发射天鲲一号新技术试验卫星，标志着航天科工已具备独立自主研制各类典型空间飞行器及平台的能力，为航天科工推进实施以“虹云工程”为代表的商业航天计划奠定了技术基础。

图 1-3-3　航天科工“天鲲一号”发射图

临近空间是人类尚未充分开发的领域，其商业化应用将为改善人类生活提供更多便利。美国、欧洲、日本等国家和地区面向通信、对地观测等领域重点发展临近空间浮空器、高空气球及其载荷等，将具有广阔的应用前景。

空间信息应用是商业航天以应用为牵引的落脚点和突破口。我国航天企业基于初步建成的空间基础设施，统筹构建“三合一”区域全覆盖、自由接入、协同共享的空间信息应用综合服务系统，为用户提供推送式、定制化、常态化应用服务；充分发挥在物联网、云计算、智能分析与数据处理等领域技术的优势，促进空间信息在环境减灾、智慧城市、国土资源、水利交通、农业生产等方面的应用。

三、商业模式创新成为构建航天产业新生态的核心

业态与商业模式的变革已成为航天产业发展的核心要素。在一个越来越网络化、智能化的世界，近乎于“零边际成本”的互联网经济大潮正在猛烈地冲击着各行各业，航天与互联网的跨界融合已成为时代的呼唤。商业航天的关注点也由传统的功能实现模式转向价值网络体系的构建和商业生态系统的创造上。

积极吸收互联网发展思维与行为方式的可取之处。借鉴“敏捷快速、低价可靠、平台共享、用户体验”等互联网思维，形成“资源广、用户多、边界宽、易获得”的发展特征，为用户提供定制化、多样化的服务。近年来，随着互联网与移动互联技术的发展，一批新兴商业航天企业纷纷借助互联网平台提供相关卫星应用服务。以美丽大地公司为代表的商业航天企业通过将互联网与高分辨率卫星星座结合，提供高时效性、高分辨率图像以及高保真影像，改变了天基商业遥感的应用模式。

卫星发射在线预订开创航天发射服务新模式。新西兰火箭实验室公司2015年提出卫星发射在线预订系统，在线发布了2016年至2019年共28次发射机会，成为世界上首个接受卫星发射在线预订的商业航天公司。通过在线预订系统，用户可利用个人电脑甚至手机就能完成原来复杂的订购流程，并能在订购前了解以往很难获取的发射时间、价格等信息，颠覆了传统的卫星发射订购程序。

“互联网 + 航天”构建商业航天新业态。商业航天发展需要适应互联网的时代要求，与大众创业、万众创新的时代潮流相结合，建设资源共享、能力协同、线上线下互动、合作各方互利共赢的航天产业形态。例如，航天科工正在建设的航天云网平台以云制造为核心、生产性服务为主体，充分发挥航天科工资源、能力优势，集综合营销平台、创新创业平台以及资源整合平台等功能于一体，努力打造众创、众包、众扶、众筹社会化“双创”生态环境，最终实现“企业有组织、资源无边界”的目标。航天云网平台通过高效整合和共享国内外产业要素与优质资源，以资源虚拟化、能力服务化的云制造为核心业务模式，以提供覆盖产业链全过程和全要素的生产性服务为主线，构建了“制造与服务相结合、线上与线下相结合、创新与创业相结合”、适应互联网经济新业态的云端生态，牵引企业进行数字化、网络化、智能化建设，实现装备自适应调整、产品柔性化生产、企业社会化制造。至 2016 年年底，航天云网线上用户已接近 60 万家，开放共享工具软件 120 余项、技术专利超过 1.5 万项、标准超过 3.5 万项，平台整体成交金额超过 218 亿元。2017 年，航天云网上的注册企业将超过 100 万户，年度云端协作业务需求发布量预计将超过 1000 亿元，云端项目合作成功率预计达到 35%~50%。数以万计的企业因此节省综合成本数十亿元。航天云网对地方工业经济的推动作用受到地方政府的欢迎，目前已同多地政府合作，建设具有地方特色的“互联网 + 特色产业”的“双创”支撑平台。

将航天产业传统的二元结构（制造商与用户）转换为三元结构（制造商、运营商和用户），既能体现技术支持和服务于产业发展的思路，又能体现现代产业发展的商业化、专业化特征。制造商和运营商为了实现一个共同的目标而进行紧密合作；降低供需二元结构下供方的投资总量与产业发展总成本，降低制造商的创新风险，与运营商协同在提升用户效用的基础上提升产业链的获利能力与生命力。

四、开放合作为商业航天发展提供广阔空间

在经济全球化、网络信息化日新月异的时代，“独门独院，自成一统”的发展模式已难以为继，开放合作、协同共享的发展理念已深入人心。

多方协同共推商业航天发展。开放合作是商业航天的活力所在，也为其发展提供了更广阔的天地。各级政府、军队、科研机构、军工企事业单位、民口企业、民间资本等各方力量的相互支持与合作是商业航天持续发展的基础。

将商业航天发展融入国民经济。商业航天的发展更加注重与经济和社会发展相衔接、与国家发展战略相衔接、与地方经济发展相衔接。如航天科工与湖北省正在联合建设武汉国家航天产业基地，将充分发挥地方政府、航天企业、社会资源等各方力量，重点发展商业航天技术和产业，打造新型商业航天核心产业链，带动一大批相关产业集群的同步发展。该基地以发展商业航天为主导，以新一代航天发射及应用为核心，通过科技创新、商业模式创新和管理创新，打造航天运载火箭及发射服务、卫星平台及载荷、空间信息应用服务、航天地面设备及制造等四大主导产业。

扩大商业航天的国际合作。积极实施“走出去”战略，是中国航天自身发展壮大的内在需要，也是服务于国家政治、外交大局的新要求。我国航天企业应紧紧抓住国家“一带一路”建设的重大机遇，按照开放包容、协同共享、互利共赢的合作理念，开展与相关国家、地区在航天发射、卫星应用、航天制造等方面的合作；提升全球配置资源能力，推进商业航天、国际物流等业务发展。

第二章　商业航天法规政策概览

第一节　商业航天政策与法律概况

商业航天已成为航天产业发展不可逆转的趋势。欧美相继出台多项政策与法律法规，鼓励支持商业航天发展，以提升航天产业的国际竞争力。

美国的商业航天发展起步较早，并对商业航天给予了明确的定义，即由私营部门提供的航天产品、服务或活动。在一系列政策与法律的支持下，美国商业航天产业迅速崛起。目前，除涉及国家安全的航天活动由政府或军方直接管控外，美国的私营企业参与航天发展的领域进一步拓展，已由商业货物运输、对地观测、宽带通信等航天活动，向商业载人、月球开发、行星采矿等技术要求更高的方向发展。

在欧洲，商业航天则是不问企业的所有制属性，只要按照市场规则运行的航天活动即为商业航天。欧洲的商业航天主要采用公私合营（PPP）的发展模式，致力于推进国际项目合作，提升欧洲航天工业能力，拓展欧洲航天产业在全球的市场份额。

一、美国商业航天法规政策

美国早在20世纪六七十年代就开始探索发展商业航天，20世纪80年代起，美国各届政府相继发布了相关政策与法律，开始引导政府部门与私营企业开展合作，促进航天产业领域的市场竞争，打破传统航天产业的垄断模式，推动商业航天产业发展壮大。

1988年，里根政府首次在航天政策中增加了商业航天相关内容，明确了美国促进商业航天发展的政策方针，提出美国政府应借助按照市场规律发展的商业航天，扩大私营企业对航天领域的投资，通过不断增长的航天产品与服务促进美国的经济增长，支持政府航天项目的发展。此后，美国政府对发展商业航天始终秉承鼓励、支持的态度，先后发布了多项政策，基于商业航天发展全方位指导。美国国家航空航天局（NASA）、国家海洋与大气管理局（NOAA）、国家地理空间情报局（NGA）等相关政府机构也积极落实国家大力发展商业航天的政策方针，实施了相应的举措，为私营企业参与航天领域竞争提供了强有力的支持。

在法律方面，美国商业航天法律发展最早、最成熟，自1958年在《国家航空航天法》中预设了商业航天发展方向，明确了军用、民用航天的责任边界后，相继出台了包括《商业通信卫星法》《商业航天发射法》《陆地遥感商业化法》《商业航天法》等多项商业航天领域的单行法律。2010年，美国颁布了《美国法典——第51编：国家航天和商业航天项目》，完全吸收了此前的商业航天单行法律，并进行了相应的技术修改与调整，对促进美国商业航天发展具有重要意义。2015年，美国通过了《美国商业航天发射竞争法案》，内容涵盖商业航天发射、商业遥感、商业航天管理机构名称变更及职能强化、外空资源探索与利用等方面，有助于进一步推动美国商业航天企业创新创业，提升其国际竞争力。该项法案的颁布对《美国法典》第51编相关内容构成实质修改。

二、欧洲商业航天法规政策

新一任欧空局局长称，欧空局已进入“航天 4.0”时代，这是全新的航天事业发展阶段。4.0 阶段的航天发展具有自由、融合、与社会互动、国际化、商业化等特征，政府机构和工业界以及其它机构的合作将进一步深化，航天活动的参与者将扮演重要的新角色。面向航天新时代，欧洲的航天政策不断向商业航天倾斜。欧空局采用公私合作的方式发展航天项目，以保持欧洲航天产业的国际竞争力。英国发布了首部《国家航天政策》，并计划在国内建设欧洲大陆的首个航天发射场，为未来商业太空旅行提供支持。法国公布了一系列商业航天投资举措，致力于使本国企业在商业卫星领域获得竞争优势。

（一）英国出台首部《国家航天政策》

2015 年 12 月，英国政府公布了首部《国家航天政策》。该政策的出台对统筹英国航天产业发展，促进实现“2030 年航天经济总量占全球 10%”的目标，提升英国在欧洲乃至全球航天的影响力和话语权，保障英国航天长远发展具有重要意义。

1. 出台背景

过去 10 年，英国航天工业发展势头强劲，已实现每年约 8% 的经济增长率，直接雇佣人数增长了一倍。英国政府已认识到，21 世纪的新太空竞赛是一项“看谁能最好地将科学和技术转化为社会和经济优势资本”的挑战，太空既是一种战略资产，也孕育着巨大机会。英国的目标是，到 2030 年使航天产业占全球航天市场份额从当前的 6.5% 增加到 10%，提供 10 万个新增就业机会，每年对经济贡献额达 400 亿英镑（约 513 亿美元）。

自 2010 年《航天创新与发展战略》发布以来，英国出台了《国家航天技术战略》《民用航天战略》《国家空间安全政策》《航天发展行动规划》等一系列战略规划与政策文件，然而始终未从国家战略形成统一的发展框架来统筹英国航天未来发展。全球航天活动重要性的持续升级、航天活动的两用性、航天的巨大社会经济效益、航天发展远景的实现等都迫切需要国家创造稳定统一的政策环境，促使抓住全球航天发展带来的机遇。

2. 政策要点

英国《国家航天政策》主要由前言、部长的介绍、政府机构角色和职责、重点发展内容等四部分组成。具体包含五项要点：一是明晰了 17 个政府机构在航天发展中的作用与责任；二是首次突出强调航天的战略重要性，提出航天回馈社会之路；三是致力于保障航天发展环境的安全；四是依托卓越的科研成果，打造健壮且有竞争力的商业航天产业；五是通过国际合作创设太空合理利用法律框架，赢取高额投资收益。

在商业航天方面，政策提出政府将通过跨部门、跨行业合作，促进低成本航天创新服务应用，以改善公共服务，统筹军民需求，催生新商业机会，吸引更多高技术人才投身航天事业。科学和新兴技术在未来商业化发展中将发挥重要作用，特别是航天这一高风险但利益丰厚的领域孕育着大规模的创新。为此，政府将继续发展产学研用长期合作伙伴关系，在航天领域催生新发现和新的经济增长点；以英国商业银行为核心，促进金融市场更好地服务于创新型小企业；提高航天产业集中度，聚集资源和企业，重点支持下游企业聚集，并与创新型专业化公司建立联盟；制定预见性强、恰如其分的规章制度，在满足国家和国际安全责任的前提下促进航天成长；鼓励新型航天市场发展，充分发挥英国航天的显著优势。

（二）法国公布商业航天投资举措

2015 年 9 月，法国宣布要开展一系列技术投资，以使本国企业能赢得低轨卫星互联网星座、新一代高分辨率光学对地观测卫星和静止轨道高通量宽带卫星等商业航天项目合同，使法国航天工业界的目光由运载系统转向卫星。在遥感卫星领域，法国希望能与美国数字地球公司抗衡；在卫星互联网领域，主要为了避免波音公司和劳拉空间系统公司利用其优势向全球出售高通量宽带卫星系统，从而损害空客公司和泰雷兹·阿莱尼亚空间公司的利益。为此，法国政府制定了三项投资举措。

1. 研发下一代高分辨率光学遥感系统

法国国家空间研究中心（CNES）已同空客防务与航天公司和泰雷兹·阿莱尼亚空间公司签订一份价值约1500万欧元（约1650万美元）的合同，利用18个月的时间，设计下一代高分辨率光学遥感系统。该系统将像法国现有的由两颗卫星组成的“昂星团”系统一样，同时服务于商业和军事用户。这项合同使空客和泰雷兹·阿莱尼亚空间公司联合团队能细化在“超高分辨率光学对地观测”（OTOS）项目上已开展的工作。空客公司将负责研制卫星平台，泰雷兹·阿莱尼亚空间公司负责研制有效载荷。这两家公司还在建设法国防部由两颗卫星组成的“光学空间组件”（CSO）系统，以在未来接替目前的“太阳神”侦察卫星。

2. 推动低轨通信卫星星座技术发展

法国政府同意利用3000万欧元（约3279万美元）的“向未来投资”（PIA）公债发行收入来推动发展低轨互联网星座所需技术。欧空局“电信系统预研”（ARTES）计划也为这项工作另外提供了500万欧元（约546万美元）。这笔投资的很大一部分将投向一网公司由900颗卫星构成的互联网星座项目，空客公司已被选定为该项目主承包商。2016年4月，一网公司宣布将与空客公司合作，耗资8500万美元在美国佛罗里达州NASA肯尼迪航天中心的大门外兴建一座工厂，预计2017年年底建成投产。泰雷兹·阿莱尼亚空间公司则一直在同拟建设互联网星座的另一家公司密切合作。这家公司称为低轨星公司，其项目眼下的状况尚不明确。

3. 建造大型静止轨道高通量卫星

法国政府同意同欧洲通信卫星公司利用欧盟的容克发展基金来建造

3~4颗大型静止轨道高通量卫星，并在2020年前后发射。这些卫星每颗具有250Gb/s的通量，可向尚未接入地面宽带网的欧洲家庭和小企业提供30~50Mb/s的带宽。项目经费将通过欧洲投资银行贷款的方式提供。该项目的目标是使一个卫星系统投入使用，其每吉比（Gb）通量成本（含建造、发射、保险和网关等）将不超过100万欧元（约109万美元）。该系统商业模式的许多细节还有待敲定，将是欧洲通信卫星公司、法国政府和法国卫星制造商之间磋商的重点。

第二节　美国商业航天政策与法律演进

美国对商业航天的发展始终秉承鼓励、支持的态度，相关政策均提出要大力发展商业航天，促进创新，提升美国航天产业的国际竞争力，并要求最大限度地采购商业航天产品与服务，满足政府需求。为保障商业航天活动的顺利开展，美国建立了相对完善的法律体系，明确了市场主体的准入条件、行为准则、法律责任与权利，为私营企业发展商业航天产品与服务提供了全面的法律保障。随着商业航天产业的发展壮大，美国的政策法律与时俱进，不断完善成熟，推动美国商业航天产业蓬勃发展。

一、美国商业航天政策演进

自从20世纪50年代艾森豪威尔总统开始，每届美国总统都会发布一版国家航天政策，作为政府指导航天活动的纲领性文件。由于不同时期国际社会安全与经济环境皆有不同，美国各界政府发布的国家航天政策也各具特色，在表达执政者对航天发展意志的同时，也体现了航天产业不同阶段的发展重点。

（一）里根政府为美国商业航天产业发展奠定重要基础

目前，按照航天活动主导方的不同，美国将航天活动分为军用航天、民用航天和商业航天，这种分类方式主要源自里根政府发布的航天政策。此前，美国的航天活动主要分为军用航天和民用航天，冷战后期，随着商业航天的兴起，里根政府（1981 年—1989 年）在 1988 年的航天政策中增加了商业航天的内容，将航天活动分为国家安全航天（即军用航天）、民用航天和商业航天三部分，并颁布了一系列与商业航天相关的法律，使美国航天产业形成由军、民、商三部分构成的发展局面。

（二）布什政府提出通过商业航天能力满足国防需求

在 2003 年的伊拉克战争中，商业航天为美国增强防务优势提供了重要能力。此前，美国政府对商业航天的关注重点为发射服务，但从保卫国家安全和鼓励商业航天发展的角度看，商业遥感卫星产业更具潜力。为此，布什政府（2001 年—2009 年）于 2003 年颁布了《商业遥感政策》，体现了政府对发展商业航天的鼎力支持。

《商业遥感政策》提出的总目标是维护美国在世界遥感领域的领导地位，保持并增强美国商业遥感产业的领先优势，以维护美国的国家安全利益和外交利益，促进经济增长和环境治理，保持科学技术领域的先进性。该政策进一步明确了民用与商用对地观测系统的分工，突出强调了加大美国政府对商业对地观测产业的扶持力度。在该政策的支持下，美国政府对对地观测商业化的支持终于落到实处，先后发展“清晰视景”计划及“下一代视景”计划等商业遥感项目计划。

布什政府倡导“先发制人”的军事战略，特别是“9·11 事件”后，政府更加强调发展航天能力实现国家利益和军事战略目标。2006 年，布什政府发布了新版《国家航天政策》，取代了 1996 年克林顿政府发布的《国家航天政策》，确立了布什政府管理美国航天活动的总体政策，并明确指出为探索宇宙、繁荣经济和加强国家安全，美国必须具有健全、有效和高效的空间能力。

与1996年版政策相比，2006年版《国家航天政策》变化体现在：从空间基础能力建设向空间军事化攻防能力建设转变；从空间开发利用向空间资源控制与争夺转变；从防御和开发型政策向进攻和控制型政策转变；从单项基础能力建设向体系化、网络化转变；从注重民用航天向军事航天第一转变；从鼓励商业航天活动向推进国家商业航天产业转变。

2006年版《国家航天政策》由背景、原则、宗旨、总体方针、国家安全航天方针、民用航天方针、商业航天方针、国际航天合作、空间核动力、无线电频谱和轨道管理与干扰防护、轨道碎片、有效的出口政策和与航天相关的安全保密共13个板块组成，大体可分为3个部分：美国航天政策的总体思路框架和战略；美国军用航天、民用航天和商业航天发展的战略任务；对影响发展的关键问题的政策措施。

1. 建立能确保世界领先地位的空间能力

2006年版《国家航天政策》的宗旨是使美国能不受阻碍地在空间或通过空间开展活动，以保护美国的空间利益。其目标是保持美国在空间探索和利用的领先地位，建立健全、有效和高效的空间能力。

2. 提出六大战略任务

2006年版《国家航天政策》从空间进入和通过能力、空间监视能力、空间防御和攻击能力及航天产业发展、基础能力建设、保障能力建设等六大方面，全方位地提出了军用航天、民用航天和商业航天发展的战略任务和任务要求。其任务目标是：全面提高民用航天效益；打好健全的科学技术基础；形成具有国际竞争力的商业航天产业；加强四个方面的业务基础能力建设；坚持不断探索和开发太阳系和宇宙的计划。

3. 制定七方面航天发展计划

2006 年版《国家航天政策》从任务需求的角度提出了相互联系、不同层面的保证战略任务实现的航天发展计划。其中，大多数是以前计划的延伸、拓展。主要特点为进行了先期的研究、部署、安排，使预算资金具有可操作性；突出了在体制机制和管理方面的保障计划。具体七方面航天发展计划包括：发展和部署军用航天能力；实施持续、经济的载人和不载人空间探索计划；民用静地业务环境卫星计划；整合民用和军用极轨业务环境遥感系统计划；建立由美国主导的一体化全球对地观测系统；研制和利用空间核动力系统计划；体制机制改革和统一管理计划。

（三）奥巴马政府引领美国商业航天发展进入全盛时代

奥巴马政府（2009 年—2017 年）自执政以来，为应对经济危机和促进美国航天产业的发展，开始调整美国航天政策和航天计划，于 2010 年发布了新版《国家航天政策》。2010 年版政策不像 2006 年版那样首先强调美国的国家利益，布什政府的航天政策由于具有浓厚的单边主义色彩和强烈的攻击性而备受争议。此外，由于美国决定在 2011 年退役航天飞机，其航天运载能力便出现了空缺。为弥补航天飞机退役后向国际空间站运送航天员及相关物资的短板，鼓励本国的商业航天企业大力抢占国际商业发射服务市场，2010 年版《国家航天政策》中有关商业航天发展的内容成为焦点。

随后，奥巴马政府从政策、资金、技术等多方面给予商业航天全方位扶持，先后发布了多项商业航天政策与法律法规，要求国家安全和民用部门最大限度地采办美国商业航天能力；出台了一系列支持商业航天发展的具体规则和一揽子资助计划，极大程度地激发了私营公司参与航天活动的积极性，掀起了商业航天发展热潮。在政府的大力支持下，太空探索技术公司、轨道科学 ATK 公司等一批新兴航天企业快速崛起，迅速填补了美国空间能力的缺口，使美国商业航天发展进入新阶段。

（四）特朗普政府对商业航天能力给予高度认可

在竞选阶段，特朗普提出美国过去在空间探索领域的投资已给美国经济、安全以及国家尊严感带来惊人回报，未来美国的航天计划需要有一个新的视野。21 世纪的航天政策需要使政府任务与商业解决方案更广泛融合，且具备能够识别真正威胁与机遇的敏锐性，政府必须认识到空间不再是政府独占的领域，里根总统在很多年前就预见到了这场革命，并在 1984 年签署了《商业航天发射法》。

特朗普认为，NASA 的核心任务必须是激励人心的探测与科学，这是美国民用航天计划的基础。目前全球所有的投资与技术开发将使得私营企业获得更多进入空间的机会，军用、民用与商业航天三大领域都需要更新各自关注焦点。NASA 首要关注的应当是深空活动，以地球为中心的工作最好由其他机构去完成。美国与其国际合作伙伴应该寻找新的参与者加入国际空间站的活动，并将国际空间站转让给半公共机构经营管理。特朗普政府将组建一个由副总统带领的国家航天政策理事会，结束目前缺乏适当协作的局面。理事会的任务是确保各个航天机构能够各司其职，提高航天产品的效费比，促进航天技术的应用推广。

开展公私合作应该是未来航天事业发展的基础，目前许多火箭研制所采用的技术基本相同、有效载荷能力相似，采用协作政策可结束这种重复劳动，快速确定哪些不必要求政府投资的部分由私营企业承担。这种公私合作的方式不仅可以降低成本，且能为各方提供了解其他机构的管理机制与规章的机会。

目前，太空探索技术和轨道科学 ATK 公司已在为国际空间站提供补给服务，太空探索技术、联合发射联盟公司（ULA）正在研发运送航天员到国际空间站及更远太空的载人系统，维珍银河和蓝色起源公司在太空旅游领域具备领先优势，此外还有诸多私营企业正在进行航天技术与系统研发。这些活动都在促进创新、创造高回报、推动航天发展，20 世纪政府垄断式的体制越来越多地制约着航天产业发展，不利于推动航天经济增长，人类在航天计划上投入的每一美元都将以发明、创新以及经济增长的形式回馈。

特朗普上任后，于2017年3月21日签署了一项《过渡授权法案》，批准了NASA 2017财年195亿美元的预算。根据该预算可以看出，未来NASA将致力于深空探索，建设月球基地和月球资源开发的任务可能由私营企业承担。特朗普政府将继续鼓励私营企业进军航天领域，充分降低美国政府进行太空探索的开支，使美国航天工业在全球市场更具竞争力。

二、美国商业航天法律演进

航天法律法规是美国开展航天活动的依据，美国于1958年7月颁布了世界上首部航空航天法，将航天活动纳入了法制化轨道。经过半个多世纪的发展，美国已形成了较为完善的航天法律体系，为商业航天产业发展提供了强有力的法律保障。

表 2–2–1　美国商业航天法律发展历程

时间	法律名称	核心内容
1958年	《国家航空航天法》	美国国家航空航天局组织法，明确NASA和国防部的相关职能区隔
1962年	《商业通信卫星法》	美国商业航天立法的起源，奠定美国卫星通信产业的发展基础
1984年	《商业航天发射法》	航天发射面向民营市场开放
1984年	《陆地遥感商业化法》	商业化运营LandSat系统
1988年	《商业航天发射法修正案》	商业航天发射的保险和损害赔偿制度
1992年	《陆地遥感政策法》	将LandSat系统返还给公共部门
1998年	《商业航天法》	全面鼓励商业航天发展
2004年	《商业航天发射法修正案》	对亚轨道旅游活动实施宽松管理
2010年	《美国法典》第51编	将各种航天单行法集于一身的法律汇编，并取代此前颁布的单行法
2015年	《美国商业航天发射竞争法案》	涵盖商业航天发射、商业遥感、商业航天管理机构的名称变更及职能强化、外空资源探索和利用等内容，对《美国法典》第51编相关内容构成实质修改

（一）通过单行立法满足商业航天发展需求

在发展初期，美国主要通过单行立法的方式满足商业航天发展需求，例如《零重力零税收法》建议对从事航天活动的公司实行免税，以鼓励相关企业投资航天；《航天现代投资法》建议加快发展更具商业潜力的商业航天运输业，其不仅是美国经济的重要组成，还事关国家安全和外交利益；《NASA灵活性法案》赋予 NASA 招聘科学家和科研人员的权力，允许 NASA 为员工提供可与私营企业竞争的待遇，防止人才流失，吸引和留住人才；《武器出口管制法》及《出口管理法》对航天相关装备与技术进行出口管制，避免核心技术通过商业活动外泄。这些法律虽然不是专门针对商业航天活动所制定，但为美国发展商业航天提供了法律基础。

经过多年的发展，美国先后围绕航天活动相关领域颁布了一系列法律，进一步促进了商业航天的加速发展。在航天发射领域，1984 年颁布的《商业航天发射法》决定将航天发射向民营市场开放，并于 1988 年与 2004 年对该法案进行了修正，为商业航天发射制定了保险和损害赔偿制度，适当放宽对亚轨道旅游的管制；1998 年颁布的《商业航天法》旨在鼓励、规范、促进私营企业商业航天发射活动。在卫星通信领域，美国先后制定了《商业通信卫星法》《电信法》《轨道法》等，鼓励商业卫星通信发展，促成建立完全竞争的全球卫星通信市场。在卫星遥感领域，先后颁布了《陆地遥感商业化法》《陆地遥感政策法案》，试图逐步实现陆地卫星的商业化。

（二）增编《美国法典》整合航天领域法律法规

《美国法典》的基本框架结构于 1926 年创立，当时航天活动尚未开展，因此在法典中没有航天法专编。在过去的 50 多年中，美国开展了一系列与航天相关的联邦立法活动，通过了多部与航天相关的联邦法律。按照《美国法典》的一般编纂原则，编纂者在法典既定结构下将这些航天法根据其相关性都编入法典 50 编中相应的某一编中。例如，有一些法律编入了第 15 编（商业和贸易），有的编入了第 42 编（公共健康与福利），有的编入了第 49 编（交通）。

随着时间的推移和航天产业以及航天立法的快速发展，为航天法设立一个专编就显得尤为必要。2009 年，美国众议院法律修订委员会办公室向众议院司法委员会提交了设立航天法专编的法案建议稿。经过一系列法定程序，以“国家航天和商业航天项目”为题的《美国法典》第 51 编的立法于 2010 年 12 月 18 日正式完成。

尽管《美国法典》第 51 编广泛涵盖了美国国家商业航天法的主要内容，但是并未增加任何新法，也未对不同时期制定和公布的国家商业航天法进行实质性地修改或废止，而只是在原法律的立法政策、意图和目的不变的前提下，对原法律加以整理和重述。

美国众议院司法委员会主席在向国会提交第 51 编立法议案时指出，新的“立法编”将取代现行法律，但不会对现行法律做出任何实质性地修改。“立法编”的编纂遵循法典编纂的一般规则，只对法律做出许多非实质性的修改，其中包括对法律各个部分的重新组合，但这些修改不会对现行法律产生任何实质性的影响。

（三）面向未来商业航天活动补充立法提升国际竞争力

奥巴马政府对商业航天发展的大力支持使美国的商业发射、商业遥感和商业载人航天能力飞速提升。一些实力雄厚的私营企业进而对小行星采矿和月球自然资源开采产生了浓厚兴趣。美国行星资源公司计划从小行星入手对近地天体进行矿物开采，探查飞近地球的数以千计的小行星，并尝试从小行星上提取矿物原料。除贵金属和矿产资源外，行星资源公司还计划采集小行星上可能存在的水资源，以在未来对飞船进行燃料补充，甚至在天体上建立空间基地。NASA 和其他太空探索组织也可能使用行星资源公司的技术。

相比太空采矿的技术与资金问题，私营企业最大的顾虑是法律的不确定性，即开采回的行星矿产或其他资源能否归自己所有，在法律上尚属未知。法律的不确定性将影响投资者的信心，离开国家立法的保证，稳定的行星资源开采市场将难以形成。

2014 年，在行星资源公司的资助下，一些美国空间法律政策学者起草拟定了《小行星法》提案，试图通过立法授权私人实体开发开采外空资源，并获得相关资源的所有权，从而满足私营企业的立法需求。美国众议院科学、空间和技术委员会对《小行星法》提案进行了公开审议，在征集听取多方意见后，没有批准该提案。2015 年，该提案名称修改为《外空资源探索与利用法》，并与其他三个商业航天领域的法案一起统称为《外空法案》在众议院得到通过，并提交参议院商业、科学、运输委员会。

对于《外空法案》，参议院商业、科学、运输委员会中的民主党与共和党两派产生了较大分歧。民主党代表认为应当考虑《外空资源探索与利用法》提案与《外空条约》及美国承担的国际义务的一致性，并提出了一个新提案，主张不同政府机构应联合开展外空资源财产权问题研究。但该提案在参议院没有得到通过。反对者指出，如果不能通过立法来满足和支持私营企业的外空资源开发利用需求，美国在该领域的优势将被其他国家超越，这显然与《国家航天政策》所致力于保持美国航天领导地位不符。

随后，共和党代表，参议院商业、科学、运输委员会空间分委会提出了一个新提案，即《美国商业航天发射竞争法案》。该法案涵盖了众议院通过的《外空法案》的大部分内容，包括《外空资源探索与利用法》。该提案得到了参议院商业、科学、运输委员会两党议员的一致通过。该提案于 2015 年 11 月 10 日在参议院通过，11 月 16 日在众议院通过，11 月 25 日由奥巴马正式签署通过。《美国商业航天发射竞争法案》的发布对《美国法典》第 51 编相关内容构成实质修改，具体包括新增第 513 章“外空资源探索与利用”，在第 507 章中将商务部“航天商业化办公室”更名为“商业航天办公室”，在第 701 章中将“航天飞机”一词换为“航天发射系统”。

《美国商业航天发射竞争法案》旨在通过鼓励私营部门投资、创造更加稳定及可预测的监管条件，为发展中的商业航天产业培育增长环境，以及达成其他目的。该法案是对奥巴马政府《国家航天政策》的反映与落实，并针对未来商业航天发展需求，尝试解决太空旅游、行星采矿、月球开发等非传统商业航天活动所面临的法律不确定性问题。

第三节　美国重点商业航天政策与法律

美国商业航天产业的飞速发展主要归功于政府的大力支持，奥巴马政府自 2010 年起先后推出了多项商业航天相关政策与法律，极大限度地鼓励支持私营企业参与航天活动，激发了社会各界参与商业航天发展的积极性，使美国商业航天产业迅速发展壮大。以下重点对 2010 年版《国家航天政策》、2013 年版《国家航天运输政策》、美国国家地理空间情报局（NGA）《商业地理空间情报战略》、美国国家海洋与大气管理局（NOAA）《商业航天政策》、《美国法典——第 51 编：国家航天和商业航天项目》、《美国商业航天发射竞争法案》等六个奥巴马任期内发布的主要商业航天政策与法律进行解析。

一、2010 年版《国家航天政策》

2010 年 6 月 28 日，时任美国总统的奥巴马颁布了新版《国家航天政策》，全文共计 18 页，包括引言、原则、目标、跨领域指导方针和领域指导方针五部分，提出了美国未来一段时期航天活动的宣言和总的指导原则。新版《国家航天政策》强调责任、商业及国际化合作，继续巩固美国在航天领域的全球领导地位。其中，商业一词在新版《国家航天政策》中出现得极为频繁，达到 49 次之多，并采用重点描述的方式专门阐述了 12 条商业航天的发展方针，反映了奥巴马政府对商业航天发展的重视。

（一）首次对商业航天进行明确定义

新版《国家航天政策》提出，此政策中涉及的商业是指由私营部门或企业提供的航天产品、服务或活动。这些私营部门或企业必须合理地承担活动的相应投资风险和责任，以典型的市场竞争机制来运营公司，进行成本控制，使投资回报最大化，并能为现有的或潜在的非政府客户提供产品和服务。

（二）提出美国商业航天发展原则

新政策指出，具有竞争力的商业航天活动对于航天的可持续发展十分重要。美国政府将致力于鼓励并推动美国商业航天的发展，满足美国自身需要，形成全球竞争力，加强美国在新兴市场和创新驱动型企业中的领导地位。

（三）大力推进商业航天能力发展

新版《国家航天政策》强调充满活力与竞争力的商业航天对航天可持续发展至关重要，通过增强商业航天能力，可重建美国航天活动在国际社会的领导地位。美国将致力于鼓励和推动商业航天的发展，使美国航天工业在全球市场更具竞争力。未来，美国将致力于航天活动商业化，为商业界提供更多参与航天活动的机会，并承诺政府部门与商业部门是合作的关系，不是竞争关系，同时提出将实施各种激励机制，鼓励商业航天活动的发展，具体包括：当商业航天能力和服务能够满足美国政府需求时，应最大限度购买和使用这些能力和服务，并要求“积极探索采用创新、非传统方式获得满足美国政府所需的空间资产和服务”，包括公私合营、依托商业航天器为政府提供运输服务、从卫星运营商处购买科研和应用数据产品支持政府任务；除涉及国家安全利益的发射任务不可私营化外，寻求一切机会将常规的航天发射任务转至可带来高效费比的私营公司；只有在关乎国家利益，且本国或国外无法提供适宜的、高效费比的商业服务或系统时，才发展政府航天系统；应禁止那些会阻止、妨碍美国商业航天活动或与商业航天活动形成竞争的政府航天活动；应抓住机遇将日常运营职能转移到有效益和高效费比的商业部门；通过奖励和竞争等激励手段，培育商业航天部门的技术创新和创业冒险精神。

（四）打造新型航天工业基础

新政策在强调军、民、商空间活动协调发展的基础上，提出要“激励私营企业参与航天竞争”，以打造“公私合营”的航天工业基础。新政策对军、民、商各领域空间系统发展及相互协调关系做出明确规定，目的是加强各部门工作协调，避免重复建设与低水平循环，打牢航天工业基础，并降低美国对其他国家航天能力的依赖。新政策特别强调要“增强确保进入空间能力”的发展，其意图之一就是要改变航天飞机退役后，美国近地轨道载人航天运载能力不足的尴尬局面。同时，新政策要求NASA“在私营企业中寻求合作伙伴，以保证安全、可靠、高效运送人员和货物进入国际空间站”。未来，美国近地轨道载人和货物运输服务将由商业部门承担，私营公司将成为研发制造航天器的主力，而NASA则将目光转移至更遥远的深空，并为私营公司提供技术指导与监督。

（五）夯实航天持续发展人才与技术基础

新政策强调培养和保留航天人才对实现国家航天目标的重要性，要求政府部门应与工业界和学术界共同为航天从业人员创造机会，采取有力措施培养、维持和保留技术熟练的航天专业人才。NASA作为美国民用航天技术发展的主导部门，通过对具有探索精神的航天人才和创新航天技术的投资，为美国航天技术发展提供创新能力。

二、2013年版《国家航天运输政策》

2013年11月21日，美国总统为美国航天运输计划和活动签署发布了新版《国家航天运输政策》，旨在对相关政府部门和机构提供航天运输方面的全面指导，确保美国在航天运输领域继续保持领先地位，维护美国的国家利益。在新版《国家航天运输政策》，“商业”一词出现了 27 次，“私营”一词出现了 11 次，这体现了美国政府对商业航天运输能力发展的重视，尤其是对私营公司参与竞争美国政府发射任务的鼓励和支持。

（一）提出商业航天运输发展目标

新版《国家航天运输政策》为商业航天运输发展制定了以下两点目标：鼓励并支持美国商业航天运输行业，提高行业能力和成本效益，促进创新驱动的创业精神和国际竞争力，使美国经济受益；促进美国商业航天运输能力发展，服务于新兴非政府载人航天飞行市场。

（二）明确 NASA 与私营部门的合作方针

该政策为 NASA 与私营部门的合作提供了指导方针：与其他政府机构及私营部门合作，持续推进与待选航天发射能力有关的研究和技术研发工作，提高未来航天运输方案的响应能力、灵活性和效费比；与私营企业建立合作关系，发展安全、可靠、具有高效费比的商业航天运输能力，支持国际空间站和近地轨道载人与货物运输，在保证安全和任务需求的前提下，考虑采取切实可行的方法来解决技术风险和项目风险。

（三）倡导制定商业航天准入标准

新政策强调，美国商业航天运输系统在证明具备可靠的载荷发射能力后，应被予以同等权利参与美国政府任务的竞争，并要求符合新确定的准入标准。当新的准入标准发生任何改变、正式生效之前，必须与总统助理、国家安全顾问、国家科学与技术委员会主席助理、科学与技术政策办公室主任等人进行协商。

（四）推动商业航天运输活动落地实施

美国政府有义务鼓励并采取切实可行的措施推动美国商业航天运输业

的发展，提升美国商业航天运输的国际竞争力。为此，美国政府各部门和机构将做到以下 9 个方面：一是尽可能购买使用美国商业航天运输产品和服务，推动美国商业航天运输服务供应商的多样化发展，实现其商业运载火箭的全轨道覆盖范围。二是在美国现有商业航天运输能力和服务无法全面满足美国政府要求时，改进并提升其商业航天运输能力，降低运输成本，改进产品采购方法，以满足美国政府需求。三是除国家安全和公共安全需要外，避免美国政府航天运输活动对商业航天运输活动的阻碍、限制和竞争。四是在国家法律法规和国家安全的基础上，发展美国政府航天运输技术、运输和设施，尽可能实现可补偿的、无障碍的、公平的、可预知的非政府应用。五是采用非传统的采购协议、竞争和奖励等激励措施，加强美国商业航天运输领域的技术创新和企业创新。六是鼓励在国际贸易和政府合作项目中购买并使用美国商业航天运输服务和产品。七是在以提高航天运输系统能力为目的的研制过程中，私营企业有权利保留技术数据，但是实现美国政府要求所必须的数据不在此范围内。八是实现美国商业航天运输业对美国载人航天领域相关公开数据和经验教训的访问许可。九是改善政策、法律法规环境，采取相应措施，提升美国商业航天运输能力，推动美国商业载人航天的发展。采取的相关措施需重点考虑公共安全、国家政策和国际约定、航天运输业与技术进步、商业轨道与亚轨道航天运输能力和活动，最终通过商业载人航天市场的发展实现美国政府在科学研究、技术验证和风险降低领域的需求。

商务部与运输部应鼓励、推动并促进包括商业载人航天飞行在内的美国商业航天运输活动。运输部部长负责批准并检查商业发射、再入操作和商业发射操作及再入靶场，为了实现其职责，运输部部长应做到以下三个方面：一是运输部部长将与国防部、NASA 以及其他政府部门主管通力合作，包括为美国政府及商业发射靶场的发射及再入活动制定通用公共安全要求和其他标准。二是运输部部长与 NASA 主管合作，提出一个全面高效的方案，以监督管理商业航天运输能力，实现美国政府和由美国政府资助乘员的安全入轨及安全返回，并努力避免不必要的重复和过度负荷。三是在现有法律章程和行政命令范围内，可以行使专有权，通过许可批准程序，为美国批准的商业发射开展轨道碎片清除活动，包括上面级等运载火箭零部件。

运输部部长和其他有关部门与机构领导还需做到以下三点：一是为商业航天运输活动许可提供一个快速及时的法律法规环境，促进美国商业航天运输业的发展。二是为美国商业航天运输活动持续提供一个责任风险共担机制，包括美国政府补偿条款。三是推动美国政府安全法规、准则和许可标准的国际化，加强国际间的互通性和国际商业航天运输活动的安全。

（五）制定跨部门合作指导方针

在航天发射场方面，鼓励私营部门及州政府与地方政府投资并参与航天基础设施的建造、完善与维护工作，如联邦发射场与着陆场以及由私营、州立与地方实体运作并维持的发射场、着陆场；赋予商业发射与返回行为使用美国政府航天发射基地与发射场及其他相关政府设施的权利，美国政府将保留优先使用这些设施及服务的权利以满足国家安全与重要民用任务需求。在航天运载技术发展方面，支持改善美国航天运输系统可靠性、响应能力、性能以及成本有效性为目的的研发活动，如可重复使用运载技术；展开并促进对先进的非传统航天运输能力的开发，如增强灵活性、缩短任务时间、降低未来航天发射成本。在航天运输行业基础方面，采取公私合作等措施或新采办方法提升可承受性，促进产业规划、竞争能力、基础措施与劳动力发展。

三、美国国家地理空间情报局《商业地理空间情报战略》

美国国家地理空间情报局（NGA）于 2015 年 10 月 26 日发布了《商业地理空间情报战略》，旨在充分利用当前蓬勃发展的商业卫星产业，以及商业卫星运营商和数据分析公司的技术优势，整合大量非保密数据源，提高 NGA 的采办灵活性和敏捷性。该项战略提出了 NGA 的商业地理空间情报发展愿景，即顺应已有和新兴商业地理空间情报供应商带来的巨大变革，以决策的速度向用户交付更广泛的地理空间情报成果，包括图像、开放资源、分析产品、定制服务等，将指引 NGA 实现向主要依靠非保密数据和服务转型的目标，确保 NGA 能持续满足基础地理空间情报和商业地理空间情报不断发展的要求。《商业地理空间情报战略》具体提出了三个发展目标、四条实施途径、四个关键阶段里程碑、八项保障条件及风险。

（一）三个发展目标

《商业地理空间情报战略》聚焦用户不断发展的需求，提出并详细介绍了以用户为导向的三个发展目标。

1. 提供多样化、实时性情报产品和服务，保障用户做出明智决策

传统的 NGA 图像和数据分析流程包括从原始图像提取信息、分析信息内容、提交情报报告、生成基础地理空间情报产品等。目前，许多新兴商业公司正在积极发展图像关联和分析能力，利用多源数据进行一阶图像分析。《商业地理空间情报战略》将利用这种快速增长的市场化能力，通过发展“能够探测活动方式，解译行为特征，建立对海量数据的洞察力和理解力，支撑 NGA 用户获取决策优势”的情报技术，使 NGA 工作人员能从海量信息中挖掘出相关性。

通过与商业地理空间情报供应商持久合作，能够推动 NGA 员工及其工作角色的转型。这将确保 NGA 能够快速识别和检验与任务最相关的工业能力，并及时应用于工作中，打造弹性的产业伙伴关系，并取得如下成果：

NGA 分析师能不断发展 NGA 的国家安全问题模型，对 NGA 从传统、公开和商业来源获取的大量带有地理参考的观测数据进行深入关联分析。NGA 员工将持续发展其专业能力和情报技术，利用国家技术手段解决最难的情报

问题。NGA和地理空间情报合作伙伴在国家技术手段和商业能力之间合理分配需求，保持资源适度平衡。NGA将与企业大力协同，形成一组通用标准、协议和格式，支撑NGA从多个供应商获取商业图像/产品。NGA将采用一个制度化但高度灵活的评估框架，及时了解新兴商业能力，预先解决应用和集成问题。NGA图像质量和效用（NIQU）评估小组将采用敏捷、灵活、高效的程序检验商业图像和产品的适用程度。NGA响应和集成新产品的根本依据是NGA的用户需求，而不是与非常严格的政府技术规范的兼容要求。在安全风险可接受的情况下，NGA将建立直接访问商业供应商存储和处理环境的途径，使NGA的分析师能够与商业存储资源中的数据进行交互，减少国家地理空间情报系统和联盟地理空间情报系统的存储和处理负担。对于那些不直接流过NGA体系架构的商业能力，NGA将为内部用户提供管理支持，为直接用户交互提供指导。

2. 在用户所需地点提供实时商业数据，提高战术用户任务成功率

此战略确保NGA能够突破传统的下达任务、收集、处理、开发和分发（TCPED）流程，向用户提供快速响应的服务。对于NGA的战术用户，这将包括通过政府以外的互联网服务、商业通信或直接下行链路，提供商业图像、图像推理分析和基于背景的产品。随着全球天基商业通信网的发展，NGA将探索利用新兴宽带服务为传统上缺乏手段的地区提供更全面的基础地理空间情报、产品和服务保障。

实施这些快速响应的地理空间情报服务可取得如下成果：作战人员、现场急救员和人道主义救援人员能够将NGA及时提供的、对其完成任务不可或缺的相关非保密地理空间情报产品纳入其任务规划之中。NGA将进一步发挥用户力量倍增器的作用，特别是对于那些需要共享和最新图像的用户。在NGA持续改进地理空间情报交付能力的支持下，传统上缺乏手段的用户将获得前所未有的态势感知能力。

3. 提供持续、多样的商业数据产品和服务，确保其“世界地图”能按需提供地理空间情报

“世界地图”作为NGA多个情报融合的基础，计划于2018年推出，可为用户提供知识、信息和情报服务，并为用户提供按需定制相关服务。新兴商业地理空间情报能力包括各种现象学、快速重访图像采集以及产业下游的高阶地理空间情报产品与服务。NGA将充分利用商业能力快速发展的机会，持续改进地理空间情报产品及其供应的能力、成本与效率。

NGA扩大商业能力应用，提供高阶基础地理空间情报，可取得如下成果：NGA利用新兴商业供应商能力取代一些内部的及其管理的基础地理空间情报产品，可减少任务成本。在NGA仍直接进行基础地理空间情报生产的领域，商业地理空间情报可用于标注和提示基于变化的基础图像采集和地理空间情报生产，使得提供的基础地理空间情报相关性更强、质量更好、交付更快、效费比更高。

（二）四条实施途径

为帮助NGA在地理空间情报产业转型期实现平稳过渡，《商业地理空间情报战略》指定了四条实施途径，以支持NGA的所有情报、国防和民用保障任务。

1. 构建与产业界伙伴合作交流的协作关系网

NGA必须积极主动地变革，不能对商业地理空间产业的发展和技术进步无动于衷。NGA将扩大与产业界交流，增进其对NGA需求的了解，对其产生适当的影响，从而塑造地理空间情报的未来。首先，NGA将通过高级别人员担任的“产业创新促进代表”（IIA）向产业界传递相关信息。此外，商业地理空间情报战略的实施还将与NGA高层领导的目标和指示保持一致。

NGA将与美国国家地理空间情报系统和联盟地理空间情报系统的利益相关方及用户建立长期联系。NGA将与同样正在制定了解和利用新兴商业地理空间情报能力战略的伙伴和用户积极合作。伴随着产业的发展和成熟，NGA将不断汲取双方的经验教训，持续完善NGA商业地理空间情报采办方法。双方都将获益匪浅，均能从共同投资开发知识资本中获得高额回报。NGA还能直接了解用户的愿景并从中获益。与NGA的用户开放发展、及早沟通、坦诚交流，包括经费限制，能够创造出透明的协作氛围，潜移默化地增进用户对NGA的信任，使其认识到NGA会认真听取并回应他们的意见与建议。

NGA也将以同样开放透明的方式与产业界进行沟通交流，与NGA的任务伙伴携手共进。NGA将深度了解新兴供应商的商业模式、能力、部署计划以及目标市场。由于每家公司都各具特点，并仍处在不断创新发展之中，因此NGA将广泛调研，与这些新兴供应商协力探索合作机会，发现NGA任务需求与他们业务目标之间的最佳结合点。及时与坦诚的沟通将确保NGA深入了解新兴供应商，准确评估与其保持合作的价值。同样，商业地理空间情报运营商也能够及时了解NGA的任务需求、兴趣和合同边界。企业可以根据这些信息做出是否针对NGA需求进行投资调整的明智决策，在某些情况下，企业商业利益预期可能不足以使其与NGA保持持续合作。

NGA还需与管理机构和政策制定者密切沟通与协作。为了促使商业地理空间情报供应商成为有效和高效的合作伙伴，政府制定的政策不能阻碍其创新。NGA的预算决策也对企业评判与NGA的合作关系产生重要影响，这一点已成为各方共识。通过这些沟通和交流，结合实施途径2中的技术评估方法，将为NGA局长提出的“发展成功伙伴关系”目标奠定坚实基础。NGA和新兴商业地理空间情报公司之间成功合作依赖于所有资源的相互开放和透明，增进双方的了解，确保NGA在开放方面做得更好。

2. 持续开发、试验与评估新型数据、产品、服务、方法等

在识别商业地理空间情报战略路线图的关键节点上，首要步骤是准确评估快速发展的商业/开放式地理空间情报发展趋势，确定能有效集成市场中多

家公司能力的最佳方法。NGA 将深入了解产业界的技术能力、产品与服务，及时评估其满足 NGA 任务需求的适用性以及与 NGA 作战概念的兼容性。为获得这些认识，NGA 需要对数据和服务进行先期操作试验和评估，评估应用效果，识别集成问题，探索新型情报技术。

NGA 不会独自开展上述评估活动，将与其他伙伴合作，对需求、能力和可行性建立一种具有黏合力和跨机构的共识。NGA 还将启动一系列“NGA 局长挑战”计划，促使 NGA 员工探寻更广泛的基础与情报任务需求，从而发现“恰好能解决的问题”。通过参与挑战计划，NGA 员工将成为产业变革的实践者和拥护者。

通过产品和服务的先期运行试验，NGA 可从分析师、合作伙伴和用户多方面获取经验和知识，用于更好地开展正式的商业地理空间情报采办工作。NGA 也将与保密环境下从事研发投资活动的类似评估小组开展协作，如“先进工作组”（ACC）和“华盛顿创新中心”（WIC）。随着商业地理空间情报产业快速发展，这些评估活动在可预见的未来将不断迭代，持续推进。评估活动设定为针对商业地理空间情报供应商最成熟的能力开展短期（约 90 天）调查。这些技术评估，连同实施途径 1 的深入沟通，将为建立和保持 NGA 局长指示的“与产业互动”优先事项提供前进动力。

3. 采办和交付相关的成熟商业地理空间情报能力

今后十年技术持续进步，产业日益多样化发展，需要 NGA 在采办方法上保持高度的灵活性和适应性。NGA 与供应商的合同关系将依据产品 / 服务、商业模式、用户需求以及分析师利用商业地理空间情报开发和使用的情报分析技术的发展而变化。

实施途径 1 和 2 中采取的措施将从实质上推动 NGA 未来十年商业地理空间情报采办方法的发展。用户需求、技术评估、能力成熟度将成为 NGA 确定商业地理空间情报采办优先级的重要因素。任务相关性、容量需求、交付形式（产品或服务）、商业模式、国家地理空间情报系统 / 联盟地理空间情报系统集成要求等都将成为 NGA 确定商业地理空间情报合同方法的重要依据。

NGA 将采用一种结构化的渐进采办方法，以适应商业地理空间情报能力的发展。国家 NGA 将通过先期运行评估（既包括商务方面，也包括技术方面）以及客户沟通识别这些能力，为启动业务运行采办提供依据。随着产业能力持续成熟以及 NGA 在早期业务应用中不断积累经验，NGA 的采办计划可灵活调整，以获取新的能力，更好地满足用户的需求。最终将形成一种有效的商业地理空间情报采办方法，在 NGA 和产业界之间建立起弹性和持久的合作关系。

4. 形成商业地理空间情报制度

实施途径的绝大部分工作都需要 NGA 各业务部门和管理部门广泛参与。典型的工作包括修改体系架构，制定利用新型商业地理空间情报的技术规范和流程规范，开发推动 NGA 人才队伍转型发展的培训计划，以及成功实施相关的管理转变等。NGA 将确保这些组织的领导层成为 NGA 利益共同体中的一员，参与到先期运行评估之中，接纳 NGA 局长明确提出的转型理念。

（三）四个关键阶段里程碑

为满足用户需求，实现未来地理空间情报框架和体系的构建，NGA 计划通过四个阶段来具体实施。

1. 第一阶段

完成第一轮图像 / 产品 / 应用程序接口开发，提供给多个评估小组，包括非保密的“地理空间情报探路者”计划；识别、登记“核心”利益相关方，进行全面沟通；启动首个“局长挑战”计划；发布和审查“下一代商业计划”（NextGen CI）项目建议书；完成第一轮图像质量和效用评估。

2. 第二阶段

完成首个“局长挑战”计划；举办首个“局长挑战”计划成果展；完成第二轮图像/产品/应用程序接口开发，提供给多个评估小组，包括“本科生和研究生计划”（UGP）；启动第二个“局长挑战”计划；确定“下一代商业计划”初始业务运行采办合同内容/范围；提交2018财年“项目目标备忘录”（POM）输入（2016年1月）；完成第二轮图像质量和效用评估。

3. 第三阶段

完成第二个“局长挑战”计划；举办第二个“局长挑战”计划成果展；完成第三轮图像/产品/应用程序接口开发，提供给多个评估小组，包括“本科生和研究生计划”（UGP）；启动第三项“局长挑战”计划；预先确定“商业地理空间情报2021”计划的商业计划；完成“商业地理空间情报2021”计划的采办计划；开始授予“下一代商业计划”合同（若2016财年资金到位）；完成第三轮图像质量和效用评估。

4. 第四阶段

开始授予“下一代商业计划”合同（若2016财年资金未到位）；发布和审查“商业地理空间情报2021”计划项目建议书；提交2019财年“项目目标备忘录”（POM）输入（2017年1月）；完成第四轮图像质量和效用评估。

（四）八项保障条件及风险

NGA对全面实施《商业地理空间情报战略》所需的相关保障条件，以及该保障条件可能面临的风险进行了分析，具体包括以下八项。

1. NGA领导层

保障条件：NGA领导层是推动转型的关键。面向未来，更广泛地利用非保密的商业地理空间情报，从当前国家系统和商业系统混合使用转型到以商业地理空间情报为主来满足情报需求，将是一次巨大的飞跃。NGA还需要充分发挥其作为国家地理空间情报功能管理者的领导作用，使得国家地理空间情报系统和联盟地理空间情报系统内更多的机构接纳这种转变。NGA 的领导层必须勇于面对局长指出的这些挑战，从情报工作者成长为情报领导者，能够遵循转型的基本原则建立未来的供应链。

风险：若 NGA 不能形成和维持一个协调一致且足够强大的领导联盟，将无法以商业创新的速度获取能力，或是在工作队伍中建立起转型文化。

2. 合同流程

保障条件：NGA 必须建立灵活和非传统的合同流程与载体，能够快速建立新的合同关系，使美国政府跟得上商业创新的步伐。

风险：若 NGA 无法建立及时响应的合同流程，将无法以商业创新的速度获取能力。

3. 文化

保障条件：NGA 所有层级和所有关键部门的员工都必须积极接受这次巨大的模式转变。从新的公开可用资源中很可能挖掘出新的信息，进一步提升工作效率。思维若不转变，则战略无法成功。初期，利用商业地理空间情报信息和知识成功解决关键情报问题将是一个重要的里程碑，能够培养队伍的信心。NGA 领导层必须鼓励和支持员工参与到如“局长挑战”等各项计划之中，使得员工成为转型的实践者和拥护者。

风险：若员工对其日常工作流程中进一步集成商业数据、信息和知识存在抵触，NGA 将丧失国家地理空间情报服务首要机构的地位。

4. 商业地理空间情报制度保障

保障条件：NGA 的技术体系、培训、情报技术和流程已经过数十年的磨炼，绝大部分建立在保密来源之上。当前也利用一些非保密地理空间情报，用于辅助 NGA 的保密资源。在现行情况下，使用非保密地理空间情报工作流程通常比较繁琐，对这些数据、产品和服务的利用还不足。为了适应新出现的非保密地理空间情报商品化发展趋势，实现NGA转型，NGA必须将商业地理空间情报纳入核心工作流程，并对NGA的技术架构、培训和情报技术进行必要的改进。

风险：若NGA不能为新兴的商业地理空间情报能力提供制度保障，将无法实现转型，以及满足用户需求。

5. 资源

保障条件：此战略在目前的商业图像计划下无法贯彻和实施。需要NGA在保持当前所需能力的同时，提高在产业发展方面的智力资本，为转型流程提供必要的政府人力资源和时间投入。

风险：近期若NGA不能提供工作所需的投入，将无法保证未来过顶空间地理空间情报计划的效果。

6. 一体化的过顶侦察架构

保障条件：在一体化的完整过顶侦察架构中，国家采集能力既是商业能力的驱动因素，又受其影响。若能充分利用商业地理空间情报发展带来的机会，则国家能力的发展定位有可能转变为更好地补充商业供应商的可用能力。商业能力可为制定架构方案提供必要的权衡空间，以使国家/商业一体化集成架构既能解决最困难的问题，也能改进成本、进度、性能和弹性。

风险：若美国政府不能充分利用商业供应商提供的能力，则国家过顶侦察体系必将投入巨大，既要提供商品化能力就能满足的需求，又要解决最困难的问题。

7. 商业市场力量

保障条件：若美国政府缺少适当的驱动方案，则商业供应将在市场力量驱动下发展，不会考虑情报或国防价值。在全球化市场驱动商业解决方案和创新的同时，美国政府应通过战略伙伴关系承诺影响商业市场供应。

风险：如果不主动参与产业发展，商业市场提供的产品和服务将无法有效适用于情报或国防领域。

8. 国家商业遥感政策和限制

保障条件：《美国商业遥感空间政策》（第 27 号国家安全总统指令）阐明一项国家政策，即通过“维持和加强美国遥感产业保持国家在遥感空间活动中的领导地位”。为实现这一目标，该政策指示美国政府应最大程度地依靠美国商业遥感空间能力满足国家安全目的和民用任务需求。商业运营商不会投资和发展没有市场的产品。随着这些产品越来越普及，情报和国防界存在一种进一步限制公众获得这些产品的倾向。国家政策限制将对产业界在先进地理空间情报能力方面的创新和投资力度产生重大影响。

风险：许可与政策的过度限制将妨碍国家地理空间情报系统和联盟地理空间情报系统访问世界级商业图像及其衍生的分析与关联产品，使企业丧失国际竞争力。

四、美国国家海洋与大气管理局《商业航天政策》

美国国家海洋与大气管理局（NOAA）于 2016 年 1 月 8 日发布了首个《商业航天政策》，提出利用商业航天能力满足气象观测需求的背景、目标、用途、原则、措施及管理机构。该项政策为 NOAA 利用商业航天能力及外部专业资源，改进气象预报能力，扩大数据采集的途径，提升美国航天商业化水平和工业基础，优化任务领域、项目进度和成本提供了顶层指导。具体而言，《商业航天政策》聚焦四类商业航天活动，制定了六项指导原则，围绕七个方面提出落实利用商业航天能力的具体措施，明确了美国 NOAA 商业航天管理架构。

（一）四类商业航天活动

数据购买是指从天基遥感系统或天基遥感服务供应商采购数据或数据产品；寄宿载荷是指利用卫星的可用剩余空间搭载额外的有效载荷；共乘发射

是指利用同一运载器发射寄宿载荷、次级载荷或联合搭载任务；发射服务是指将太空资产送入指定轨道的服务。

（二）六项指导原则

上述四类商业航天活动的实施必须遵循以下指导原则：

保持服务质量。通过这些具备预报价值和服务价值的数据、相关的成本效益以及 NOAA 有效利用这些数据的能力，来保持 NOAA 的服务标准。

优化任务需求。通过高效地融合政府资产、商业服务及国内与国际合作成果，用及时、高质量、满足成本效益的方式完成任务需求。

确保可使用全球观测数据。维持 NOAA 采集或获取所需全球观测数据的能力，以提供精确的预报、预警及其他服务，帮助保护生命和财产安全，支持美国经济发展。

支持国家/国际标准。遵守美国数据共享法律和政策、国际公约，实现全面、开放、及时的气象与水文气象数据共享。

确保科研企业充满活力。确保高等院校、非盈利机构等研究团体能够使用全面、开放、及时的数据，促进环境认知与预测。

探索新型合作关系。根据“NOAA 环境信息条款：合作政策”的指导方针，寻求在适当情况下建立合作关系，以降低成本，促进国际合作，扩大环境数据的可用性。

（三）七个具体措施

针对 NOAA 利用商业力量提供气象服务的活动过程，《商业航天政策》提出利用商业航天能力的具体措施包括：

寻求在适当情况下将商业空间系统或服务集成到经批准的未来空间段架构与能力中；探索并在适当情况下开展演示验证计划，验证将商业环境数据和数据产品集成到 NOAA 气象预测模型和增值服务的可行性；定期评估、鉴定、发布 NOAA 的任务需求和能力缺口，提供适当的机会，便于采购、使用商业航天能力与服务；定期征询、鉴定、评估可能满足 NOAA 任务需求的有效商业航天能力和服务；对于商业及通过其他方式获取的数据和数据产品，在建立任何有约束力的观测数据采购和使用协议以支持 NOAA 任务之前，采取相同的验证、数据完整性、安全准则；指定航天商业办公室作为 NOAA 与商业供应商开展合作的联络点；继续与工业界开展合作，评估并实施新的商业模式和合法机制，从而利用商业能力满足 NOAA 的重要优先事项与需求。

《商业航天政策》还明确指出在上述具体措施的实施过程中需要注意的事项，具体包括以下四点：

NOAA 需要确保正在寻求的商业解决方案遵循适用的法律及商务部/NOAA 的政策。

对于涉及数据或者数据产品采购的商业空间解决方案，NOAA 将遵循第 212-15 号 NOAA 行政指令（“环境数据与信息管理”），以及 NOAA 环境数据管理委员会（EDMC）制定的政策和“流程指南”。这些内容包括但不限于“数据管理计划”的制定、评审、批准。其与“NOAA 数据管理规划流程指南”（EDMC 制定）保持一致。NOAA 将商讨最低限制性的使用条款，寻求从商业空间解决方案获得的环境数据和数据产品中获得最大化的公众利益。NOAA 将考虑采购商业数据或者数据产品对其他联邦机构、国际合作伙伴、私营气象企业、高等院校、研究团体，以及其他利益相关者带来的影响；考虑针对商业数据的长期维护、访问和归档权力；考虑商业数据的使用成本。

考虑到部分商业天基数据供应商可能希望限制数据分发，以扩大合法的商业利益，NOAA 将评估商业供应商获取的天基数据和数据产品的使用情况，并对数据共享协议采取“一事一议”原则。

直属办公室的活动要符合《商业航天政策》。

（四）NOAA 商业航天管理架构

《商业航天政策》规定了商务部海洋与大气副部长、NOAA 商业航天办公室、国家环境卫星与数据信息服务局等 12 个职务或部门在政策实施中的具体分工与职责范围。

商务部海洋与大气副部长负责对《商业航天政策》实施提供指导方针与方向。环境监测与预测助理部长负责为副部长提供实施《商业航天政策》的建议。运行主管副部长负责确定商业实施提案是否满足《商业航天政策》原则和指导方针。NOAA 航天商业办公室负责提出美国政府对潜在商业航天业务与合作伙伴约定的愿景：接收、处理、促进工业界的需求，以满足 NOAA 或其直属办公室对商业提案的领导力。

国家环境卫星与数据信息局（NESDIS）负责制定商业采购的结构和策略；与 NOAA 直属办公室就潜在的商业化选项开展合作，满足 NOAA 的天基观测需求；评估商业产品的可行性；开展替代方案分析，评估验证需求的“观测项目的技术、规划与集成”是否可以商业化；制定最优的“端到端”执行理念；确保 NESDIS 实施的项目向用户交付与需求一致、及时、准确、可靠的数据和数据产品。

其他 NOAA 直属办公室（国家气象局、国家海洋局、国家海产渔业局、海事与航空行动办公室、海洋与大气研究办公室）负责制定数据和数据产品需求，包括：识别天基观测数据和数据产品的需求；与 NESDIS 合作调查满足上述需求的商业化选项；核实用于运营、研究需要的特定数据和数据格式的可用性；核准商业数据和数据产品满足任务需求的时效性、质量、格式以及数量要求；获得 NOAA 观测系统委员会（NOSC）对核准流程的认可。

NOSC 识别、记录、核实、核准数据和数据产品需求；为环境监测与预测助理部长提供建议，研究基于“观测项目的技术、规划与集成”分析和其他因素的地球观测需求是否需要采纳商业解决方案。

NOAA 法律顾问办公室负责在适当情况下，为《商业航天政策》实施提供法律建议与咨询意见。NOAA 采购与拨款办公室负责对采购策略提出商业建议；在适当情况下，发布信息征询意见；授出、管理已识别需求的合同；确保商业协议与《联邦采购条例》，以及商务部和 NOAA 已有的商业标准相互兼容。

NOAA 国际事务办公室负责在适当情况下，与 NESDIS 国际事务办公室、其他直属办公室的国际事务办公室协调；评估商业解决提案是否直接影响 NOAA 履行现有国际承诺；与 NOAA 法律顾问办公室合作，评估与 NOAA 政府环境数据全面开放可用政策、2010 年《国家航天政策》，以及其他的国家数据政策、法律与法规的一致性和连贯性；与国际合作伙伴、美国主导的国际组织，如世界气象组织、地球观测团体等对《商业航天政策》进行沟通。

NOAA 首席信息官员负责确保商业产品和服务不会影响 NOAA 数据和安全政策；确保商业数据和数据产品兼容现有以及已规划的数据架构。NOAA 首席财务官员负责持续关注 NOAA 的财务计划，以及潜在商业协议的影响；确保商业协议与 NOAA 的长期经济战略保持一致。

五、《美国法典——第 51 编：国家航天和商业航天项目》

2010 年 12 月 18 日，美国通过立法程序，决定将《美国法典》由 50 编扩充到 51 编，增加一个专编，第 51 编《国家航天和商业航天项目》。《美国法典》自 1926 年问世以来，一直由 50 编组成，这是 80 多年来第一次就一个特定项目在《美国法典》中增设一个专编，从而使《美国法典》由 50 编增加到 51 编。该项举措是美国法学界的一个重大事件，表明美国对商业航天项目的高度重视，引发了各界的高度关注。

《美国法典》第 51 编对此前发布的航天领域法律法规进行了整合，并未对原法律做出实质性修改，但整个第 51 编在结构编排上有重大改进。首先表现在第 51 编的目录编排方式上。《美国法典》“立法编”目录的传统编排方式一般是将本层次之下的第一层标题列出，并以此类推。例如，在各编的目录之下列出各分编的标题，在分编的目录之下列出各章标题，在各章的目录之下列出各部分标题等。而在第51编中，在每编的目录之下列出了各个分编直到各章的标题，然后在章的目录之下列出各部分及各节的标题。按照这种新的编排方式，读者只需查阅两层目录便可了解整编的基本结构和要点，迅速找到想要的内容。其次，在第51编之下的各章编排序号也有创新，即只有奇数章（如第301章、第303章、第305章等），没有偶数章。这为将来的商业航天立法留有充分的发展余地，如果有新的法律要纳入《美国法典》，就可以根据新法与第51编现有内容的相关性，使用偶数章的形式嵌入第51编中的适当位置。2015年11月25日，美国颁布的《美国商业航天发射竞争法案》就对第51编构成了实质性修改。《美国法典》第51编共包括七个分编，具体内容如下：

（一）第一分编“概述”

该分编只包括一章一节。这一节的内容只包括两个定义，一个是“管理局”的定义，另一个是对“局长”的定义。“管理局”是指NASA，“局长”是指NASA局长。第一分编为将来立法增加新的内容留下了很大的空间，这是在制定第51编时有意为之，将来随着美国航天立法的发展，随时可以在本分编中添加新的定义或新的适合于添加在本分编中的任何内容。

（二）第二分编“项目和政策的一般规定”

第二分编包括两章，这两章确立了美国国家商业航天项目的基本法定项目和基本政策，标题为“国家航空航天项目”的第201章是对《1958年国家航空航天法》的重述。《1958年国家航空航天法》简称为《空间法》，是美国空间法的基本法。该法设立了美国国家航空航天局（NASA），为美国开展国家商业航空航天活动奠定了法律基础。标题为“责任和目标”的第203章则是对三个独立的法律中选取的部分条款所做的重述。这三个独立的法律包括《2005 财年 NASA 授权法》《美国竞争法》和《2008 财年 NASA 授权法》。

（三）第三分编“管理规定”

在过去的几十年中，美国制定了许多有关国家商业航天项目管理问题的法律规定。这些规定大多都分散在不同的法律有关管理问题的部分章节中，或列在各个 NASA 授权法中，相互独立，互不关联。《美国法典》修订委员会办公室将这些在不同年代制定的不同法律中的有关管理规定进行归纳，分别写进了下列八章中：第 301 章“拨款、预算和会计”、第 303 章“合同和采购”、第 305 章“管理和审查”、第 307 章“国际合作和竞争”、第 309 章“奖励”、第 311 章“安全”、第 313 章“健康”、第 315 章“其他”。上述八章不但将有关管理方面的现行法律规定囊括其中，且为将来进一步扩充留下了充分余地。

（四）第四分编“航空航天研究和教育”

第四分编由五章组成，前四章是对各个 NASA 授权法的重述，而第五章阐述了与研究和教育相关的其他规定。

（五）第五分编“开拓商业机会的项目”

第五分编的来源包括两部分内容，一部分是对原法律的重述，另外一部分是将法典中的另一个“立法编”的两章内容转移到第 51 编。第 501 章“商业航天”、第 503 章“商业航天运输”、第 505 章“商业航天竞争”，是对《1993 财年 NASA 授权法》《1998 年商业航天法》和《2002 年商业航天运输法》（后纳入《2003 年国防拨款法案》）的重述。第 507 章则是对《1998 年技术管理法》第 8 节“商务部航天商业化办公室”的规定和《1991 财年 NASA 授权法》关于航天商业化办公室活动年度报告规定的重述。第 509 章和 511 章是从美国法典第 49 编中转移而来。

由于美国政府于 2015 年发布了《美国商业航天发射竞争法案》，第五分编由原先的6章增加至7章，新增的第513章即为《美国商业航天发射竞争法案》中"外空资源探索与利用"的相关内容。此外，《美国商业航天发射竞争法案》还将商务部"航天商业化办公室"更名为"商业航天办公室"，上述修改内容在第507章中体现。

（六）第六分编"地球观测"

《美国法典》第51编第六分编包括三章。第601章"陆地遥感政策"是对《1992年陆地遥感政策法》的重述。第603章"遥感"是对《2005年NASA授权法》第三编的有关规定的重述。第605章"地球科学"是对《2008年NASA授权法》第二编和第六编的部分规定和《2005年NASA授权法》第三编部分规定的重述。

（七）第七分编"空间探索"

第七分编由七章组成，是对不同时期通过的形式上相互独立但内容上又相互联系的法律加以整合重述形成的。第701章"航天飞机或其他工具的利用"是对《1983年NASA授权法》的一个条款和《1991财年NASA授权法》的若干个规定的重述（《美国商业航天发射竞争法案》将"航天飞机"修改为"航天发射系统"）。第703章"商业和国外用户航天飞机的价格政策"是对《1986年NASA授权法》第二编的重述。第705章"开发计划"是对《2005年NASA授权法》第五编和《2008年NASA授权法》第四编和第五编的若干规定的重述。第707章"人类空间飞行独立调查委员会"是对《2005年NASA授权法》第821节至830节有关该委员会组织机构的规定的重述。第709章"国际空间站"，是对《2005财年NASA授权法》第123节、《2005年NASA授权法》第二编和第五编部分条款和《2008年NASA授权法》第六编的两个条款的重述。第713章"空间活动的国家间安全合作"是对《2008年NASA授权法》第四编和第十一编的两个条款的整合重述。

六、《美国商业航天发射竞争法案》

《美国商业航天发射竞争法案》于2015年11月25日出台，旨在保障美国商业航天活动的有序开展，进一步支持商业载人航天和商业航天发射活动的开展，培育新兴商业航天产业，推动商业航天快速发展，提升美国商业航天的创新能力和国际竞争能力，确保其全球领先地位。美国《美国商业航天发射竞争法案》主要包括六项内容。

（一）将国际空间站的运行期限从2020年延长至2024年

奥巴马曾于2014年宣布过该项决定，并获得了加拿大、俄罗斯和日本等国的支持，《美国商业航天发射竞争法案》的出台将这一决定纳入法律范畴，并在相关条款中提出最大限度利用国际空间站上各类试验能力的要求。

（二）大幅延长商业载人航天飞行“学习期”

美国迄今为止仍未成功实施1例商业载人航天发射活动，该项产业发展被认为处于“学习期”阶段。此前，美国计划于2016年3月31日结束商业载人航天发射的“学习期”，《美国商业航天发射竞争法案》将“学习期”延长至2023年9月30日，以丰富商业载人航天的实践经验，促进该项产业的成熟和创新。作为美国商业航天发射的主管部门，联邦航空管理局（FAA）在“学习期”内不得发布商业载人航天活动的安全规章，需继续积累技术数据与经验，为制定严格的管理措施奠定基础。

（三）延长政府为商业发射企业提供第三方损失赔偿的期限

美国法律规定，提供商业发射服务的企业要对发射事故造成的地面或海上人员损伤、设施损毁与环境污染等第三方损失负责。美国政府为鼓励支持商业航天发射活动，授权FAA承担部分第三方损失赔偿，最高金额接近30亿美元。鉴于政府承担部分第三方损失赔偿的法律条款将于2016年年底失效，美国通过《美国商业航天发射竞争法案》将其延长至2025年9月30日，相关条款还要求 FAA 对商业发射最大损失计算方法进行评估，并可以进行必要地更新，以确保政府不必承担更多的成本，发射企业也不用支付更多的保费。

（四）要求对非政府商业航天活动监管进行评估并提出建议

根据 1967 年《外空条约》，各国需对非政府实体的航天活动进行持续监管。《美国商业航天发射竞争法案》进一步明确了政府部门对商业航天发展的监管职能，提出安全为先、提高监管效率、减轻监管对企业造成的负担等要求，规定白宫科技政策办公室（OSTP）对非政府实体的太空商业活动开展评估，并阐明政府部门对上述活动的监管权限。

（五）赋予美国企业和公民利用太空资源的合法权益

《美国商业航天发射竞争法案》规定，计划从事小行星资源或太空资源商业开发的美国公民，在与相关法律，包括美国的国际义务相一致的前提下，赋予其获取小行星资源或太空资源的权利，包括控制、拥有、运输、使用和销售所获得的小行星资源或太空资源。《美国商业航天发射竞争法案》将“小行星资源”扩展至“外空资源”，即“外空就地存在的无生命资源”，包括水资源和矿物资源两大类。

（六）规定新型重型运载火箭 SLS 的使用政策

凡符合 NASA 目标、用于探索近地轨道以外任务的载荷，均可使用“航天发射系统”（SLS）进行发射。

此外，《美国商业航天发射竞争法案》还规定商业航天发射企业可灵活使用飞行许可证，即使企业获得商业发射许可证，其开展的飞行试验仍可使用要求更低的试验许可证。

第三章　商业航天产业分析

第一节　全球航天产业发展分析

近年来，世界航天经济不断孕育发展，总体保持上行趋势。商业航天已经稳居世界航天经济的核心主导地位，并呈现高潮迭起、加速创新态势。随着相关政策法规的不断完善与多项行动举措的持续推进，未来商业航天占比有望继续提高，主体地位将愈发显著。

一、相关说明

美国航天基金会（Space Foundation）成立于1983年，是一家非营利组织。自2006年以来，美国航天基金会每年都会发布一版《航天报告》，报告对过去一年全球航天产业的发展态势进行全面总结。2016年6月，美国航天基金会发布《航天报告》（2016），这是美国航天基金会发布的第11版《航天报告》。报告以数据统计和对比分析的方法研究了全球航天产业发展的整体态势。

在数据来源方面，美国航天基金会采用了大量公开数据，包括美国北方天空研究公司（NSR）、欧洲航天产业协会、欧洲全球导航卫星系统局（GSA）等发布的产业统计数据。在数据范围方面，美国航天基金会选择截至上一自然年或上一财年结束时的最新数据，针对部分无法获取最新数据情况，则选取公开渠道可检索到的最近年份的数据。

美国航天基金会把航天经济划分为政府航天预算和商业市场收入两部分，从政府和市场的角度对世界航天发展态势进行宏观研究。其中，政府航天预算包括政府民用航天预算和军事航天预算；商业市场收入由商业基础设施与保障、商业航天产品与服务两个领域的收入构成。表 3-1-1 为美国航天基金会定义的航天经济构成。

表 3–1–1　美国航天基金会定义的航天经济构成

<table>
<tr><th>类别</th><th>构成要素</th><th>数据来源</th></tr>
<tr><td>政府航天预算</td><td>各国政府航天预算，包括民用航天与军事航天预算</td><td>政府官方网站及官方报告</td></tr>
<tr><td rowspan="6">商业基础设施与保障</td><td>商业卫星制造</td><td>欧洲航天产业协会</td></tr>
<tr><td>商业卫星发射</td><td>欧洲航天产业协会</td></tr>
<tr><td>地面站和地面设备</td><td>欧洲全球导航卫星系统等</td></tr>
<tr><td>航天保险</td><td>信利集团</td></tr>
<tr><td>独立研发活动</td><td>私营公司投入的研发经费</td></tr>
<tr><td>亚轨道商业飞行</td><td>维珍银河和 XCOR 公司存量订单费用</td></tr>
<tr><td rowspan="5">商业航天产品与服务</td><td>卫星电视直播到户</td><td>美国卫星产业协会</td></tr>
<tr><td>电视音频广播</td><td>天狼星 XM 公司</td></tr>
<tr><td>固定卫星服务</td><td>美国卫星产业协会</td></tr>
<tr><td>移动卫星服务</td><td>美国卫星产业协会</td></tr>
<tr><td>商业对地观测</td><td>美国北方天空研究公司</td></tr>
</table>

政府航天预算包括民用航天预算和军事航天预算。需要特别指出的是，尽管美国围绕国际空间站实施了“商业乘员运输能力”（CCtCap）计划，并向数家商业公司投资了高额经费，但美国航天基金会把该笔支出纳入政府航天预算统计范围。

商业基础设施与保障是指研制、发射和运营空间资产所需要的产品和服务。2016 年版《航天报告》中商业基础设施与保障收入包含商业卫星制造、商业卫星发射、地面站和地面设备、航天保险、独立研发（IR&D）活动、亚轨道商业飞行等6个领域的收入。其中，独立研发活动是指承包商自身投资并开展的能激发政府和商业用户潜在兴趣的前沿技术活动。

商业航天产品和服务是指利用空间资产为个人和组织提供实际利益的应用。2016年版《航天报告》把卫星电视直播到户、卫星音频广播、固定卫星服务、移动卫星服务、对地观测服务5个领域的收入数据统计为商业航天产品与服务收入。需要特别指出的是，由于导航与定位服务与地面互联网业务密切融合，无法把定位与导航服务收入与地面互联网服务有效分割，因此美国航天基金会未将定位与导航服务收入纳入商业航天产品与服务收入。

二、航天产业整体概况

近年来，全球航天产业规模持续稳步增长，其中商业航天规模占比持续上涨，甚至超过航天产业规模的75%，已成为带动全球航天经济发展的重要引擎。

2015年，航天产业延续繁荣发展态势，全年总收入约为3229.4亿美元（如图3-1-1）。美国以外的其他国家或地区的航天活动快速发展，政府预算和商业航天收入不断增长。单从数据统计看，2015年全球航天产业收入略低于2014年的3290亿美元。这主要是因为美国航天基金会以美元为统计全球航天产业收入的基准货币单位，并且2015年美元对欧元、日元、英镑、卢布等货币的汇率持续走高，汇率浮动使得以美元为统计货币的全球航天产业收入数据略低于2014年的美元数据。如果均以各国的本国货币进行统计，全球大多数国家的政府预算和商业航天收入相较2014年均呈增长趋势。

全球政府航天预算与商业市场收入继续保持约1:3的比例格局。2015年，全球政府航天预算为765.2亿美元，占2015年航天产业收入中的24%；商业市场收入约为2464.2亿美元，在全球航天产业收入中的占比约为76%。其中，商业航天产品与服务业收入达到1263.3亿美元，商业基础设施与保障业收入约为1200.9亿美元（如图3-1-2）。

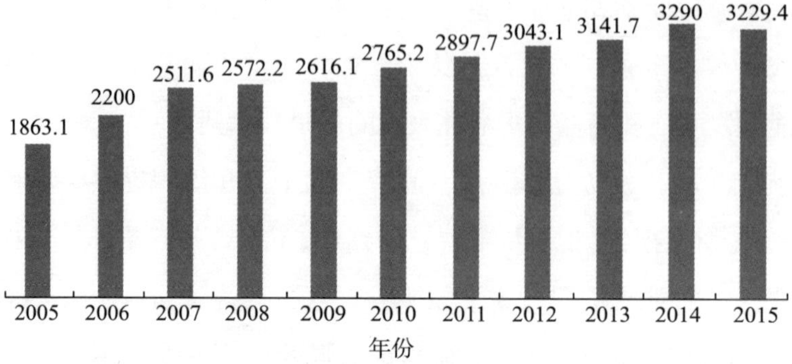

图 3-1-1 2005-2015 年全球航天产业收入数据（单位：亿美元）

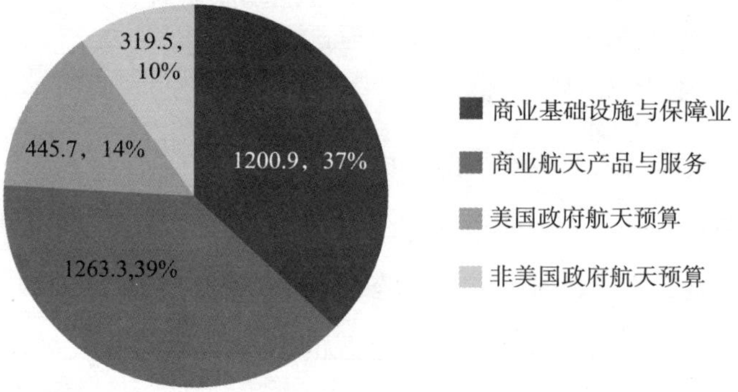

图 3-1-2 2015 年全球航天产业收入（单位：亿美元）

整体来看，世界航天产业延续繁荣发展态势，政府航天预算继续保持较高投入水平，商业航天市场成为航天产业发展主导力量。一方面，政府预算投入直接折射出国家对航天的重视程度和推进航天能力发展的国家意志。另一方面，商业航天已成为航天经济可持续发展、建设高效费比航天能力的重要手段。全球商业航天产业健康快速发展，商业航天市场收入已占全球航天经济产值的 3/4 还多，并继续保持快速发展态势。

三、全球政府航天预算状况

近年来，全球政府航天预算呈现快速增长态势。2015 年，全球政府航天预算约为 765.2 亿美元，相较 2014 年的 804.15 亿美元降低了 4.8%。其中，美国政府航天预算为 445.67 亿美元，占比高达 58.2%，超过美国以外其他国家或地区政府航天预算之和，保持遥遥领先地位；其他国家或地区政府航天预算总额为 319.53 亿美元，占比约 41.8%。美元走强是导致全球政府航天预算下滑的根本原因，如果把其他国家或地区的政府航天预算换算为本国货币，可以发现，欧洲、印度、巴西、加拿大、韩国等航天预算均显著提高（如表 3-1-2）。

表 3-1-2　2013-2015 年主要国家或机构政府航天预算走势

国家 / 组织	货币	2013 年	2014 年	2015 年	2014—2015 年增长率
美国	亿美元	437.86	431.73	445.67	3.2%
巴西	亿雷亚尔	1.88	1.09	3.24	197.2%
加拿大*	亿加元	3.84	3.48	4.57	31.3%
欧洲航天局	亿欧元	42.82	41.02	44.33	8.1%
法国*	亿欧元	8.14	12.89	12.31	-4.5%
德国*	亿欧元	4.85	5.12	5.34	4.3%
印度	亿卢比	485.963	516.9	579.88	12.2%
以色列	亿新谢克尔	1.8.	1.8	1.8	持平
意大利*	亿欧元	2.36	2.83	4.86	71.7%
日本	亿日元	3221	3827	3245	-15.2%
俄罗斯	亿卢布	1652.23	1658.14	1658.14	持平
韩国	亿韩元	3372	5096	6187	21.4%
西班牙*	亿欧元	0.79	1	1.38	38%
英国*	亿英镑	0.5	0.42	0.85	102.4%

注：* 表示该国政府航天预算数据不包括划拨给 ESA 的经费；日本 2015 年航天预算不包括弹道导弹防御预算。

（一）美国政府航天预算小幅上涨

2015 财年美国政府航天预算总额为 445.67 亿美元，相较 2014 财年的 431.73 亿美元增长了 3.2%。其中，美国国防部获得 235.72 亿美元，NASA 获得 180.1 亿美元，二者累计占比高达 93.3%。

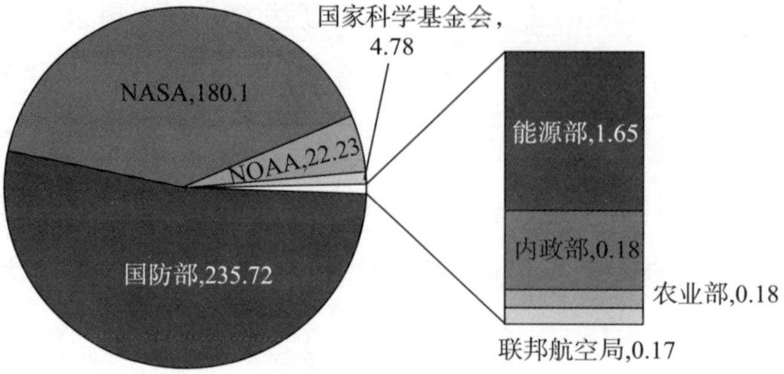

图 3–1–3 美国政府航天预算（单位：亿美元）

2015 财年，美国民用航天预算总额为 201 亿美元，相较 2014 财年增长了 2.5%。NASA 作为美国民用航天活动的主要管理机构和承担部门，获得了 180.1 亿美元的预算支持，占民用航天预算的 89.6%，相较 2014 年增长了 2.1%。在 NASA 所有研究项目中，科学领域预算最高，达到 52.4 亿美元，主要用于地球科学、行星科学、天体物理学、詹姆斯·韦伯望远镜和太阳物理学等研究；空间运行领域是 NASA 预算第二高的领域，达到 46.3 亿美元，相较 2014 年的 44.7 亿美元增长了 3.6%，其中国际空间站运行和相关研究支出 15.2 亿美元，“国际空间站乘员和货物运输”计划支出 14.5 亿美元，“商业乘员运输能力”计划支出 8.05 亿美元。此外，NASA 还花费 4.9 亿美元从俄罗斯购买了航天员往返国际空间站的 6 个席位，单个席位价格约为 8200 万美元，相较 2014 年 7400 万美元的单价上涨了 10.8%。

2015 财年，美国国家安全航天预算为 235.72 亿美元，占美国政府航天预算的 52.9%，相较 2014 财年的 226.9 亿美元增长了 3.9%。其中，渐进型一次性运载火箭（EELV）计划达到 16.5 亿美元，占据美国国家安全航天预算中最大份额，相较 2014 财年增长了 18.7%；“全球定位系统”（GPS）是国防部主导的第二大计划，2015 财年预算为 8.397 亿美元；移动用户目标系统（MUOS）、先进极高频（AEHF）和宽带全球卫星通信（WGS）3 大军用通信卫星计划的预算总额为 10.2 亿美元。此外，美国国防部为空间篱笆（Space

Fence）项目投资 1.917 亿美元，继续增强美军空间态势感知能力。

（二）欧洲航天局预算持续增长

欧洲航天局（ESA）2015 年财年预算为 44.33 亿欧元，相较 2014 年的 41.02 亿欧元增长了 8%，并有望在 2016 年增长至 52.5 亿欧元。欧洲航天局预算增长主要源自欧盟和欧洲气象卫星开发组织对欧洲对地观测项目和伽利略导航卫星系统项目的投入力度加大（如图 3-1-4）。

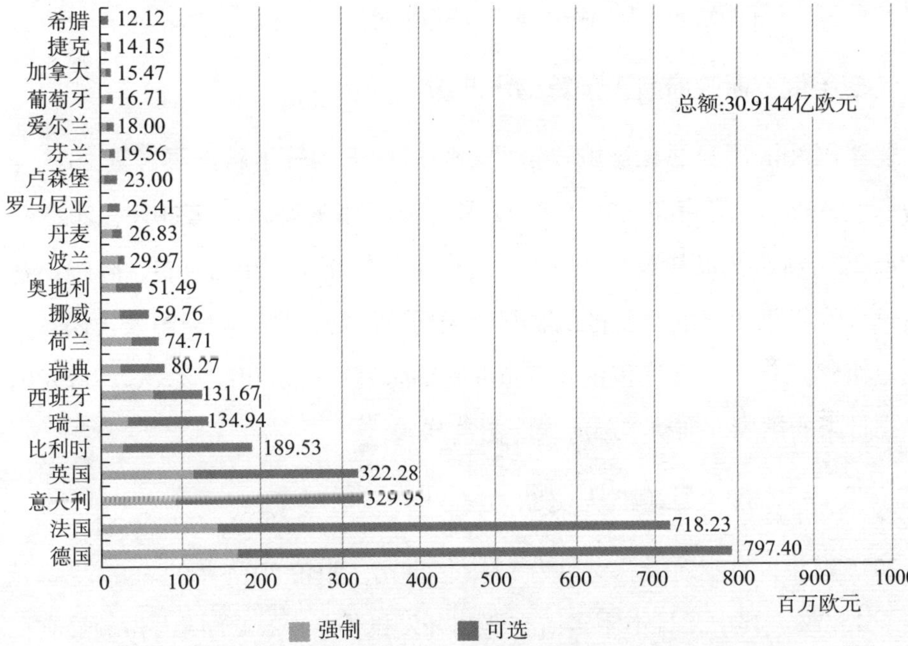

图 3-1-4　2015 年 ESA 成员国向 ESA 的直接出资额数据

法国是欧洲航天局主要成员国中唯一的航天预算缩减国家。2015 年法国国家空间研究中心（CNES）预算为 21.26 亿欧元，相较 2014 年的 21.53 亿欧元减少了 1.3%，其中 8.94 亿欧元投资给欧洲航天局项目，用于法国本国航天活动的预算约 12.31 亿欧元。

德国、英国、意大利和西班牙等国家政府航天预算显著增长。据《航天报告》（2016）统计，德国2015年航天预算为14.25亿欧元，相较2014年的13.19亿欧元增长了8%，并有望在2016年继续增长至14.65亿欧元，其中划拨欧洲航天局的预算为8.91亿欧元；英国航天局2015—2016财年预算为3.705亿英镑，相较上一财年3.119亿英镑增长了18.8%，其中划拨给欧洲航天局的经费约2.853亿英镑；意大利航天局2015年预算为8.154亿欧元，相较2014年的6.328亿欧元增长了28.9%；西班牙国家航空航天技术研究所（INTA）2015年预算为1.383亿欧元，相较2014年的1.002亿欧元增长了38%，除此之外，西班牙还向欧洲航天局拨款1.317亿欧元。

（三）俄罗斯政府航天预算缩水严重

受本国经济形势恶化影响，俄罗斯政府航天预算下跌严重，其2015年预算仅为1658.14亿卢布。2015年12月，俄联邦航天局将其2016—2025年的十年航天预算从最初公布的3.4万亿卢布降低至1.5万亿卢布，降幅高达56%。2016年年初，俄罗斯将俄联邦航天局改制为俄罗斯航天国家集团，力图通过组建兼具国家行政和企业双重职能的特有“经济组织形式”，应对财政拮据带来的挑战，推动本国航天能力复苏。

（四）日本加大军事航天资助力度

2015财年，日本航天总支出为3245亿日元，相较2014年的3827亿日元下跌了15.2%。其中，日本宇宙航空研究开发机构（JAXA）所占份额最高，预算达到1840亿日元，相较2014财年的1815亿日元增加了25亿日元。在重点项目方面，日本向其新型主力火箭H3运载火箭项目拨款125亿日元，力争2020年实现火箭首飞；拨款51亿日元用于研制大幅宽、高分辨率光学成像卫星；“准天顶”（Quasi-Zenith）区域导航系统获得215亿日元，相较2014财年的125亿日元增幅达72%；“情报采集卫星”（IGS）项目获得697亿日元。为提升军事航天能力，日本加大了对军用卫星系统的资助力度，划拨专门经费研制“情报采集卫星”专用的数据中继卫星系统、搭载导弹预警探测器的光学成像卫星以及快速响应卫星系统。

（五）印度航天预算持续走高

印度政府航天预算持续走高，运载火箭是重点资助项目。据《航天报告》（2016）统计，印度空间研究组织（ISRO）2015—2016 财年的预算为 695.9 亿卢比，相较上一财年的 579.9 亿卢比增长了 20%，并有望在下一财年增长至 750.9 亿卢比，增幅达 7.9%。2015—2016 财年，印度政府航天预算重点资助运载火箭研发，并取得较好效果。其中，印度极轨卫星运载火箭（PSLV）完成第 31 次成功发射；静止轨道卫星运载火箭（GSLV）利用印度本国研制的低温上面级成功完成第 2 次发射。

（六）其他国家政府航天预算

美国航天基金会对中国政府航天预算并无可信的数据统计来源，其在《航天报告》（2016）中采用了估算的方法。美国航天基金会认为，假设中国对航天投入占本国 GDP 的比值与美国、俄罗斯保持一致，则 2015 年中国航天预算预计为 1628 亿人民币；假设中国对航天投入占本国 GDP 的比值与美、俄以外的其他国家的投入水平保持一致，则 2015 年中国航天预算预计为 261 亿人民币。

以色列提出在 5 年内使其国内航天经济规模达到 30 亿美元的目标，计划大力推进商业航天发展。但受政府大选影响，以色列 2015 年实际预算与 2014 年持平，仍是 1.8 亿新谢克尔，未能获得其 2015 年初申请的 3 亿新谢克尔预算额度。加拿大航天局 2015 财年预算达到 4.57 亿加元，相较 2014 财年大幅上涨了 31.3%。巴西航天局 2015 年预算为 3.24 亿雷亚尔，但受国内经济形势影响，其实际支出可能无法达到上述水平。

四、商业基础设施与保障收入状况

近年来，商业基础设施与保障收入整体呈上涨态势。2015 财年，受汇率浮动影响，单从数据统计看，商业基础设施与保障收入（总额为1200.9亿美元）相较2014年下降了5.2%。导致商业基础设施与保障收入下滑的主要原因是全球导航卫星系统（GNSS）接收机制造收入以欧元为基准货币单位，因汇率浮动导致其换算为美元时数值大幅缩水（见表3-1-3）。

表3-1-3 2015年商业航天基础设施与保障收入（单位：亿美元）

商业基础设施与保障	收入	来源
地面站与设备	1105.2	电信与GNSS地面设备制造收入
商业卫星制造	60.5	商业卫星制造收入
商业发射	26.1	商业发射价值
保险费用	7.3	航天保险费用
独立研发	1.7	航天相关的独立研发费用
亚轨道商业载人飞行	0.1	维珍银河、XCOR公司存量订单
总金额	1200.9	

（一）商业卫星制造收入小幅增长

2015年，全球共发射了262个航天器，相较2014年的296个降低了11%。在立方体卫星技术不断成熟以及低成本需求愈演愈烈的驱动下，10千克以下纳卫星发展高度活跃，2015年的262个航天器中共有126颗该类卫星。但也要看到，纳卫星数量的快速增长难以掩盖其质量占比微弱的事实，126颗纳卫星总质量约为473千克，仅占2015年356吨入轨总质量的0.13%。因此，全球卫星制造业收入仍主要集中于中大型卫星，近年快速发展的微纳卫星的制造收入份额仍属较低水平。

据欧洲航天产业协会统计，2015年全球航天器市场总价值达到355.1亿美元，相较2014年大幅增长了21%。其中，商业卫星和民用卫星制造收入小幅上扬，商业卫星制造收入达到60.5亿美元；高价值军事卫星制造收入相较2014年增加了46.4亿美元，是驱动全球航天器市场总价值剧增的主要因素。

（二）全球航天发射收入相对稳定

2015 年，全球共实施 86 次轨道发射任务，相较 2014 年减少了 6 次。在 86 次发射任务中，22 次为商业发射，其余 64 次为政府民用或军事发射任务。

据欧洲航天产业协会数据统计，2015 年全球航天发射收入约为 80.1 亿美元，与 2014 年基本持平。其中，商业发射收入为 22 亿美元（报告中 26.1 亿美元为估计数值，美国联邦航空管理局 2017 年度商业航天运输报告中的数据为 22 亿美元），ISS 发射服务为 9.02 亿美元，政府民用发射收入 19.6 亿美元，军事发射收入为 25.3 亿美元。从国家维度看，美国在全球商业发射市场占据最大份额，欧洲次之，俄罗斯位列第 3 位，对应完成的商业发射次数依次为 8 次、6 次和 5 次。此外，印度和日本分别完成了 2 次和 1 次商业发射。

（三）GNSS 地面设备收入大幅下滑

2015 年地面站和设备收入达到 1105.2 亿美元，在商业基础设施与保障业中占据最大份额，占比高达 92%。其中，GNSS 地面设备收入达到 833 亿美元。根据欧洲全球导航卫星系统局（GSA）统计，2015 年 GNSS 设备收入为 747.1 亿欧元，相较 2014 年的 667.1 亿欧元增长了 12%。但受美元走强影响，在美国航天基金会的美元基准货币统计口径下，2015 年全球定位与导航收入为 833 亿美元，相较 2014 年的 913 亿美元下降了 8.8%，降幅达 80 亿美元。由于 GNSS 地面设备收入占比较高，其因汇率浮动导致的收入统计数据下滑是致使 2016 年全球航天产业收入下降的主要原因。

（四）亚轨道商业载人飞行稳步发展

亚轨道飞行方面，美国蓝色起源公司实现里程碑突破，其研制的可搭载 6 名旅客的“新谢泼德”（New Shepard）飞船成功飞行至 100.5 千米高度并顺利返回着陆；维珍银河公司发布了其安全升级版的新型“太空船二号”（SpaceShip Two）；XCOR 公司继续研发其山猫（Lynx）亚轨道飞行器，其票价从 2015 年的每人 10 万美元上涨至 2016 年的每人 15 万美元。美国 2015 年发布的《商业航天竞争力法案》延长了这些公司无需接受美国政府强制管理的“学习周期”，使得美国亚轨道飞行公司能够更好地专注于创新，进而推进行业发展。

（五）航天保险收入降至近 15 年低点

在航天保险方面，2015 年全球航天保险费用总计 7.266 亿美元，是 2001 年以来的最低值。受发射失败以及卫星在轨故障等不利因素影响，2015 年全球航天保险赔付总计为 6.643 亿美元。因此，2015 年全球航天保险业的收益约为 6220 万美元，远低于 2014 年的 2.225 亿美元收益。2015 年共有 4 次发射失利，其中仅俄罗斯质子火箭发射墨西哥通信卫星购买了保险服务，保险花费 3.9 亿美元，是航天保险业有史以来第 2 高记录。

此外，2015 年独立研发支出估计约为 1.65 亿美元。为了更好地协调政府需求和工业界独立研发活动，美国五角大楼 2015 年出台了一项规则，要求公司在一项独立研发活动开始前与结束后需向美国国防部提交摘要文件，该规则于 2017 财年开始生效。

五、商业航天产品与服务收入状况

近年来，全球商业航天产品与服务收入持续稳定增长。2015 年，全球商业航天产品与服务收入为 1263.3 亿美元，相较 2014 年的 1218.8 亿美元增长了 3.7%（见表 3-1-4）。

表 3-1-4　2015 年商业航天产品与服务收入（单位：亿美元）

商业基础设施与保障	收入	来源
卫星电视直播到户	977.6	卫星工业协会等
卫星通信	215.3	卫星工业协会等
卫星音频广播	45.7	天狼星 XM 公司等
商业对地观测	24.7	北方天空研究公司等
总金额	1263.3	

（一）卫星电视直播到户收入延续主导地位

2015年，卫星电视直播到户（DTH）收入达到977.6亿美元，占商业航天产品与服务收入的77%。从全球区域看，亚太地区和撒哈拉沙漠以南非洲地区将是卫星电视直播到户服务收入持续增长的主要来源。其中，亚太地区2014年的直播到户付费用户数量增长了9%，达到6100万户以上。印度是亚太地区最大的直播到户市场，仅2014年就增加了560万付费用户。北美和欧洲的卫星电视收入呈下降趋势，其原因主要有两点：一是市场竞争加剧导致的卫星电视服务价格降低；二是Netflix或Hulu等第三方公司通过互联网提供电视内容分发服务，分流了北美地区卫星电视市场的用户。在此大环境下，北美两家主流的直播到户服务提供商在2015年选择了不同的发展模式。美国碟网公司（DISH Network）继续保持独立运营，2015年收入为150.7亿美元，相较2014年的146.4亿美元增长了约3%。直播电视公司（DIRECTV）则被AT&T公司以490亿美元收购，不再公布其卫星电视收入数据，但该次收购使AT&T公司的年收入增长了约10.8%。

（二）音频广播收入继续保持增长但市场仍有限

卫星音频广播收入继续保持增长态势，但在卫星广播收入中的占比仍维持较低水平。美国天狼星XM公司作为全球唯一的卫星音频广播服务提供商，2015年拥有2960万用户，收入为45.7亿美元。由于美国新增汽车中的3/4装载了天狼星XM公司的卫星音频广播接收机，并且其中的41%有望转化为付费用户，因此卫星音频广播收入将继续保持增长趋势。但从2015年数据看，卫星音频广播收入仅占商业航天产品与服务收入的3.6%，继续维持较低的市场占有水平，收入增长空间较为有限。

（三）卫星通信服务两种业务类型呈不同发展趋势

2015年全球卫星通信收入为215.3亿美元，相较2014年增长了5.6%，固定卫星服务和移动卫星服务呈现出不同发展趋势。

主流固定卫星服务提供商收入缓慢增长。2015 年，欧洲卫星公司（SES）、国际通信卫星公司（Intelsat）、欧洲通信卫星公司（Eutelsat）和电信卫星公司（Telesat）四家公司总收入达到 70.1 亿美元，相较 2014 年的 68.6 亿美元增长了约 2%。制约固定卫星服务商收入快速增长的原因包括两方面：一是后续业务卫星投入运营的时间延迟。例如国际通信卫星公司因其下一代高吞吐量卫星史诗（Epic）发射延迟，导致其 2014 年和 2015 年收入相较上年收入分别下降了 5% 和 4.8%。二是来自政府用户的收入下滑。例如，受美国政府预算紧缩以及在阿富汗驻军减少影响，国际通信卫星公司 2014 年和 2015 年来自政府用户的收入相较上年分别下滑了 16% 和 10%。

移动卫星服务提供商来自政府用户的收入“喜忧参半”。一方面，国际移动卫星公司来自政府用户的收入呈下滑趋势，但下滑幅度低于欧洲卫星公司和国际通信卫星公司等固定卫星服务提供商在政府市场的收入下滑幅度。另一方面，铱星公司整体收入受汇率影响下滑，但其在获得美国国防部的 5 年服务订单后，2015 年来自政府用户的收入相较 2014 年实现增长。

（四）商业对地观测市场前景看好

近年来，全球商业对地观测市场收入延续增长态势。2015 年，商业对地观测市场收入约为 24.7 亿美元。据北方天空研究公司预计，全球商业对地观测市场收入在 2024 年有望达到 45 亿美元。收入增长主要来自高分辨率图像和大数据分析技术融合生成的增值产品与服务。政府部门对遥感数据需求增长也是推动商业遥感产业收入增长的一个原因。整体看，2015 年全球商业对地观测市场呈现三个显著特点：一是国际主流遥感公司纷纷发展 0.3 米～0.5 米分辨率商业遥感卫星，力争抢占高端用户市场；二是新兴商业遥感公司加速创新，把卫星应用与信息技术结合，面向终端用户提供定制化的信息分析服务；三是商业对地观测市场不断细分，初创公司开始发展商业气象及增值服务。

1. 国际主流遥感公司聚焦高分辨率遥感卫星市场

国际主流遥感公司研制并运营了一系列高分辨率遥感卫星，在全球商业遥感数据市场中占据主导地位。美国数字地球公司（Digital Globe）凭借世界观测 -3 卫星成为全球目前唯一可销售 0.3 米分辨率图像的公司，其收入的一半以上来自美国政府和军方用户；欧洲空客防务与航天公司（ADS）计划于 2017 年或 2018 年起开始提供 0.3 米分辨率遥感产品；以色列宇航工业公司（IAI）正在研制 0.38 米分辨率对地观测卫星，其中的一颗将面向全球商业市场销售图像数据。

除数据采购外，一些国家纷纷向卫星制造商订购高分辨率遥感卫星，发展本国的高分辨率遥感成像能力。意大利、摩洛哥、阿联酋等国家与以色列宇航工业公司签订了高分辨率遥感卫星制造订单，智利、泰国、波兰等也计划在未来采购高分辨率光学成像卫星。

2. 新兴遥感公司专注定制化的信息分析服务

新兴公司瞄准全球快速重访需求，借助小卫星发展低轨遥感星座，提供全球数据近实时更新、成像与视频能力兼备的服务。例如，现已更名为美丽大地公司（Terra Bella）的天空盒子成像公司（Skybox Imaging）提出构建 24 星星座，目前已有 7 颗天空卫星（Skysat）在轨运行。2013 年成立的黑天全球公司（Blacksky Global）提出 60 星星座方案，单星 50 千克，分辨率 1 米。这些公司秉持“小卫星、大星座”理念，并将大数据、云计算、移动互联网等技术与卫星遥感应用深度融合，更加专注向终端用户提供数据分析和增值服务，被美国现任 NGA 局长罗伯特·卡尔迪洛（Robert Cardillo）称作是“地震式变革”。

3. 技术发展加速市场进一步细分

技术能力发展加速了市场细分，新兴公司主导的技术创新和商业模式创新开始从光学遥感成像领域向环境探测领域延伸，国际商业对地观测市场涌现出一批提供商业气象数据及服务的初创公司，如美国地理光学（GeoOptics）、普奈蒂克（PlanetiQ）、尖顶公司等。这些公司采用GPS无线电掩星技术采集全球气象数据，并提供气象数据分析服务，其中尖顶公司已于2015年成功发射首批业务卫星。

第二节　全球卫星产业发展分析

2016年6月，卫星产业协会发布委托美国陶锐咨询公司（Tauri Group）完成的第19版卫星产业状况年度报告。报告通过调研全球主要卫星公司，并以上市公司市场分析和财务报告的公开信息为补充，对过去一年卫星服务业、卫星制造业、发射服务业和地面设备制造业四大领域的产业数据进行统计分析。

一、相关说明

美国卫星产业协会成立于1995年，由美国主要的几家卫星公司发起而建立的一家组织。自1998年起，卫星产业协会每年均发布一份《卫星产业状况报告》。卫星产业协会将卫星产业划分为卫星服务业、卫星制造业、发射服务业和地面设备制造业四大领域，通过调研全球主要卫星公司，并以上市公司市场分析和财务报告的公开信息为补充，对过去一年全球卫星产业数据进行统计分析。

卫星服务业包括大众通信消费服务、卫星固定通信服务、卫星移动通信服务和对地观测服务。其中，大众通信消费服务包括卫星电视、卫星广播、卫星宽带业务；卫星固定通信服务包括转发器租赁协议、网络管理服务（包括航天飞行管理服务）；卫星移动通信服务包括移动数据、移动语音业务；对地观测服务包括农业、全球变化监测、减灾、气象、资源监测等。

地面设备制造业包括网络设备和大众消费设备。其中，网络设备主要包括信关站、控制站和甚小孔径终端（VSAT）、网络运营中心（NOCs）、卫星新闻采集（SNG）；大众消费设备主要包括卫星电视天线、卫星无线电设备、卫星宽带天线、卫星电话和移动卫星终端、卫星导航单机硬件等。

卫星制造业包括卫星制造以及部组件和分系统制造；发射服务业包括发射服务和运载火箭服务。

二、全球卫星产业整体概况

近年来，全球卫星产业规模持续稳步增长，近 10 年增长接近 2 倍。卫星产业规模占全球航天产业收入的 60% 以上，成为推动全球航天产业增长的重要因素。

2015 年全球航天产业的总收入为 3353 亿美元（注：美国航天基金会《航天报告》（2016）统计结果为 3329.4 美元）。卫星产业的总收入约为 2083 亿美元，占全球航天产业收入的 62%。非卫星产业 2015 年总收入为 1270 亿美元，主要包括载人航天飞行收入、非地球轨道航天器收入和政府预算。2015 年航天产业收入和卫星产业收入的概况如图 3-2-1 所示。

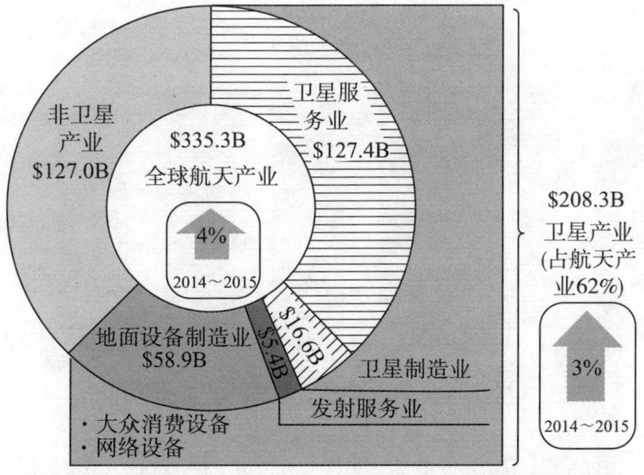

注:B-10亿美元

图 3-2-1　2015 年全球航天产业、卫星产业收入概况

2015年全球卫星产业总收入为2083亿美元，同比增长3%，仍然略高于全球2.4%的GDP增长率和美国2.5%的GDP增长率。从2006年的1060亿美元到2015年的2083亿美元，全球卫星产业产值10年间增长到了约2倍。美国2015年的卫星产业收入为892亿美元，占全球卫星产业收入的年均市场份额的43%。

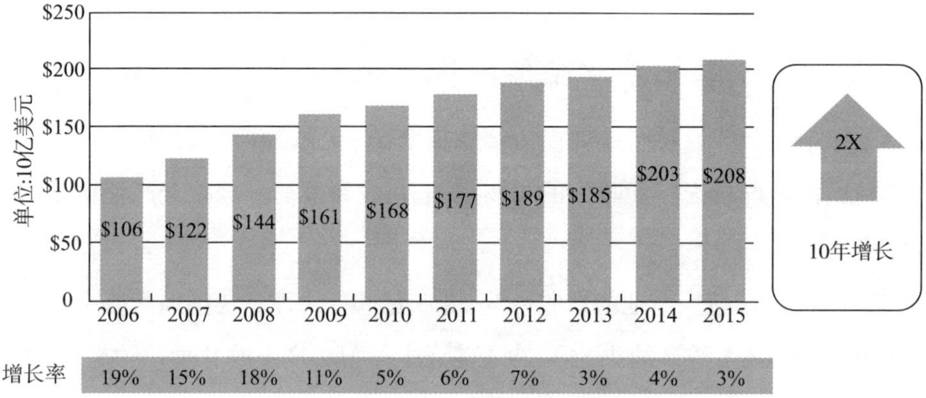

图 3-2-2　2006-2015 年全球卫星产业收入概况

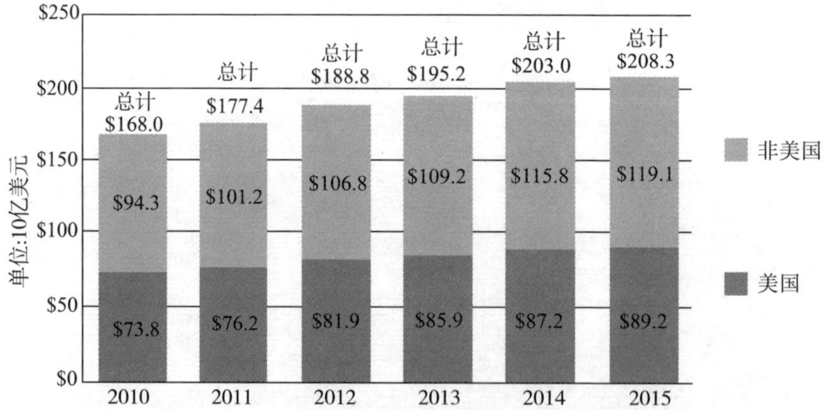

图 3-2-3　美国在全球卫星产业收入的占比

整体来看，2015年卫星产业总收入为2083亿美元，增长率为3%，低于2014年的4%。卫星产业四大分支行业有三个取得了增长。卫星服务业作为最大一个分支行业增长了 4%，消费者服务继续成为整个卫星产业增长的关键推动力量。卫星制造业收入增长了 4%，高于 2014 年的增速，原因是 2015 年发射的高造价政府卫星数量有所增加。发射业收入减少了 9%，反映出当年以商业方式采购的发射次数有所减少。地面设备业收入增长了 1%，其中消费者和网络设备收入均有增长，而消费者 GNSS 设备收入与上年持平。

三、卫星服务业

2015 年，全球卫星服务业总收入为 1274 亿美元，同比增长 4%。其中，大众通信消费业务收入为 1043 亿美元，占比超过 81%；卫星固定业务（FSS）收入为 179 亿美元；卫星移动业务（MSS）收入为 34 亿美元；对地观测服务收入为 18 亿美元。大众通信消费业务仍然是整个卫星产业的主要驱动力。具体收入如表 3-2-1 所示，美国在卫星服务业收入的份额为 42%。

表 3-2-1　2010-2015 年全球卫星服务业收入情况（单位：亿美元）

年份	2010	2011	2012	2013	2014	2015
大众消费通信业务合计	831	886	933	981	1009	1043
卫星电视直播	791	844	884	926	950	978
卫星音频广播	28	30	34	38	42	46
卫星宽带	12	12	15	17	18	19
卫星固定通信业务合计	150	157	164	164	171	179
转发器租赁协议	111	114	118	118	123	124
管理网络服务	39	43	46	46	48	55
卫星移动通信业务合计	23	24	24	26	33	34
移动话音业务	7	7	7	8	9	10
移动数据业务	16	17	18	18	23	24
对地观测业务合计	10	11	13	15	16	18
总计	1013	1078	1135	1189	1229	1274

（一）大众消费通信业务

大众消费通信业务收入为 1043 亿美元，同比增长 3%，是卫星服务业中占比最大的领域。

卫星电视业务收入为 978 亿美元，同比增长 3%，占卫星服务业收入的 77% 和大众消费收入的 94%。全球卫星电视收入的 42% 来自美国，美国收入主要来自付费业务。卫星音频广播收入为 46 亿美元，同比增长 9%。卫星音频广播用户在 2015 年增长了 8%，达到 2960 万，其主要的客户群在美国。卫星宽带收入为 19 亿美元，同比增长 10%。用户数增长到约 180 万，其中大多数用户来自美国，非美国用户数的增长速度回升。

（二）卫星固定通信业务

卫星固定业务收入为 179 亿美元，同比增长 4%；转发器租赁业务收入增长 1%（2014 年增长 4%）；管理服务收入增长 15%（2014 年增长 4%）。

（三）卫星移动通信业务

卫星移动业务收入为 34 亿美元，同比增长 4%。其中，卫星移动语音业务收入增长了 9%（2014 年增长 19%）；卫星移动数据收入增长了 4%（2014 年增长 27%）。少量 Ku 和 Ka 频段卫星固定业务容量的收入是通过租赁卫星移动业务运营商提供的海上、空中和其他移动服务。

（四）对地观测业务

对地观测业务收入为 18 亿美元，同比增长 10%。对地观测业务收入的持续增长来自新成立的卫星遥感公司，这些公司通过新部署和已在运行的卫星获取新增收入，而新进入者持续筹集资金、研发卫星和部署初始星座。

四、卫星制造业

近年来，全球卫星制造业收入呈现持续增长态势。2015 年，全球卫星制造业总收入为 166 亿美元。其中，美国占比为 60%，相比 2014 年 63％有所下降，7 亿美元的卫星制造业收入增量完全来自美国以外的地区。2010 年—2015 年全球卫星制造业收入见图 3-2-4。

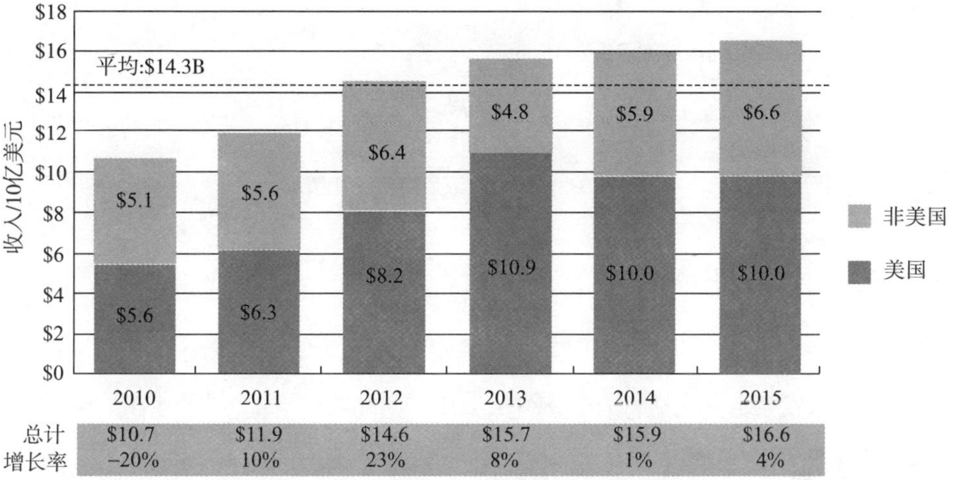

图 3–2–4　美国在全球卫星产业收入的占比

2015 年共发射 202 颗卫星，而 2014 年为 208 颗。2015 年发射的 202 颗卫星中有 108 颗立方星，占比 49%，且大多数立方星是商业对地观测卫星。从发射卫星价值占比情况来看，通信卫星收入占比 42%（包含 24% 的商业通信卫星收入和 18% 的军民两用通信卫星）；军事侦察卫星收入占比 36%。从国家维度来看，2015 年发射的 202 颗卫星中，60% 的产值来自美国制造商，25% 来自欧洲制造商，中国、日本、俄罗斯分别占 5%、4% 和 2%。2015 年公布了 17 颗商用地球同步轨道（GEO）卫星订单，美国制造商获得了其中 11 颗卫星的订单。

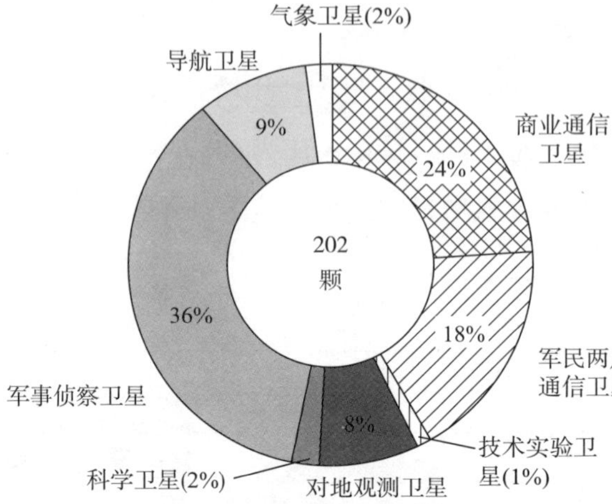

图 3-2-5　全球发射卫星产值占比情况

五、发射服务业

2015 年全球以商业方式采购的卫星发射收入为 54 亿美元（图 3-2-6）。美国在全球发射收入中所占的份额从 2014 年的 41% 下滑到了 33%。全年开展的以商业方式采购的卫星发射数量为 65 颗，低于 2014 年的 73 颗。相比 2014 年的增长 9%，全球卫星发射业总收入 2015 年下降了约 9%。欧洲、中国和印度厂家 2015 年发射次数有所增加，其中阿里安航天公司发射了 11 次，而 2014 年为 10 次；中国发射 19 次，而 2014 年是 16 次；印度安得利公司发射 2 次，而 2014 年是 1 次。

从收入看，2015 年，全球范围内的政府客户占比 69%，比 2014 年占比 72%略低。按国家计算，美国商业发射收入占比最大（35%），全球发射收入的 29%来自美国政府发射卫星的收入。商业卫星发射订单方面，2015 年有 33 颗卫星发射订单，比 2014 年 22 颗有所增长；15 颗卫星的发射订单由美国企业获得；美国的市场份额从 2014 年的 50%下降到 45%，主要因为阿里安公司的订单增加了 60%，从 2014 年的 10 颗增长至 2015 年的 16 颗。

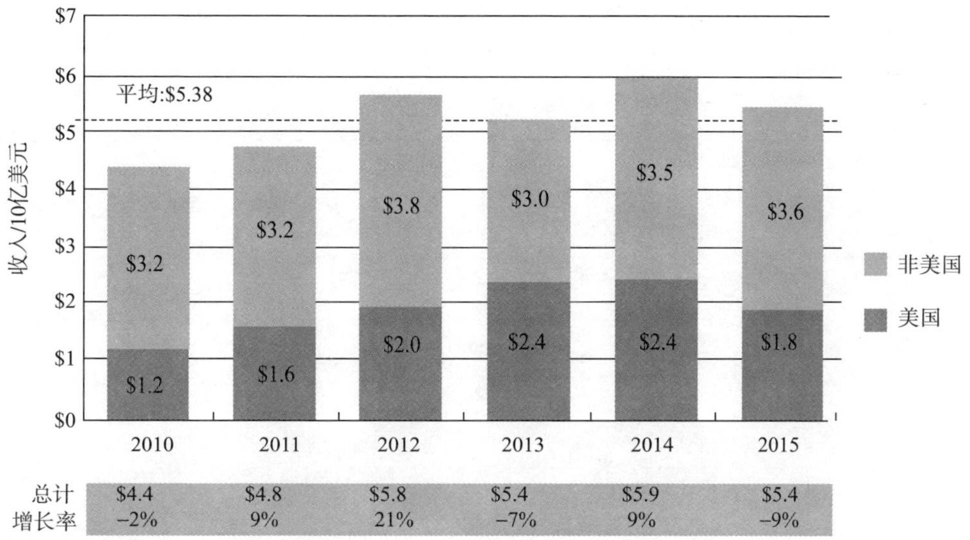

图 3-2-6　全球卫星发射业收入情况

六、地面设备制造业

2015 年地面设备制造业收入为 589 亿美元（见图 3-2-7）。其中，卫星导航设备收入为 310 亿美元，卫星电视等设备收入为 183 亿美元，网络设备收入为 96 亿美元。

卫星地面设备总收入同比增长 1%，网络设备收入增长 3%。2015 年卫星导航设备收入占地面设备制造业总收入的 53%，收入与 2014 年持平。收入的停滞不前主要是由于嵌入式芯片组设备收入已从单机移出。各类终端(包括卫星电视、无线电广播、宽带和移动设备）收入同比增长 2%。卫星电视终端在用数量比 2014 年增速减少，使得总体增速放缓。卫星导航市场包括卫星导航设备销售市场（单机设备和车载设备）以及其他卫星产业协会未统计的细分市场（在移动设备中支持基于位置服务的芯片组；交通信息系统；基于卫星导航的飞机、海洋、测绘、铁路和航空电子设备）。图 3-2-8 是卫星产业协会与欧洲全球导航卫星系统机构统计的导航卫星市场收入数据。卫星导航设备销售收入与2014年持平；其他卫星产业协会未统计的细分市场呈现增长态势。

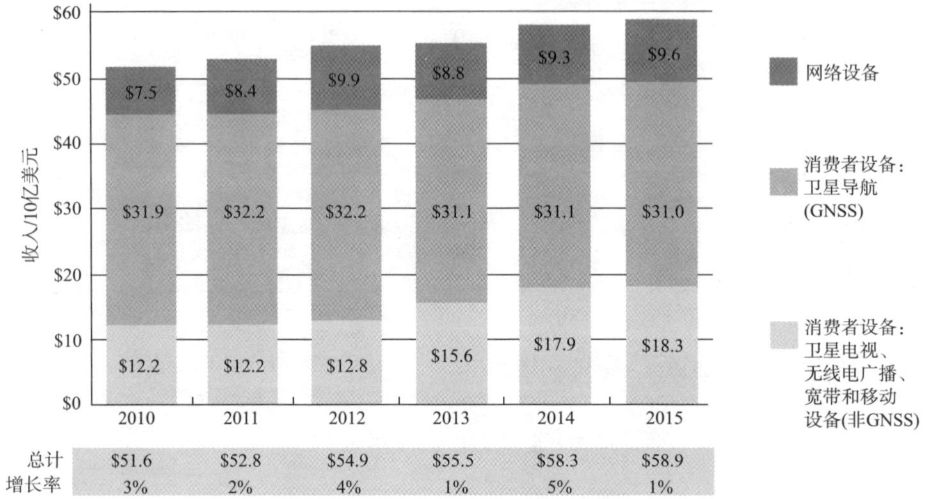

图 3-2-7　全球地面设备制造业收入情况

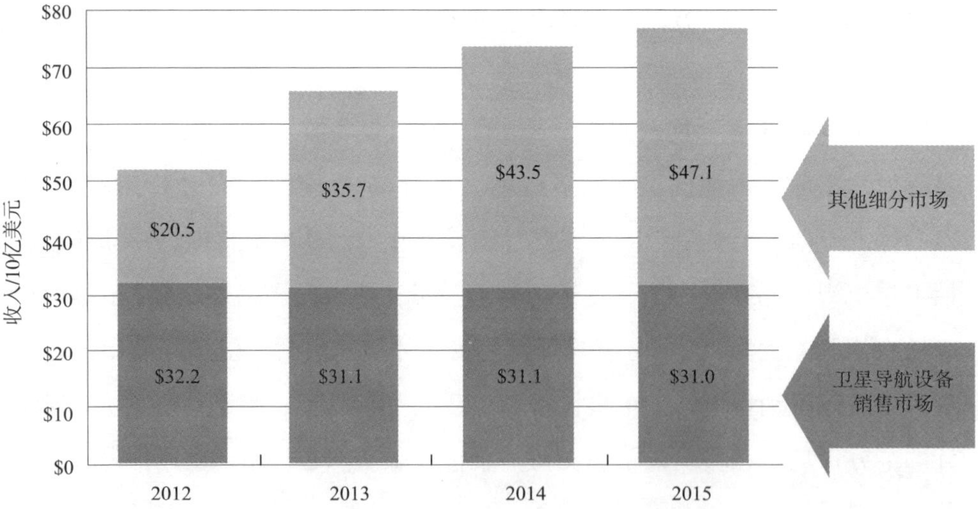

图 3-2-8　2012-2015 年全球 GNSS 收入情况

第三节　商业航天发射产业发展分析

纵观商业航天的发展历史，商业航天发射活动始终是在政府的引导或直接干预下开展。直到21世纪初，太空探索技术公司、轨道科学ATK公司等私营公司在没有得到政府直接干预的条件下研制运载火箭和飞船，成功进入商业航天领域，航天发射才真正实现市场化，也就意味着市场经济意义上的商业航天发射活动的开始。

一、商业航天发射发展态势

随着各国不断加强拓展对太空的开发与利用，航天发射需求持续升温，年发射频度日渐密集，并带动商业航天发射市场规模持续扩大。未来10年，航天发射需求将不断攀升，航天发射次数仍将继续上升。各国为稳固和增强国际航天发射市场竞争力，大力推进航天发射商业化发展，世界商业航天发射市场将呈现出更具活力且百家争鸣的局面。

（一）政府主导大力推进商业航天发射发展

美国商业航天公司的兴起与NASA对他们的支持密不可分，诸如太空探索技术、毕格罗航天、轨道科学ATK公司等典型私营航天企业几乎所有研发经费乃至技术研发人才都来自NASA支持。在2017年的预算中，NASA将拿出27.6亿美元投入商业航天，以确保美国在国际空间站货运和载人方面的领导地位。

1. 相继出台多项法规和政策

美国为支持商业航天发射发展，制订和颁布了一系列相关的法律法规和政策，为航天发射商业化发展提供了行为准则以及有力的法律和政策支持。从 20 世纪 80 年代起，美国就扶持私营企业进入航天发射领域，先后颁布了《空间商业发射法》《商业空间法》《发射服务购买法案》《美国商业航天发射竞争法案》《鼓励私营航空航天竞争力与创业法》等，旨在明确政府的航天监管和产业促进，并通过保护企业利益，积极鼓励、规范、促进私营企业参与商业航天运输与载人航天活动，为商业航天发射创造良好的法律环境。近年来，英国也在大力推动航天发射商业化发展，其在 2015 年 12 月发布的首份《国家空间政策》中提出要利用商业航天部门发展安全且具有成本效益的航天发射能力。

2. 陆续推出多个项目资助计划

2005 年，NASA 为发展商业货物运输和载人航天能力，专门成立了商业成员与货物项目办公室，鼓励支持私营企业参与航天运输服务竞争，购买由这些公司提供的创新的低成本航天运输服务，向国际空间站运送货物和航天员。此后，NASA 制定了“空间行动协议”（SAA），从法律层面明确了航天合同的授予方式，为后续计划的开展奠定了基础；相继发布了“商业轨道运输服务”（COTS）、“商业补给服务”（CRS）、“商业乘员开发”（CCDev）等商业航天运输计划，扶持私营企业发展航天运输能力。

“商业轨道运输服务”计划主要用于支持运载系统的研制，NASA 与其选中的商业合作伙伴签署“空间行动协议”，为其提供阶段性资金支持。2006 年 8 月 18 日，NASA 授予太空探索技术公司和火箭飞机奇石公司“商业轨道运输服务”第一阶段合同。2007 年 9 月，NASA 终止了与火箭飞机奇石公司的协议，并对该公司发出警告，称其未能在 2007 年 7 月 31 日之前筹集到足够的资金，并将“商业轨道运输服务”项目预算中剩余的 1.75 亿美元授予其他公司。2008 年 2 月 19 日，NASA 在“商业轨道运输服务”第二阶段选定轨道科学 ATK 公司为主承包商。

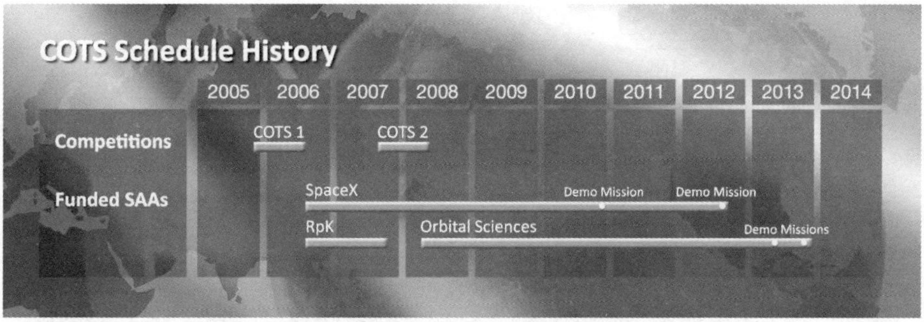

图 3-3-1 COTS 项目时间节点

"商业补给服务"计划用于采购国际空间站货物运输服务，与以资助为主的"空间行动协议"合同形式不同，"商业补给服务"合同对 NASA 的商业合作伙伴具有法律约束力，如果未能履行合同就要承担责任。2008 年，NASA 授予太空探索技术公司和和轨道科学 ATK 公司首轮"商业补给服务"合同。其中，太空探索技术公司获得 16 亿美元，用于 2015 年前执行 12 次国际空间站货运任务；轨道科学 ATK 公司获得 19 亿美元，用于 2015 年前执行 8 次国际空间站货运任务。2016 年 1 月，NASA 宣布将 140 亿美元的第二轮"商业补给服务"合同分配给太空探索技术、轨道科学 ATK、内华达山脉 3 家私营航天公司。根据合同，3 家公司将在 2019 年至 2024 年负责运送国际空间站美国的大部分货物和实验设施。

表 3-3-1 太空探索技术公司 CRS 任务执行情况

代号	时间	执行情况
CRS-1	2012 年 10 月 8 日	成功
CRS-2	2013 年 3 月 1 日	成功
CRS-3	2014 年 4 月 18 日	成功
CRS-4	2014 年 9 月 21 日	成功
CRS-5	2015 年 1 月 10 日	成功
CRS-6	2015 年 4 月 14 日	成功
CRS-7	2015 年 6 月 28 日	失败
CRS-8	2016 年 4 月 8 日	成功（火箭第一级首次海上回收成功）
CRS-9	2016 年 7 月 18 日	成功
CRS-10	2017 年 2 月 19 日	成功

表 3-3-2 轨道科学 ATK 公司 CRS 任务执行情况

代号	时间	执行情况
CRS-1	2014 年 1 月 9 日	成功
CRS-2	2014 年 7 月 13 日	成功
CRS-3	2014 年 10 月 28 日	失败
CRS-4	2015 年 12 月 3 日	成功（由联合发射联盟公司的“宇宙神 -5”火箭代替执行）
CRS-5	2016 年 10 月 17 日	成功
CRS-6	2016 年 3 月 22 日	成功（由联合发射联盟公司的“宇宙神 -5”火箭代替执行）
CRS-7	2017 年 4 月 18 日	成功（由联合发射联盟公司的“宇宙神 -5”火箭代替执行）

“商业乘员开发”是一项多阶段航天技术发展计划，由美国政府资助，NASA 商业乘员和货物计划办公室主管。2010 年年初，NASA 启动“商业乘员开发”第一阶段，以鼓励私营公司开发可靠、高性价比的商业载人航天运输系统。在该项计划中，NASA 向波音公司、内华达山脉公司、太空探索公司、蓝色起源公司等授予共计 5000 万美元的合同，用于系统概念、关键技术的研发。完成“商业乘员开发”首期任务后，NASA 继续向商业乘员运输开发投入资金，于 2011 年 4 月 18 日宣布了“商业乘员开发 2”（CCDev2）项目。在该项目下，NASA 授予蓝色起源公司、波音公司、内华达山脉公司、太空探索技术公司总计 3.15 亿美元的合同。“商业乘员开发 2”在“商业乘员开发”概念研发的基础上，旨在推动运载火箭及航天器等系统组件的设计和开发更为成熟。

2012 年，NASA 宣布“商业乘员开发”项目进入第三阶段，称为“商业乘员综合能力”（CCiCap）。“商业乘员综合能力”旨在促进集成式的乘员运输系统的研发，以期显著提升商业乘员运输系统的成熟度。波音、太空探索技术和内华达山脉公司赢得了“商业乘员综合能力”总计 11 亿美元的合同。2014 年 9 月 16 日，在对多家方案进行评比后，NASA 宣布波音和太空探索两家公司赢得了“商业乘员运输能力”（CCtCap）合同，太空探索技术公司的“龙”飞船与波音公司的“星际客车”（CST-100）将共同为 NASA 执行国际空间站载人任务。其中太空探索技术公司的载人“龙”飞船获得 26 亿美元，波音公司的“星际客车”获得42亿美元。

正是在这些支持资助计划下，太空探索技术公司等新兴航天企业得以快速兴起并发展壮大，迅速填补了美国航天发射能力的缺口，大力推动了美国商业航天发射能力的发展，大幅提升了美国商业航天发射产业的国际竞争优势。

图 3-3-2 “星际客车”与“龙”飞船

3. 引入市场竞争并提供技术扶持

为打破垄断，大幅降低航天发射成本，美国国会计划在确保关键任务的发射由联合发射联盟公司执行的同时，不断引入新的航天发射市场竞争者，确保进入空间的竞争性和开放发射服务。国防部授权美国空军在2013年—2017年采购的50枚火箭中，36枚购自联合发射联盟公司，其余公开招标。2015年5月，太空探索技术公司如愿获得发射美国军事卫星的资格，一举打破联合发射联盟公司对美国政府有效载荷发射服务的垄断。

为大幅降低国际空间站运送人员和货物补给成本，NASA从2010年起，在商业载人航天项目中先后吸纳波音、太空探索技术、轨道科学ATK、内华达山脉、蓝色起源等8家美国主流私营航天公司参与，为这些私营航天公司提供了超过80亿美元资金支持。

NASA、空军对新兴商业航天企业还进行了大量的技术扶持与转移。NASA利用自身技术优势加强对太空探索技术公司的技术指导，通过直接派驻技术人员和专利转让等方式帮助其研发和验证关键技术；NASA开放了“阿波罗”计划的部分技术支持新兴商业企业参与空间活动，如“猎鹰”系列火箭的“灰背隼”发动机采用了“阿波罗”计划登月舱下降级发动机的喷管。

新兴航天企业参与商业航天发射、加入发射市场竞争，为美国商业航天发射领域发展注入了新的活力，带来了全新的思维方式、发展理念和商业模式，引入了技术创新和成本降低，大力推动了美国商业航天发射产业的发展，将美国商业航天推向了新的高度。

（二）航天发射活动管理模式日趋灵活

1. 统筹协调航天发射活动管理

美国目前采取的是军、民、商分制管理的航天管理体制，并通过立法明确各管理主体的分工。第一层是以总统为代表的顶层管理主体，第二层是联邦各部门，第三层是联邦部门的下属机构。第一层管理主体中，白宫所属的国家安全委员会和科技政策办公室负责协助总统制定空间政策指令，协助总统对各个联邦部门之间进行协调。第二层管理主体主要由国防部、美国国家航空航天局、国务院、商务部、运输部（下属美国联邦航空管理局）、联邦通信委员会和国家情报总监办公室7个部门组成。其中，国防部负责军用航天战略规划和军用航天活动的组织实施，美国国家航空航天局负责民用航天战略规划和民用航天活动的组织实施，联邦航空局负责商业航天规划和组织实施。第三层次比较重要的有国务院空间和高级技术办公室、商务部的国家海洋大气管理局、运输部的空间商业运输局等。

美国联邦航空管理局下属的商业航天运输办公室（FAA/AST）负责对所有商业运载发射操作发放许可，并有责任保障美国航天运输的国际竞争力。目前，美国联邦航空管理局授权从事商业航天运输的四座联邦政府发射场包括：弗吉尼亚航天飞行中心、阿拉斯加的科迪亚克岛发射场、卡纳维拉尔角发射场和范登堡发射基地，另外蓝色起源公司和太空探索技术公司均在得克萨斯州建设和运营私营商业发射场。

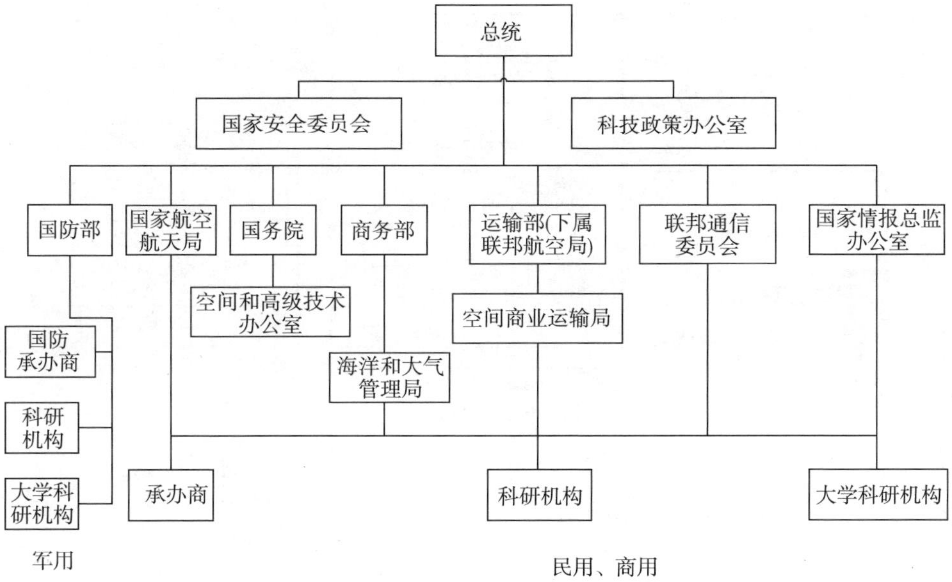

图 3–3–3　美国航天项目的三级管理体制

2. 明确商业航天发射任务组织流程

目前美国商业火箭主要有“德尔它”“猎鹰”等系列。其中，波音公司的“德尔它”系列火箭型号最多、改型最快，发射次数居美国之首，其商业发射任务的组织管理模式具有典型性。

任务实施过程中，波音公司在卫星用户与美国空军、NASA、联邦航空局以及其他相关承包商之间扮演协调者的角色，负责申请商业卫星发射许可，通过与空军和 NASA 签订商业合同获得发射场设施的使用权，实施“德尔它”火箭的测试发射工作。空军基地的航天与导弹中心以及第 45 航天联队的计划管理局负责指导“德尔它”火箭发射任务，空军基地指派一名项目保障经理作为代表，参加任务协调工作，安排发射任务所需的、由空军基地提供的各项保障和服务工作，如设施设备的操作与维护、场区安全、警卫和后勤保障等。NASA 配合性工作的协调，由波音公司设在肯尼迪航天中心的项目办公室负责。从空军靶场发射商业火箭的测控保障由美国空军提供。

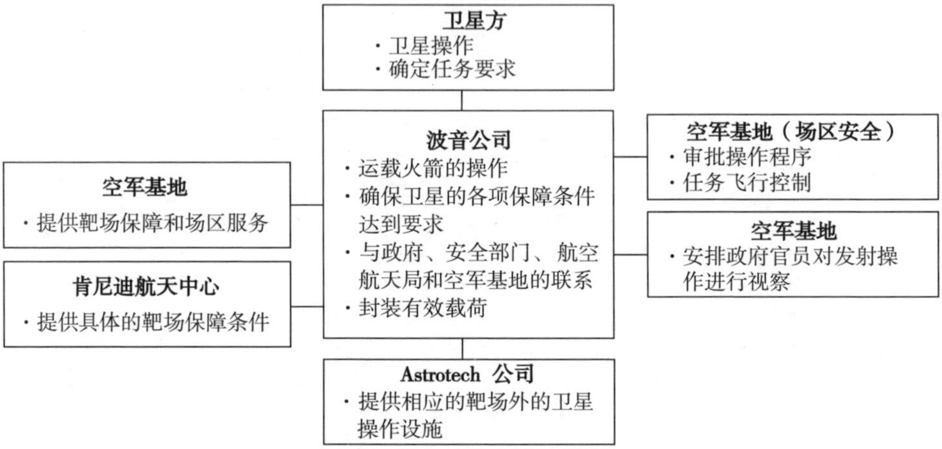

图 3–3–4　德尔它 –4 火箭发射任务组织框架示意图

3. 不断优化航天发射场管理

随着商业发射在航天发射中所占比重越来越大，越来越多的发射服务商开始提供商业发射服务，美国出现了军、民、商航天发射场共存的局面，发射场管理体制逐渐走向军事、民用和商业化管理模式并存的格局。

美国现有航天发射场所实施的管理、运行、维护、改进、现代化和持续性发展工作主要由国防部、国家航空航天局和联邦航空局分工负责。联邦政府拥有境内主要航天发射场所有权，而美国空军具有东、西两个靶场的管理职责，负责军方的航天发射、导弹发射和其他国家试验任务。美国航空航天局负责肯尼迪航天中心和沃洛普斯飞行中心的管理，主要执行航天飞机和亚轨道发射任务，为东靶场和肯尼迪航天中心的发射任务提供跟踪测量和保障服务。

在发射场商业化发射方面，美国政府以立法的形式许可军方、政府所有的航天发射场向商业发射提供服务和支持。商业航天公司可以租赁空军或

NASA 管理的发射场区域建设所需的测试发射设施，共用试验设施则以国家投资建设管理、商业用户付费租赁使用的模式运行。商业航天发射公司通过商业合同协议，获得发射场使用权，在军方或 NASA 的配合下，主导、组织商业发射任务。例如，太空探索技术公司研发“猎鹰”火箭期间，NASA 向其提供发动机测试台，美国空军则授权太空探索技术公司租赁、改造、使用东靶场 40 号发射场进行猎鹰 -9 火箭测试发射。

（三）商业航天发射成效显著

1. 航天发射国际竞争力大幅提升

以太空探索技术公司、蓝色起源公司等为代表的商业航天发射公司，致力于降低航天发射成本，研制和发展商业航天发射运载器。太空探索技术公司无疑是新兴商业航天企业中的佼佼者，该公司以产品低廉的费用和较高的发射成功率获得了航天发射市场的青睐，先后与多个国家签订卫星发射合同，成为美国一家成功进入商业航天发射领域的翘楚。近期，太空探索技术公司和蓝色起源公司的运载火箭可重复使用技术取得重大突破，将大幅降低航天发射成本。

太空探索技术公司、蓝色起源公司等一批新兴航天发射企业，在美国商业航天政策鼓励以及商业航天项目推动下，力量不断壮大，航天发射能力持续增强，日益成为航天科研生产力量的重要组成部分，将竞争引入航天领域，为航天发射产业发展注入强劲活力，使美国航天发射的国际竞争力大幅提升。

2. 航天发射成本显著降低

商业航天模式显著降低了航天成本，性价比大为提高。商业发射市场，猎鹰 -9 火箭将商业卫星发射的价格拉低了一个数量级，远低于阿里安 -5 火箭、宇宙神 -5 火箭发射费用，甚至低于一向以低价著称的中国长城公司，迅速占领了商用发射市场。太空探索技术公司 2016 年 5 月 2 日对外公布了猎鹰 -9 火箭和重型“猎鹰”火箭的发射价格和最大有效载荷。其中猎鹰 -9 火箭的目前价格为5400万美元～6200万美元，近地轨道最大运载能力为22.8吨，地球同步转移轨道最大运载能力为8.3吨，火星轨道最大运载能力为4.02吨（由于太空探索技术公司计划重复使用火箭第一级，可能使火箭报价下降约30%）；重型“猎鹰”火箭标准报价为9000万美元，近地轨道最大运载能力为54.4吨，地球同步转移轨道最大运载能力为22.2吨，火星轨道最大运载能力为13.6吨。

商业运输市场方面，NASA通过“商业轨道运输服务”项目大幅降低了往返空间站的费用，“龙”飞船12次空间站商业补给服务平均每次花费约1.3亿美元，远低于航天飞机平均15亿美元/次的费用；俄罗斯联盟号飞船每个座位的价格为7000万美元，太空探索技术公司正在研制的载人型“龙”飞船，每个座位只需2000万美元。

3. 技术创新步伐不断加快

商业航天公司为了赢得竞争优势，获取更多的利润，更加注重效率提升，在组织管理、产品研制和技术创新方面的效率相对于传统模式更高。以太空探索公司为代表，开展了一系列快节奏、颠覆性的运载技术创新，成功进行了一级火箭陆上和海上定点回收试验；蓝色起源公司实现了一枚亚轨道火箭连续四次的回收和重复利用；轨道科学ATK公司已突破液氧/甲烷发动机技术，即将投入使用。这些高效率的创新促动了各航天大国对火箭技术发展战略的重新思考。

二、商业航天发射市场分析

近年来，诸如太空探索技术公司等私营航天企业研制的低成本火箭陆续进入商业发射服务市场，全球商业发射市场竞争格局不断加剧。同时，新卫星业务带动了大宗发射服务订单的签署，低成本小型运载火箭进入发射服务市场，尤其是猎鹰-9火箭可重复技术不断取得突破，将深刻变革和影响商业发射服务市场。

（一）商业航天发射情况

航天发射活动由政府、军方和商业部门负责实施。全球能够独立进行和具有业务化发射能力的国家和地区包括美国、俄罗斯、中国、欧洲、印度、日本、以色列、伊朗、朝鲜和韩国，而其他一些诸如阿根廷、巴西、印尼等国正在进行运载火箭技术研发。

2015 年，全球共实施 86 次发射任务，相较 2014 年减少了 6 次。在 86 次发射任务中，22 次为商业发射，其余 64 次为政府民用或军事发射任务。从国家维度来看，美国在全球商业发射市场占据最大份额，欧洲次之，俄罗斯位列第三位，对应完成的商业发射次数依次为 8 次、6 次和 5 次。印度和日本分别完成 2 次和 1 次商业发射。据欧洲航天产业协会估算，2015 年全球航天发射收入约为 80.1 亿美元，与 2014 年基本持平。其中商业发射收入为 22 亿美元，ISS 发射服务为 9.02 亿美元，政府民用发射收入 19.6 亿美元。

2016 年，美国、俄罗斯、欧洲、中国、日本、印度、以色列和朝鲜共开展了 85 次轨道发射，其中的 21 次是商业发射。2016 年 21 次商业发射带来大约 25 亿美元产值，与 2015 年的 22 亿美元相比取得了平稳的增长。美国的商业发射服务产值大约为 12 亿美元，2015 年同期为 6.17 亿美元。2016 年的商业发射有以下亮点事件：美国完成了 11 次商业轨道发射；NASA 继续其国际空间站商业补给服务项目，并完成 4 次补给任务；太空探索技术公司继续为商业客户发射有效载荷，完成 5 次地球同步转移轨道的商业发射。猎鹰 -9 火箭的发射在 9 月 1 日发射工位爆炸后被推迟，后在 2017 年 1 月恢复发射，将 10 颗铱星下一代卫星送入轨道。

（二）商业航天发射市场特点

1. 阿里安公司订单储备丰裕

2015 年阿里安公司创纪录地进行了 12 次发射，从而也使公司全年收入首次突破 14 亿欧元。该公司 2015 年共新获订单 25 亿欧元，订单储备已突破 53

亿欧元，并保持了 50% 的市场份额。阿里安公司已降低采用阿里安 -5 火箭整流罩下部位置发射偏轻型卫星（3500 千克以下）的价格，并提出将压缩阿里安 -5 火箭的生产、发射和地面设施成本，预计在 2017 年前使阿里安 -5 的总成本降低 5%~6%。综合考虑年度商业发射次数和签约量，阿里安航天公司凭借 6 次商业发射任务和 37 次发射订单在 2015 年明显拉大了与太空探索技术公司的差距，市场第一的位置得到了有力的巩固。

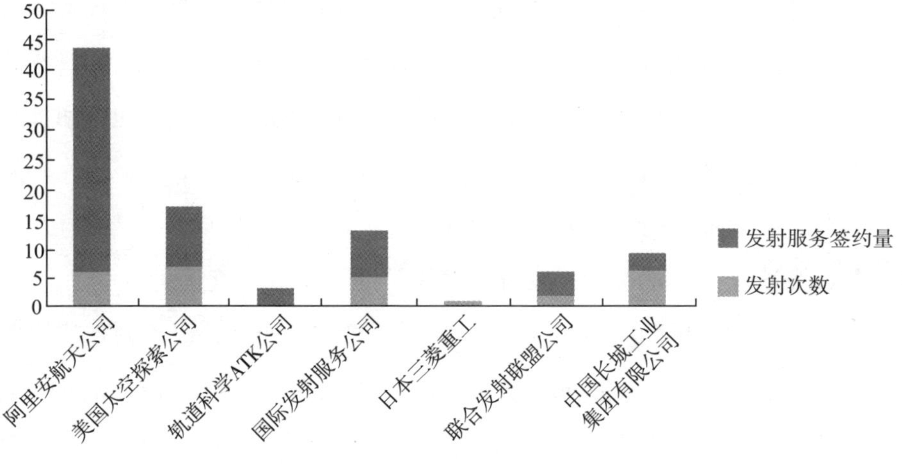

图 3-3-5　2015 年全球主要发射服务商业绩比较

2. 猎鹰 -9 火箭继续保持较高的市场活跃度

美国太空探索技术公司的猎鹰 -9 火箭 2015 年的一次发射失利影响了其原定的更高密度的发射计划，猎鹰 -9 火箭上半年执行了 6 次发射，下半年仅 1 次。尽管如此，猎鹰 -9 火箭仍是 2015 年执行商业发射任务最多的火箭，太空探索技术公司年度签约量也仅次于阿里安公司，位居世界第二。另据联邦航空管理局最新航天运输报告显示，2016 年，猎鹰 -9 火箭在 2016 年执行了 7 次商业发射任务。

猎鹰 -9 火箭在 2015 年年底的复飞任务中开创性地实现了火箭一级的陆上回收，为太空探索技术公司推进低成本可复用火箭计划迈出了重要的一步。

目前，太空探索技术公司对外宣传的猎鹰 -9 火箭每次发射价格约 6100 万美元，而阿里安 -5 供较小型卫星使用的整流罩下部位置收费为 9000 万美元。若按成本价出售，那么该型号以一箭双星方式发射时每颗卫星的发射价格就是大约 5000 万美元。宇宙神 -5 的价格在 2015 年执行“天鹅座”货运飞船发射任务时从 1.5 亿美元降至接近 1 亿美元的水平。因此，猎鹰 -9 火箭已经实质上造成了全球发射服务的降价。

2016 年 4 月 9 日，“龙”飞船执行第 8 次空间站货运补给任务获得成功，首次在海上平台回收了猎鹰 -9 火箭的第一级，验证了可重复使用运载火箭的关键技术，在探索大幅降低航天发射成本的道路上迈出了重要一步。2017 年 3 月，太空探索技术公司的猎鹰 -9 火箭从卡纳维拉尔角发射升空，将欧洲卫星公司 SES-10 通信卫星成功送入同步转移轨道，并于发射后成功实现了火箭第一级的海上回收。这枚猎鹰 -9 火箭第一级就是 2016 年 4 月 9 日执行 CRS-8 任务回收的火箭第一级。这是猎鹰 -9 火箭首次采用用过的第一级进行发射，让太空探索公司的火箭重复使用理念最终从设想化为了现实。2017 年 5 月 1 日，太空探索技术公司在肯尼迪航天中心利用猎鹰 -9 火箭成功发射国家侦察办公室间谍卫星 NROL-76，这是猎鹰 -9 火箭首次执行大型军用卫星发射任务，标志着美国私营企业研制的火箭正式形成国家安全载荷发射能力。除此次为国家侦察办公室发射 NROL-76 秘密卫星外，太空探索技术公司还以不到 1 亿美元的报价，赢得空军的两项 GPS-3 卫星发射合同，将分别于 2018 年和 2019 年发射。猎鹰 -9 火箭第一级在 2017 年 3 月实现重复使用后，美空军表示有意在未来考虑订购性价比更高的可重复使用火箭。可以预见，未来太空探索技术公司有望承接更多美国空军的卫星发射任务，其在商业发射市场的竞争力将得到进一步凸显。

3. 俄罗斯降低质子号发射价格，重获大量订单

为突破火箭发射失败和美国制裁的负面影响，俄罗斯通过降低质子号火箭发射价格赢得了多份发射服务订单。质子号火箭在过去 5 年的时间里每年都出现发射事故，导致近年订单量减少。2015 年秋，国际发射服务公司与其所有者赫鲁尼切夫国家科研生产航天中心采取了一系列举措，其中包括降低质子号火箭的商业发射价格，以期重新赢得顾客的信任。新策略使国际发射服务公司拿到了西班牙卫星公司的一份发射合同。欧洲通信卫星公司又宣布同国际发射服务公司签订一份多发协议，以在 2016—2023 年使用质子号发射多颗卫星。11 月 11 日，国际通信卫星公司也宣布同国际发射服务公司签署了一份多发协议，将在 2023 年前用质子 M 火箭进行 5 次发射。这两笔交易极大地恢复了质子号火箭在商业发射服务市场的声誉，打破了近年来欧洲的阿里安 -5 火箭和太空探索技术公司的猎鹰 -9 火箭主导商业发射市场的局面。

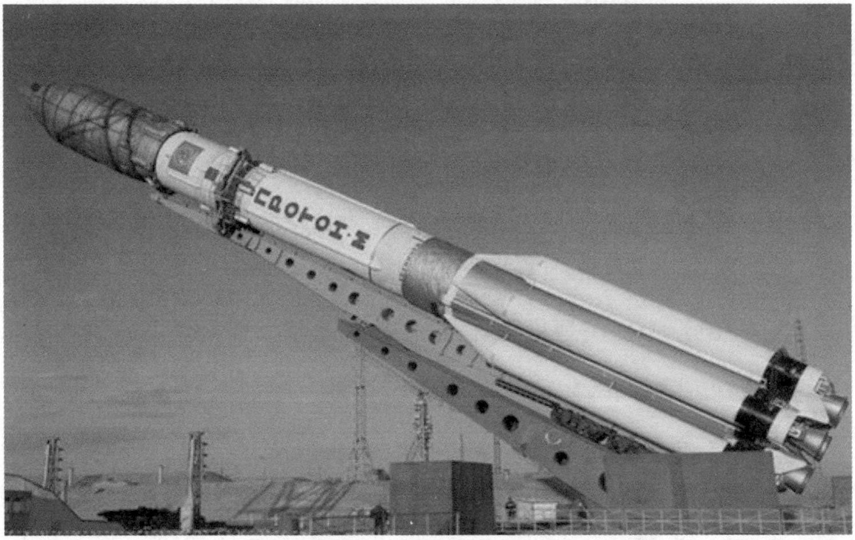

图 3–3–6　俄罗斯质子号火箭

4. 低轨道卫星互联网计划带动大宗订单

随着低轨道卫星互联网计划的推进，2015 年出现了史上最大的一份商业发射订单。尽管自 2014 年年底开始已有多个巨型卫星星座向国际电联进行了登记，但一网公司已真正进入了项目的实施阶段。2015 年 6 月 25 日，一网公司宣布同阿里安航天公司和维珍银河公司签订了共计包括 60 次发射的卫星发射合同，号称史上最大的一份商业发射订单。在一网公司此次签订的60次发射的订单中，有21次将由阿里安公司采用其经营的俄制联盟号火箭进行，发射将在2017—2019年全部完成。按照此次合同，维珍银河公司在研的运载器一号火箭将执行39次发射，主要用于星座的补网维护，每次将携带1~3颗卫星。维珍银河公司曾宣称其火箭能以每次发射不到1000万美元的费用发射质量约225千克的小卫星。

5. 小型运载火箭商业签约活动活跃

2015年，小型运载火箭在国际商业发射服务市场上崭露头角。维珍银河公司、火箭实验室公司和萤火虫空间系统公司已从政府和商业用户获得订单。其中火箭实验室公司于2015年8月10日开始，在其网站上开通了对外预订“电子”小型运载火箭发射服务的业务。

图3–3–7　“电子”小型运载火箭

未来几年，每年发射的微小卫星数量将大幅增长。据国外咨询公司统计，2020年将有400余颗的微小卫星发射需求。以微小卫星为目标市场的小型运载火箭公司已经开始研制和运营此类火箭，该类火箭的特点是单次发射总价低，能满足微小卫星的发射计划和任务轨道的要求。

6. 日本商业发射服务顺利推进

截至2015年年底，日本的H-2A运载火箭拿到3份卫星发射订单。2015年3月，H-2A运载火箭拿到了在2018年发射本国“温室气体观测卫星”以及为阿联酋搭载发射“哈利法星”对地观测卫星合同。2015年11月，H-2A火箭在种子岛航天中心发射了加拿大电信卫星公司的电信星-12V通信卫星，这是H-2A火箭首次执行商业静止轨道通信卫星的发射任务。H-2A火箭此次发射的价格是9800万美元。H-2A火箭的制造商三菱重工已表示，随着其对H-2A火箭运行使用和未来H-3火箭项目管理取得更大的控制权，火箭发射成本将有所降低。

图3-3-8　H-2A火箭从种子岛航天中心发射升空

7. 印度商业发射市场前景广阔

印度极轨卫星运载火箭（PSLV）2013—2015年共发射了28颗国外卫星，带来了8060万欧元（1.01亿美元）的商业发射服务收入，主要靠的是以国外卫星为主有效载荷的3次共28颗卫星的发射。这28颗卫星大都是发射质量从几千克到约100千克不等的小卫星，基本上都是作为次级载荷同承担大部分发射费用的印度本国卫星一同发射。2017 年 2 月 15 日，印度成功利用极轨卫星运载火箭将 104 颗卫星发射至 500 千米的太阳同步轨道。此次发射打破了俄罗斯在 2014 年 6 月创造的“一箭 37 星”世界纪录，是迄今人类单次发射卫星数量最多的一次。根据欧洲资讯公司预测，未来 10 年，小卫星将井喷式增长，发射数量超过 3600 颗。印度“一箭 104 星”的创纪录发射势必将引起微小卫星国际发射市场对印度的广泛关注，为其抢占未来国际发射订单创造有利条件。

图 3-3-9 印度“一箭 104 星”使用的极轨卫星运载火箭

三、商业航天发射需求预测

联邦航空管理局下属商业航天运输办公室和商业航天运输咨询委员会共同对未来 10 年全球商业航天发射服务市场需求进行预测。预测基于联邦航空管理局下属商业航天运输办公室的研究数据以及美国商业航天产业界内的研讨数据，对象涵盖卫星服务提供商、航天器制造商、发射服务提供商、系统运营商、政府办公室和独立分析师等。预测涵盖以下 5 个细分产业的有效载荷商业发射需求：商业通信卫星、商业遥感卫星、商业货运和乘员运输服务、其他商业卫星以及技术演示验证卫星。需要指出的是，需求预测和实际发射的卫星数量有所区别。运载火箭和卫星项目的复杂性导致它们极易被推迟，因此一般情况下，预测的发射需求数量是近期实际发射次数的上限。

（一）商业发射需求整体预测

2017—2026 年间，全球预计将进行年均 41.2 次的商业发射。细分至轨道类型，2017—2026 年间预计年均进行 19.8 次地球同步轨道商业发射和 21.4 次非地球同步轨道卫星发射。表 3-3-3 给出了未来 10 年商业航天有效载荷发射预测以及发射次数预测。

表 3-3-3　未来 10 年（2017—2026 年）商业发射预测

	2017	2018	2019	2020	2021	2022	2023	2024	2025	2026	总计	平均
有效载荷数												
GSO 轨道	25	25	26	21	22	22	22	22	22	22	229	22.9
非 GSO 轨道	242	300	300	244	256	249	206	252	206	135	2390	239.0
总载荷数	267	325	326	265	278	271	228	274	228	157	2619	261.9
发射次数												
GSO 轨道中 - 重型	19	21	24	19	20	18	20	18	19	20	198	19.8
非 GSO 轨道中 - 重型	16	25	15	17	16	16	11	15	11	9	151	15.1
非 GSO 轨道小型	5	10	13	11	5	4	5	4	5	1	63	6.3
总发射次数	40	56	52	47	41	38	36	37	35	30	412	41.2

图 3-3-10 给出了过去十年（2007 年—2016 年）商业发射次数，以及未来十年（2017 年—2026 年）商业发射次数预测。

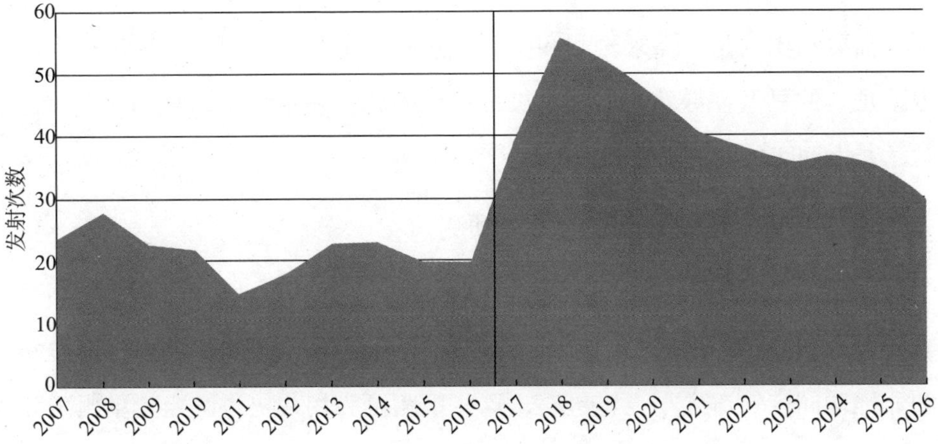

图 3-3-10 商业航天历史发射次数及未来发射预测

未来 10 年，年均地球同步轨道发射的市场需求达 22.9 颗卫星，其中的一半是大型卫星（超过 5400 千克）。2016 年，不对国际市场（包括美国在内）竞争开放的发射合约从 2015 年的 8 份下降到 3 份。然而，预计未来 10 年此类合约将达到年均 5.3 份，因为中国和俄罗斯的国有航天企业通常将卫星、发射和融资打包进行。

未来十年，商业非地球同步轨道发射需求预计会更高，因为当前计划中和现有的主要非地球同步轨道通信卫星星座都需要更新。此外，常规的 NASA 国际空间站商业乘员和货物补给任务也帮助非地球同步轨道发射处于高水平。非地球同步轨道年均商业发射次数将从过去 10 年的 7.8 次增长到未来 10 年的 21.4 次。2017 年—2026 年，预计将有 2390 个有效载荷以商业方式发射，其中包括 214 次一箭多星发射。这一预测显示出产业界将更多的采用“一箭多星”方式发射越来越多的小型和微小型卫星（包括迷你卫星、微卫星和纳卫星）。未来 10 年，商业发射将主要包括国际空间站商业运输、商业遥感卫星发射以及商业通信卫星发射，这些发射任务需要中型至重型火箭。预计将有 71% 的商业非地球同步轨道发射需要使用中型至重型火箭进行发射。

需要指出的是，需求预测和实际发射的卫星数量有所区别。运载火箭和卫星项目的复杂性导致它们极易被推迟，因此一般情况下，预测的发射需求数量是近期实际发射次数的上限。

（二）商业通信卫星发射需求预测

通信卫星市场包括中型 - 重型通信卫星，可为用户提供固定卫星服务、直播到户和数字广播服务。该市场还包括由中小型卫星组成的地球同步轨道和非地球同步轨道大型卫星星座，这些星座可为用户提供固定卫星服务和覆盖全球的移动通信服务。

地球同步轨道商业通信卫星发射需求方面，2017 年将进行 19 次 25 颗商业地球同步轨道通信卫星的发射；未来 10 年（2017 年—2026 年）将进行年均 19.8 次 22.9 颗商业地球同步轨道通信卫星的发射。

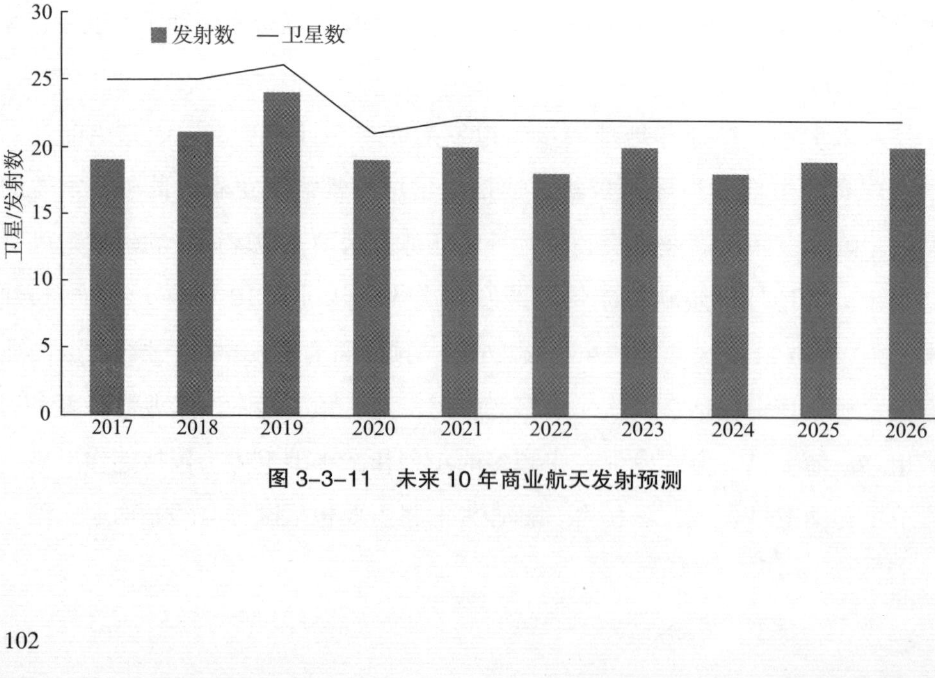

图 3-3-11　未来 10 年商业航天发射预测

表 3–3–4　未来 10 年（2017–2026 年）商业发射需求预测

	2017	2018	2019	2020	2021	2022	2023	2024	2025	2026	总计	平均
卫星数	25	25	26	21	22	22	22	22	22	22	229	22.9
发射次数	19	21	24	19	20	18	20	18	19	20	198	19.8

非地球同步轨道商业通信卫星发射需求方面，2017 年至 2020 年将进行年均 5.5 次的非地球同步轨道通信卫星发射，主要发射需求源自铱星下一代和一网公司的卫星星座。铱星下一代计划在 2~3 年内利用猎鹰 -9 火箭进行发射来完成对其现有星座的更新换代。未来 10 年中的大部分时间，一网公司将通过部署其超过 700 颗（目前计划有变）卫星的星座。图 3-3-12 给出了过去 10 年非地球同步轨道卫星的历史发射次数以及未来 10 年的发射需求预测。

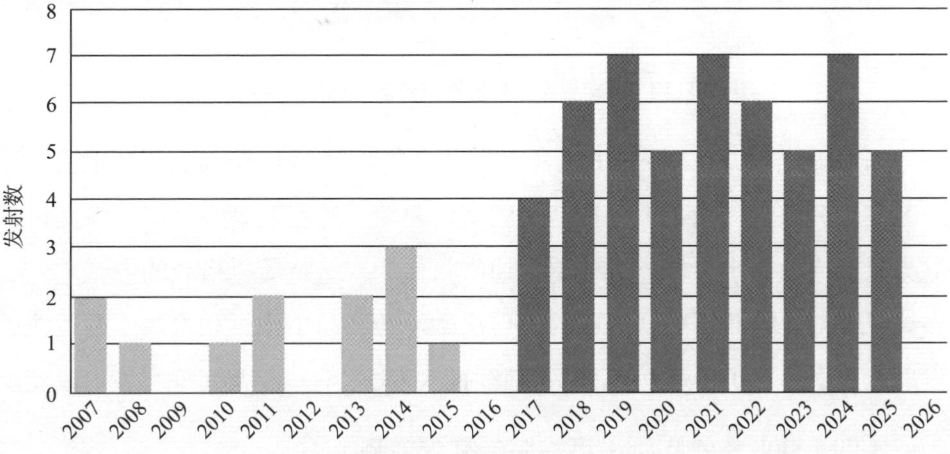

图 3–3–12　商业航天发射历史情况及发射需求预测

（三）商业遥感卫星发射需求预测

1999 年以来，商业遥感卫星更新计划相对稳定，通常每年仅执行 1 ~ 2 次发射。商业遥感卫星发射次数的高峰将在 2018—2020 年间出现，主要由于芬兰 Iceye 公司和行星公司遥感卫星星座将在这期间部署。芬兰 Iceye 公司计划部署 20 余颗合成孔径雷达（SAR）成像卫星，目前公司已与“向量空间系统”

（Vector Space System）公司签署了发射协议，将从 2018 年开始利用“向量空间系统”公司的“向量 -H”号小型火箭进行发射。

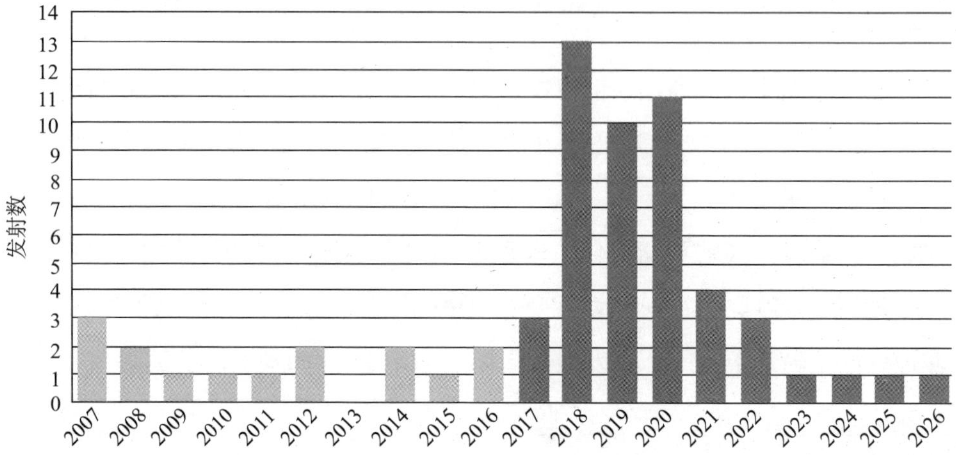

图 3–3–13　商业遥感卫星发射历史情况及发射需求预测

未来 10 年（2017 年—2026 年）预计将发射近 1445 颗商业遥感卫星，这一数字十分惊人。受数据分析产业的市场驱动，这些卫星中大部分将是包括立方星在内的微小卫星。这些卫星通常将作为次级载荷以搭载的方式“一箭多星”发射，因而不会增加新的发射次数。随着超小型运载火箭（近地轨道发射能力小于 200 千克）今后几年陆续投入市场，这一格局可能会发射改变。

（四）商业货物和乘员运输服务需求预测

商业货物和乘员运输服务包括近地轨道商业货物和乘员运输、月球商业货物和乘员运输或其他太阳系商业货物和乘员运输。具体而言，商业货物和乘员运输服务是指为需要货物和人员运输的 NASA 任务和其他私营计划提供支持的服务，比如空间站任务、太空旅游、私人资助的科学探索以及未来可能的非地球资源开发。美国所有商业货物和乘员计划都由美国联邦航空管理局下属的商业航天运输办公室授权。

2017—2026 年间，预计将进行 79 次商业货物和乘员发射。这些发射都将用于支持向国际空间站进行商业乘员运输和货物补给。

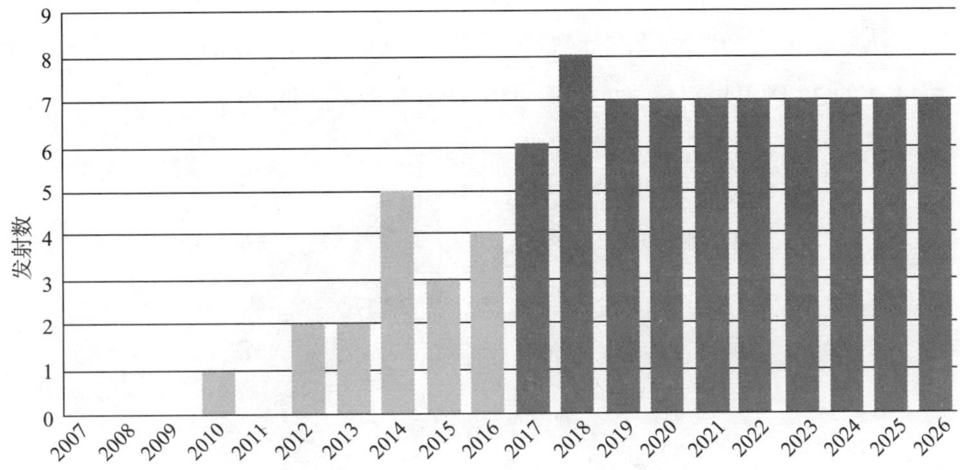

图 3–3–14　商业货物与乘员发射历史情况及未来发射需求预测

第四节　商业卫星通信市场分析

全球在轨航天器中，通信卫星数量占比最大，约占一半，并率先实现了商业化发展。半个世纪以来，世界卫星通信产业已从以技术验证为主的探索时期，迈入通信卫星全面应用和快速扩张的新阶段，产业链条日趋完善。

一、商业通信卫星数量占比最高

截至 2015 年年底，全球在轨卫星共 1381 颗（2017 年最新数据为 1459 颗）。从数量上看，通信卫星占比 51%，而其中商业通信卫星占比 37%，军民两用通信卫星占比 14%。

2015 年全球发射了 35 颗通过商业采购的通信卫星，其中包括 24 颗静止轨道通信卫星和 11 颗内华达山脉公司研制的非静止轨道通信。2015 年全球共签订了 26 颗商业采购的通信卫星订单，其中 18 颗地球同步轨道，8 颗中地球轨道，另有 903 颗低地球轨道互联网星座卫星未列入上述统计。相比于 2014 年的 37 颗卫星订单，2015 年卫星订单有大幅降低。

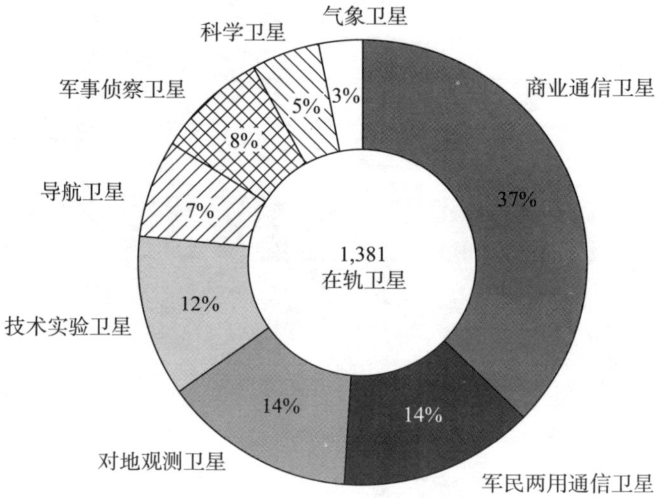

图 3-4-1　按照功能划分的全球卫星占比

二、欧美在商业通信卫星制造市场仍占绝对优势

通信卫星制造领域，以美国、欧洲、俄罗斯等 20 家左右的大中型系统集成商为主。其中欧美卫星制造商在商业通信卫星制造市场仍占绝对优势，几乎所有通信卫星订单全部由欧美卫星制造商签署。2015 年签署的静止轨道商业通信卫星订单中，美国公司共签署 11 颗，占比 61%，相比于 2014 年的 48% 有了较大幅度的增加。近几年没拿到商业订单的洛克希德·马丁公司 2015 年也签署了 2 颗。欧洲公司共签署了 6 颗，占比 33%。

从卫星制造商来看，泰雷兹·阿莱尼亚航天公司赢得 10 颗卫星（其中包括 O3b 网络公司 8 颗中地轨道卫星）建造合同，劳拉空间系统公司赢得 5 颗卫星建造合同，空客防务与航天公司赢得 4 颗卫星（未包括为一网公司建造的 900 颗低轨小卫星）建造合同，波音空间与情报系统公司赢得 3 颗卫星建造合同，洛克希德·马丁公司赢得 2 颗卫星建造合同。

三、传统通信卫星运营商业务面临调整

就像广播卫星业务和固定卫星业务之间的区别已逐步消失一样，固定和移动卫星业务之间的明显界限也在渐渐褪去。与此同时，以一网公司为首的低轨互联网星座的兴起，可能使地球静止轨道、中地球轨道、低地球轨道卫星通信服务逐渐走向融合。

国际通信卫星公司与一网公司 2015 年 7 月份签署的协议或许就是一个例证。根据协议，移动用户将能在一网公司拟建的低轨星座和国际通信卫星公司的“史诗”高通量卫星之间进行切换。欧洲卫星公司选择了对 O3b 网络公司进行股权增持，以支持其在 2015 年订购 8 颗中地轨道卫星，从而实现 2018 年年中前达到 20 颗的目标。加拿大电信卫星公司除订购了两颗高通量卫星外，还在 2015 年向国际电联申请了多项低轨基础设施 Ka 波段频谱使用权。欧洲通信卫星公司在兼并了墨星公司、进军拉美市场后，2015 年在与美国社交网络巨人脸书公司合租以色列空间通信公司阿莫斯 6 卫星的全部 Ka 波段宽带容量的同时，又向泰雷兹·阿莱尼亚航天公司订购了一颗高通量 Ka 波段卫星，拉开了其进军非洲欠服务地区的序幕。

四、低轨互联网小卫星星座市场发展前景广阔

2014 年年底全球兴起卫星互联网星座热潮，在谷歌等互联网巨头的推动和支持下，一网公司、太空探索技术公司等多家企业提出打造由低轨小卫星组成的卫星星座，为全球提供互联网接入服务，在短期内迅速聚集人气，引发全球强烈关注。其中，一网公司拟构建由 648 颗卫星的低轨宽带卫星星座（近期，一网公司对外宣称将在原 648 颗低轨道卫星基础上再增加 1972 颗）；太

空探索技术公司宣布了4425颗卫星的低轨宽带卫星星座计划；波音公司宣布了采用V频段的2956颗卫星星座计划。这些互联网星座由成百上千颗运行在低地球轨道（LEO）的小卫星构成，主要提供宽带互联网接入服务。

新兴卫星互联网星座目前尽管尚处于初期探索阶段，系统设计、商业渠道和盈利模式尚不成熟。但从未来的系统规模、市场机会和系统能力看，其发展前景广阔，因此在短时间内迅速汇集了大量的资本、技术和合作伙伴，虽然目前还远未达到系统稳定运行、产业成熟发展的阶段，但考虑到互联网给人类生活带来的巨大变化和行业价值，未来在投资融资渠道、系统研发、产品服务的领域，将卫星通信服务融入“互联网+”，蕴涵了巨大的商机，是通信卫星产业未来的发展方向之一。

五、卫星制造商加快批量化高性能卫星的研制

在以美国硅谷为代表的互联网力量跨界进入卫星通信领域之后，卫星的批量化制造、流水线式生产与总装已经成为新潮流。2016年1月，一网公司宣布和空客防务与航天公司在美国佛罗里达州合资成立一网卫星公司，该公司将自主设计并建造由900颗小卫星组成的“一网”卫星星座，包括648颗（最初计划为648颗，现已在原648颗低轨道卫星基础上再增加了1972颗）运行卫星和其余备用卫星，以提供覆盖全球的高速互联网服务。据悉，一网卫星公司将基于空客防务与航天公司在飞机研制领域的“未来工厂”理念，构建一网公司卫星生产线，通过采用机器人、自动化、3D打印等技术，打造大批量卫星研制和组装的新模式，以满足一网公司星座的庞大研制和补给计划（约每天3~4颗卫星的建造速度）。

以数字化技术为代表的优化措施，推动有效载荷的灵活性能不断增强，交付周期持续缩短，也成为研制工作改进的重要方向。在2016年发射的宽带全球卫星通信-8上，采用了波音公司研制的第六代数字化有效载荷，较此前的7颗卫星处理能力大幅增强，将提升45%的卫星容量。据悉，该数字化有

效载荷具有很好的可扩展性，可根据用户需求调整载荷大小，而且由于数字信号处理器可完成传统卫星上大量滤波器、开关、变频器、分 / 合路器和信号放大器等器件的复杂功能，大幅减小了载荷的硬件规模，让制造流程更加简单，从而降低成本。劳拉空间系统公司预计，采用高度数字化、灵活化的有效载荷可以缩短 50% ~ 60% 的研制时间。

六、软件定义卫星技术迈出重要一步

长期以来，能根据 15 年寿命期内业务的发展变化情况来变换卫星覆盖区和星上功率一直是商业卫星运营商十分期盼的一个目标。运营商们经常抱怨地面通信技术几年就能更新换代一次，而静止轨道通信卫星设计在发射前两三年就要冻结，且入轨后一用就是 15 年。这种用户需求被动适应卫星的局面有望在欧洲通信卫星公司和欧空局共同实施的“量子”项目中得到改变。

“量子”项目的原型最早于 2014 年 12 月欧空局部长会议上提出，以英国为首的各国航天部长通过了该局“电信系统预研”计划下的“任意星”（AnySat）计划。“电信系统预研”计划将同欧洲通信卫星公司一道打造一种高度灵活的卫星有效载荷，基本上使运营商能按需要在任何地方部署此类平台，确保能在业务形势改变或卫星运行到新轨位的情况下通过上传软件来重新定义覆盖区。2015 年 7 月欧洲通信卫星公司和欧空局签订了“欧洲通信卫星量子”新一代卫星有效载荷的建造合同，卫星将采用萨里的“静止迷你星平台 - 转移”（GMP-T）平台，并采用空客公司制造的一种模拟星上信号处理器和一种相控阵天线设计。卫星可根据需求的变化，一次又一次地进行相应的调整，以把能量全都用在用户所要求的地方，而不是设置一个固定的宽波束或把能量消耗到不需要的地方。星上的相控阵天线使卫星运营商能通过地面指令独立生成波束，星上处理器可以让 Ku 波段频率的任何部分同任何其他部分配对，使卫星能轻易地同国际电联不同监管区域内的不同监管要求相兼容。

这一灵活有效载荷理念将在多大程度上改变通信卫星目前面临的问题尚不得而知，但软件定义卫星技术的实践为解决问题提供了重要的思路。

第五节　商业卫星遥感市场分析

遥感卫星商业化起步于 20 世纪 80 年代，但受政策、产业环境等多种因素制约，民用遥感卫星的商业化发展路途并不平坦。近几年，世界各国越来越重视卫星遥感的发展，越来越多的国家开始建立自主可控的对地观测系统。随着政府推动和运营模式的逐渐成熟，商业遥感服务正逐步迎来转机，市场前景极其广阔。

一、高分辨率卫星遥感市场竞争加剧

近年来，各国相继出台遥感图像政策，放宽对可供商业出售的图像分辨率限制，宽松的扶持政策对增强本国商业遥感卫星运营商的竞争力提供了有力的保障。2015 年 2 月 22 日，美国政府正式批准数字地球公司可以对外商业出售 30 厘米分辨率的图像。继美国后，以色列也将可出售商业卫星图像最高分辨率限定在 30 厘米，尽管以色列航空航天工业公司目前尚不具备 30 厘米分辨率遥感卫星的建造能力，但一旦技术水平达到，将可以享受此宽松政策条件。日本也提出放开对商业出售卫星遥感图像分辨率的限制计划。

受各国遥感图像数据政策变化的影响，近年来卫星对地观测领域的格局也在发生变化。在遥感图像市场占据一半以上份额的数字地球公司耗资约 7.5 亿美元的世界观测 -4 卫星在 2017 年年初完成在轨测试和校准，已投入商业运行。世界观测 -4 卫星与世界观测 -3 卫星能力相近，同样具有 30 厘米的地面分辨率，代表目前商业光学遥感数据市场中的最高水平。世界观测 -4 卫星的加入将使数字全球公司每天的图像数据获取能力增加一倍。这些高精度、

高质量的卫星图像将可应用于更多、更广的领域，以致数字地球公司自信地表示，众多地球图像供应商并不会对其构成潜在的威胁。面对残酷的竞争，各个对手也不懈怠，泰阿空间公司和空客防务与航天公司已向阿联酋、摩洛哥和秘鲁出售了亚米级的光学侦察系统；法国的“昴星团”卫星图像除供法国和欧洲军队使用外，也开始进行商业出售。

二、商业遥感小卫星星座市场迅速成长

近年来，遥感小卫星星座成为新的市场热点。遥感小卫星发射数量急剧增长，在 2015 年发射入轨的遥感卫星中，100 千克以下的微小卫星 60 颗，其中美国 54 颗，包含质量低于 10 千克的 50 颗“鸽群”卫星。2015 年还签订了超过 110 颗质量在 100 千克以下的微小型遥感卫星的订单，这些订单全部由商业卫星遥感公司签发。2017 年印度创纪录“一箭 104 星”发射中，来自行星公司的遥感卫星“鸽群”就占了足足 88 颗。另据美国联邦航空管理局 2017 年度运输报告预测，2017 年—2026 年间预计将发射惊人的 1445 颗商业遥感卫星，这些卫星中大部分将是包括立方星在内的微小卫星。

许多新兴商业公司开始涉足小卫星业务，目前进展最快的是美国行星公司，已建成一个由 100 多颗立方星组成的星座，均于 2015 年发射升空。尖顶公司拟建造超过 100 颗气象卫星星座，2015 年已发射其中 4 颗。除美国公司外，两家加拿大公司也正在建造遥感小卫星星座，其中北极星空间数据公司打算建设由 40 颗低地轨道卫星构成的“北极星”星座，用于监视地球和空间环境；地球播放公司打算建设一个名为“第三代”的光学和雷达成像卫星星座，至少由 16 颗卫星组成。

为推进与这些新一代商业卫星运营商和数据分析公司的合作，美国国家地理空间情报局发布《商业地理空间情报战略》，美国国家海洋与大气管理局发布首个《商业航天政策》，均提出商业遥感产品和服务满足政府需求的原则。遥感小卫星星座可与传统的卫星系统形成能力上的互补，系统的数据

应用也更多地填补了卫星应用领域的空白。当前这些建造小卫星星座的初创公司业务基本与大型宇航公司没有重叠。未来遥感卫星应用市场业务领域将不断被细分，商业化程度将不断提高。

三、商业遥感卫星星座计划不断涌现

20 世纪 80 年代，美国开始推进“陆地卫星”的商业化，意图通过商业化运作减少政府投资，降低卫星的运营成本。冷战结束后，俄罗斯开始向国际市场销售分辨率为 2 米的遥感卫星图片。为了增强在遥感卫星市场的竞争力，1994 年美国颁布了商业遥感政策，允许销售 1 米分辨率的卫星遥感图像，从而推动了商业遥感卫星的发展。1999 年 9 月，“伊科诺斯”卫星发射，成为世界上第一颗 1 米分辨率的商用高分辨率遥感卫星。

20 世纪 90 年代以来，美国军方对高分辨率图像需求增大，而下一代侦察卫星系统——“未来成像体系”（FIA）进度迟缓、费用超支，存在在轨侦察能力间断的风险。美国政府认为随着商业遥感能力的增强，要最大限度地利用商业遥感卫星能力满足军事、情报及民用需求，确立了优先采购商业遥感卫星数据的政策。

2001 年，美国提出了“清晰视景”（Clear View）计划和“下一代视景”（Next View）计划，打算向商业公司购买卫星图像，并支持其研制高分辨率成像卫星，保障美国情报及军事需求。数字地球公司和地球眼公司（当时名为轨道图像公司）分别获得 5 亿美元和 4.35 亿美元的卫星研制合同，分别用于开发“世界观测”（World View）系列卫星和“地球眼”（Geo Eye）系列卫星。两家公司在轨商业遥感卫星均已实现优于 0.5 米的分辨率。

2010 年，国家地理空间情报局开始实施“增强视景”（Enhanced View）计划，用于研制和运行下一代高分辨率商业成像卫星。数字地球公司和地球眼公司赢得了为期 10 年、总价 73 亿美元的项目合同，用于向国家地理空间情报局提供高分辨率卫星影像、附加产品和服务。

近年来，随着卫星遥感数据需求的增长，私营航天企业主导的商业遥感卫星星座不断发展壮大。典型的商业遥感卫星计划如“世界观测”计划、“天空卫星”计划、“鸽群”计划等。

“世界观测”计划是由美国数字地球公司提出的商业卫星遥感计划。自美国数字地球公司于2012年成功收购商业遥感巨头“地球眼”（Geo Eye）公司，美国商业遥感卫星领域彻底转变为一家独大的局面。目前，该公司拥有空间分辨率为0.41米（黑白）的地球眼-1、0.5米（全色）的世界观测-1和世界观测-2、0.31米（全色）的世界观测-3和世界观测-4共计5颗世界顶尖水平的卫星。2016年年底，世界观测-4卫星发射升空，其最高分辨率可达0.31米分辨率，拥有和世界观测-3相似的传感器配置，但其获取0.3米分辨率图像的能力增强了一倍以上。

“天空卫星”计划是谷歌公司旗下美丽大地公司发射一系列小型卫星的计划。自2013年成功发射分辨率为0.9米的Skysat-1卫星以来，该公司目前已发射了7颗该系列卫星。根据公司公告，目前有超过20多颗卫星正在研发，分别编号为Skysat-8至27。据报道，谷歌寄希望于应用这些卫星影像改进其Google Map上影像的清晰度。美丽大地公司希望利用卫星影像、专家知识库等将卫星影像转化为提供决策辅助的地理信息数据，以探索实体世界的变化规律。

“鸽群”计划是美国行星公司提出的微小卫星星座计划。近年来，行星公司频繁向太空发射“鸽群”系列卫星并且不断对卫星进行更新换代。“鸽群”星座的卫星分辨率已经优于2.5米。未来几年内，公司计划进行3次发射，每次将搭载20至25颗卫星，使微型卫星总数达到200颗左右。另外，公司于2015年成功收购了德国Black bridge公司，获得了“快眼”（Rapid Eye）卫星星座的使用权。而“快眼”卫星星座是一个拥有5颗卫星的商业遥感卫星星座，每天最多可以获取400万平方千米的多光谱影像。

第四章　商业航天企业盘点

第一节　国外商业航天公司盘点

航天产业蓬勃发展，航天经济不断走高，使得航天成为新一轮“淘金热”。在政府的大力扶持和金融资本的培育下，太空探索技术、蓝色起源、轨道科学ATK、一网、行星等一批初创航天企业成长壮大。这些新兴航天企业从竞争中脱颖而出，业务涉及无人和载人商业航天发射、商业深空探测、面向大众市场的卫星应用服务等。经过多年发展，部分新兴私营企业逐步占据了商业航天产业链条的关键环节，日益成为航天科研生产力量的重要组成部分，成为业界翘楚，在全球商业航天领域扮演着越来越重要的角色。

一、太空探索技术公司

太空探索技术公司成立于2002年6月，由美国硅谷精英埃隆·马斯克创立，旨在开发成本低廉且可靠性高的运载火箭和飞船，并以公道的价格实现商业化太空旅游为目标。太空探索技术公司发展初期的资金来自

NASA、风险投资公司以及部分独立投资人。经过 10 余年的发展，太空探索技术公司已经从最初只有十几名员工的“航天爱好者俱乐部”发展成为可以与由军工巨头波音公司、洛克希德·马丁公司合资创立的联合发射联盟公司相竞争的“航天新星”。

除马斯克外，其他高管主要来自波音公司、洛克希德·马丁公司、诺斯罗普·格鲁曼公司等大型航天企业，在航天领域都有丰富的工作经验。马斯克创立太空探索技术公司的初衷是源于对火星的好奇和对当时美国太空运输现状的不满。马斯克不仅给这个公司带来了在互联网领域积累的资金，也带来了在互联网领域培养出来的创业精神、视角和思维方式。马斯克在太空探索技术公司内部推崇小型化、精英化、高效化、平等化的硅谷式企业文化，这种低成本、小团队、精英化的运作模式使太空探索技术公司达到了极高的劳动效率和投入产出比，呈现出快速发展的势头。目前，太空探索技术公司已经获得了 40 多个订单，其中大部分来自国际商业航天发射市场。该公司现拥有 3 种航天器，包括猎鹰 -9 号火箭、重型“猎鹰”火箭与“龙”飞船；公司的雇员数量也增长至 3000 余人；拥有 1 个研发制造工厂与 3 个发射基地。

图 4-1-1　太空探索技术公司的创始人埃隆·马斯克

（一）政府支持铺平公司快速发展道路

美国国家顶层政策向来对以航天商业化来创建有竞争力的航天工业基础大为支持与提倡。21 世纪以来，美国航天的发展过分依赖 NASA 下属机构，而 NASA 的下属机构体系过于庞大，且缺乏创新活力，各种弊端逐渐显现。为扭转这一局面，美国政府在奥巴马上台伊始就开始布局商业航天的发展。可以说，太空探索技术公司如果没有国会立法和政府政策的支持，不可能会有今天的成就。NASA 作为政府部门，在推动商业航天发展方面果断推出技术成熟且具有潜在商业价值的近地轨道航天发射领域，使近地轨道航天发射领域逐渐变成商业性的航天轨道区域。NASA 则集中精力发展基础航天技术和深空探测等公益性航天事业，尤其是载人登陆火星等领域。NASA 向太空探索技术公司转移了大量成熟技术，并开放了“阿波罗”登月和航天飞机研发的大量技术报告。为扶持太空探索技术的成长，NASA 把核心技术骨干包括一批航天业内的顶尖高手派驻到公司。另外，NASA 不仅转移技术，输送人才，还提供太空探索技术公司长期的大额订单。经过三轮竞标，在 20 多家公司中，太空探索技术公司研发的猎鹰 -9 号火箭和轨道科学 ATK 公司的运载火箭赢得了向国际空间运输货物、总金额达数十亿美元的合同。

美国对于私营公司在航天产业的影响力非常重视，奥巴马对美国载人航天计划采取了两个调整策略：第一，抬高目标以甩开中国；第二，放下身段，将低轨道载人航天逐步交给民营航天企业。就在奥巴马发表调整计划的前夕，他参观了太空探索技术公司的发射场，并和马斯克及其团队进行了深入的互动。美国航天的真正实力根植于该国的私营部门，而 NASA 如今只能获得不足 1% 的美国联邦预算，之所以美国在太空技术创新领域占据优势，这些私营部门发挥着巨大的作用。

马斯克在创建太空探索技术公司之初，正处于美国政府大力扶持民营企业进入航天领域的关键时期。另外，马斯克能够将公司的目标和国家的需求紧密结合起来。商业化是人类航天事业发展到一定阶段的必然产物，它也必将成为航天事业空前繁荣和发展的新动力。2008 年，NASA 启动了旨在为国际空间站提供商业补给服务的“商业轨道运输服务”项目。经过招标，NASA 最终选择了两家创新能力强的太空探索技术公司和轨道科学 ATK 公司。美国的航天飞机在 2011 年退役，而 NASA 重新打造的新飞船要在 2020 年才能上天，这中间几年中，美国没有一个天地往返的运输系统能为国际空间站服务，惟一的选择就是利用俄罗斯的飞船。在当前美俄关系紧张的局面下，太空探索技术公司研制的“龙”飞船受到美国各界的高度关注。从 2010 年，奥巴马政府开始要求 NASA 寻找美国有竞争力的公司开展载人飞船研究，以恢复美国太空运载能力。之后，NASA 拨出 14 亿美元专款以资助波音公司、太空探索技术公司和内华达山脉公司，用于新型天地往返运输系统的研制。2014 年 9 月 16 日，NASA 与波音公司、太空探索技术公司签署了合作协议，两家公司分别获得 42 亿美元和 26 亿美元。

（二）高效管理模式全面提高企业竞争力

美国传统的航天公司多应用大团队协同的工作模式来研制火箭，例如波音公司在研制“德尔它 -4”火箭时投入了近千名工程师。并且，波音、洛克希德·马丁等大公司过度受制于国防部，难以实现全面商业化。太空探索技术公司没有官僚主义色彩，采用小型科研团队和扁平化管理模式，在提高效率的同时还能够维持较低的日常开支。公司创始人马斯克是首席运营官兼首席技术官，另有 1 名总裁负责行政工作，9 名副总裁分别负责相关技术或业务领域工作，还有 1 名首席财务官、1 名首席信息官和 1 名电子、制导与控制总工程师。太空探索技术公司内部没有传统意义上的部门划分，各领域各业务的员工平等地参与技术研讨、设计和研发等工作。公司内部没有按照业界惯例通过分包商来设计生产各种零部件，而是通过其技术团队的管理模式，缩短供应链，使公司能够掌控内部产品的全流程，这种组织结构将研发与生产紧密联系起来，提高工作团队效率，节约管理成本。

太空探索技术公司依靠简单、可靠、低成本的研发理念以及高效的企业管理模式在商业航天市场取得了巨大的成功。公司创始人埃隆·马斯克将大量来自互联网产业发展的思维应用于商业航天产业。公司以极具颠覆性的发展目标让世人惊叹，公司高效、扁平化的管理模式让公司变成了一家纯粹的商业公司，而且，公司的产品大量采用了成熟技术与货架商品。从可重复使用的“猎鹰”火箭到由数千颗微小卫星组成的太空互联网星座，太空探索技术公司提出的各种创新理念一致不断冲击着传统航天产业的发展思维，为航天产业的未来发展开拓了崭新的前景。

（三）见证马斯克对创新的坚持和对机会的有效把握

马斯克在大学毕业时的理想就是要进军潜力无限的 3 个领域——清洁能源、互联网和太空。这 3 个领域都与社会可持续发展的大趋势息息相关。马斯克倡导从事物基本规律出发的创新思维方式，他将天马行空的创新思维和脚踏实地的坚持紧密结合起来。在研制“猎鹰”系列火箭时，马斯克发现要将有效载荷送入轨道，所耗费的燃料成本仅占总费用的 1%，所以他认定在火箭领域一定存在大大节约总费用的空间。在面对任务失败时他对自己的信念有执着的追求。在 2008 年，猎鹰 -1 火箭遭遇了第三次失败，员工情绪极其低落，马斯克走出控制室，随即发表讲话，他让大家必须振作起来，坚持继续努力。据在场一位员工回忆说：“我想，我们大多数人愿意跟着他干到底！”

太空探索技术公司拥有民营企业的基因，这使其敢想敢做，想到就做，不怕失败。正如太空探索技术公司的航天工程师 David Giger 所说：“我们不会坐在那里花几年时间去分析和论证，太空探索技术公司需要的是测试、测试、再测试。”太空探索技术公司的成功，代表着民营航天企业已经从舞台边缘走到了舞台中央。马斯克具有十分远大而坚定的梦想以及强大的意志力，短短十几年中，马斯克做成了 PayPal 电子支付、特斯拉电动跑车、太空探索技术商业航天等几件大事，未来还将致力于发射 4000 颗卫星全球组网、把人类送上火星研发、时速上千千米的超级高铁等远大且疯狂的目标。

（四）猎鹰 -9 火箭成功创造历史

太空探索技术公司主要研制猎鹰 -1、猎鹰 -9 和猎鹰重型等 3 个火箭型号。猎鹰 -9 火箭是太空探索技术公司倾力打造的运载火箭，也是其与波音公司、洛克希德·马丁公司这些航天巨头形成竞争的真正王牌。自 2010 年首飞以来，尽管曾经历过一连串的失败，但猎鹰 -9 火箭在低成本、可重复使用方面所取得的一系列突破赚足了全球航天界的眼球，成为太空中一颗闪耀的明星。

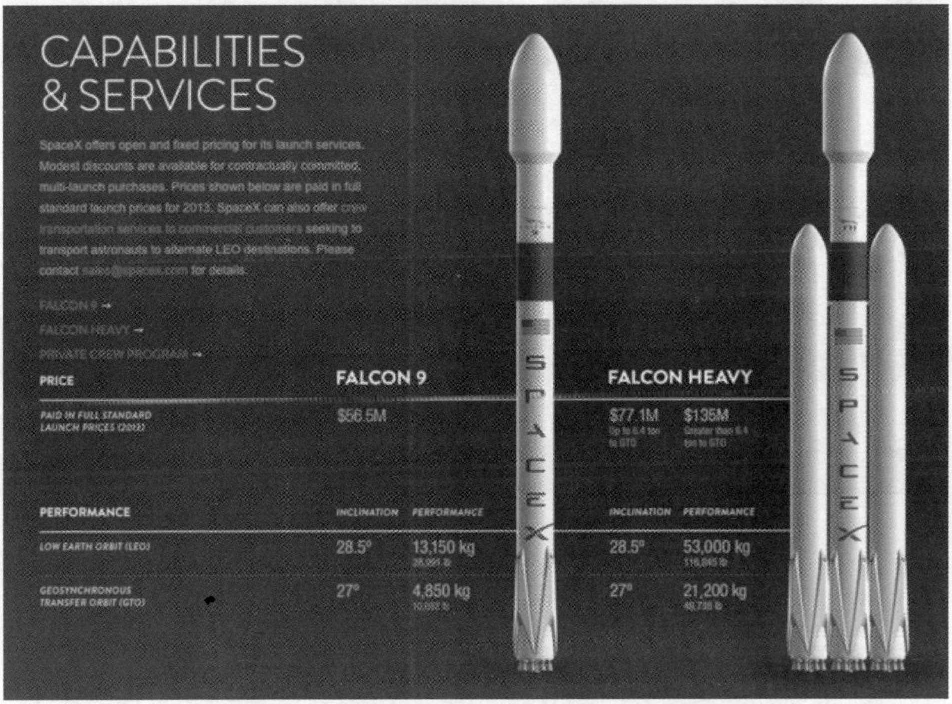

图 4–1–2　猎鹰 –9 火箭与猎鹰重型火箭能力对比

首次执行商业卫星发射任务。2013 年 12 月 3 日，太空探索技术公司从卡纳维拉尔角空军基地利用新型猎鹰 -9 火箭号 v1.1 运载火箭成功执行首次商业卫星发射任务，将价值 1 亿美元的欧洲卫星公司 SES-8 通信卫星送入预定轨道。欧洲卫星公司之前一直使用欧洲的“阿里安”火箭和俄罗斯“质子”火箭进行卫星发射。此次发射任务被太空探索技术公司表述为“迄今最具挑战性的任务”，而发射的成功可以说是该公司取得的一个里程碑，它标志着太空探索技术公司正式进入国际商业发射市场，将与欧洲及俄罗斯的火箭展开竞争。

图 4–1–3　猎鹰 –9 火箭发射 SES–8 通信卫星

首次获得军用卫星发射资格。十多年来，美国联合发射联盟一直垄断美空军军用卫星发射业务，有关美军国家安全载荷发射业务主要由美国联合发射联盟主导下的宇宙神 -5 火箭和德尔它 -4 火箭执行。为确保经济可承受、灵活可靠的军星部署能力，美空军 2015 年起在部分采购中向具备资质的发射服务商公开招标包括国家侦察办公室载荷在内的国家安全载荷发射业务。2015 年 5 月，太空探索技术公司在通过空军的 3 次发射认证、160 项有效载荷接口需求认证、21 个火箭重要子系统评审，以及为建立关键技术基线而进行的 700 项技术审查后，终于获得国家安全载荷发射资质，成为第一家获得该资质的商业航天公司，打破了联合发射联盟对军用卫星发射业务的长期垄断。

首次陆上成功回收火箭第一级。2015 年 12 月 22 日，美国太空探索技术公司的猎鹰 -9 运载火箭带着 11 颗卫星顺利升空并成功回收火箭第一级。这是猎鹰 -9 火箭升级后的第一次飞行，在这次升级中，太空探索技术公司改进了猎鹰 -9 的引擎和多级分离系统，并使用了温度更低、密度更大的燃料。本次回收任务是人类首次成功回收轨道运载火箭，称得上是航天发射史上的一个里程碑。

图 4–1–4　猎鹰 –9 火箭第一级陆上回收

首次海上成功回收火箭第一级。2016 年 4 月 8 日，猎鹰 -9 火箭搭载“龙”飞船从佛罗里达州卡纳维拉尔角空军基地升空。本次发射任务中，猎鹰 -9 火箭第一级稳稳降落在大西洋中一艘驳船上。在经历了数次回收失败，太空探索技术公司终于成功实现猎鹰 -9 火箭第一级海上平台回收，这也是人类历史上首次在海上实现火箭回收。太空探索技术公司完成海上火箭回收意义重大，主要体现在发射成本的节省方面。成功回收并重复利用一级火箭能够使发射费用降低 30%，而随着重复使用次数的不断增加，每次的发射费用会越来越低。

图 4–1–5　猎鹰 –9 火箭第一级海上回收成功

首次重复使用火箭第一级。2017 年 3 月 31 日，太空探索技术公司的猎鹰 -9 火箭从卡纳维拉尔角发射升空，将欧洲卫星公司 SES-10 通信卫星成功送入同步转移轨道，并于发射后成功实现了火箭第一级的海上回收。这次发射最大的亮点，是飞过一回的火箭，重装上阵再次使用。这枚猎鹰 -9 火箭第一级曾于 2016 年 4 月 8 日执行 CRS-8 任务，将货运“龙”飞船发射升空后，成功返回地球，稳稳着陆于大西洋一艘驳船上。此次在检修之后重新上阵，实现了人类历史上运载火箭第一级的首次重复使用，这必将成为运载火箭重复使用技术发展史上的重要里程碑。

图 4-1-6　猎鹰 -9 火箭一级回收后尾喷口特写

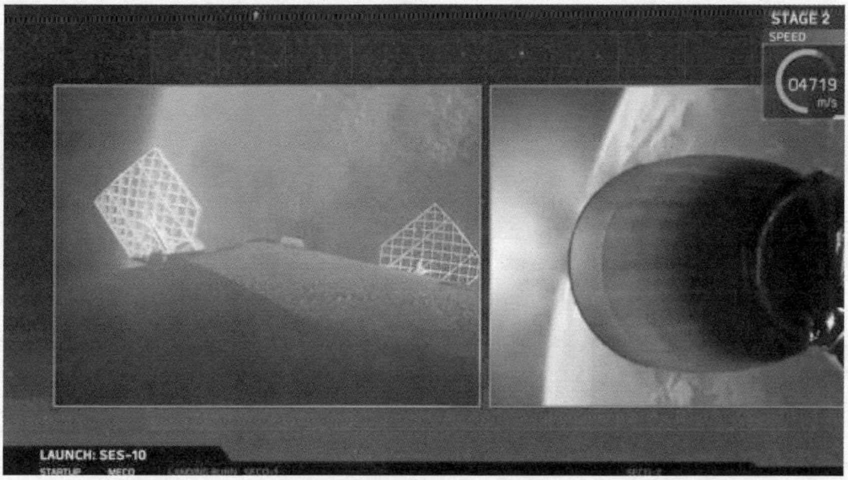

图 4-1-7　猎鹰 -9 火箭重复使用火箭第一级返回地球

首次执行军星发射任务。北京时间2017年5月1日，美国太空探索技术公司在肯尼迪航天中心LC-39A发射台利用猎鹰-9火箭成功发射国家侦察办公室间谍卫星NROL-76，并成功实现第4次火箭第一级陆地回收。本次成功发射国家侦察办公室NROL-76间谍卫星，是太空探索技术公司获得军用卫星发射资质后首次执行军用卫星发射任务，标志新兴航天企业研制的商业火箭正式成为美国军方发射力量，使政府和军方能以更高效费比进入太空，并形成了军星发射业务竞争格局。除本次发射NROL-76高密级卫星外，太空探索技术公司还以不到1亿美元的报价赢得空军两颗GPS-3卫星的发射任务，这两颗卫星将分别于2018年和2019年发射。

图4-1-8　猎鹰-9火箭发射国家侦察办公室间谍卫星

（五）向全世界开出诱人的发射价格

2013年以来，该公司以0.56亿~0.62亿美元的低地球轨道载荷单次发射价格进入国际商业发射市场，远低于传统发射服务商1亿~2亿美元的价格，打破了原有由欧洲阿里安航天公司、俄罗斯国际发射服务公司形成的垄断局面，成为国际商业航天发射市场的一匹强劲黑马。

太空探索技术公司的发展设想是实现航天活动完全商业化，在马斯克看来，波音公司、洛克希德·马丁公司等大公司过度受制于美国国防部，不能实现全面商业化，所以缺乏竞争力。而太空探索技术公司的目标是将航天发射的成本降低到当时美国政府经营状况下的 1/10，向空间运送物资和人员的风险也降低至以往的 1/10。

为了降低成本，太空探索技术公司制定了全面的成本控制计划。火箭和飞船使用的全部零部件尽可能自己生产，这样做也降低了零部件外部采购带来的质量控制风险；由于火箭和飞船的生产量有限，为了减少生产线，太空探索技术公司尽可能在一条生产线上生产多种不同的零部件。马斯克相信，降低成本的关键不仅在于研发新的技术，更在于广泛采用已经成熟的技术和产品。

以给国际空间站进行货物运输的“龙”飞船为例，2008 年“龙”飞船给国际空间站的货运合同单次费用为 1.33 亿美元，NASA 用 16 亿美元购买了 12 次货运发射任务。作为对比，美国大中型载荷平均每次发射 4.35 亿美元，4 次发射合计 17.4 亿美元，2012 年发射费用比上年大幅上涨 30%。欧洲的阿里安公司和美俄联合的国际发射服务公司的报价也不低。为了降低成本，太空探索技术公司甚至用市面上十分成熟的浴室零件来组装飞船的门把手，仅此一项就可以节约 1470 美元。

这种商业化的运作模式，就像生产冰箱和洗衣机的流水线那样， 脱离了以往火箭研发中十分臃肿的供应链、陈旧保守的设计方案、以及无法管控的外包合同。在技术策略上，太空探索技术公司大量采用低成本、高可靠性的成熟技术或货架产品，而非一味追求尖端技术。如“猎鹰”火箭发动机整体采用“阿波罗”时期的技术，猎鹰 -1 火箭采用价值 5000 美元的普通电脑，动力系统采用成本最低的液氧煤油推进剂等。这些都在一定程度上降低了太空探索技术公司的研发成本。此外，公司追求产品通用化和标准化。如猎鹰 -9 火箭和重型猎鹰火箭都使用灰背隼 -1 型发动机，通过火箭部件的通用化，以批量生产降低分摊的设计费。太空探索技术公司还特别强调技术创新，目前正在开展可重复使用运载火箭研究。据称，与一次性运载火箭相比，即使在较低的发射频率下，可重复使用运载火箭发射成本仍能降低 50%。

太空探索技术公司的发射服务业务已覆盖了全球五大商业卫星运营商，包括欧洲卫星公司、国际通信卫星公司、欧洲通信卫星公司、电信卫星公司和国际海事卫星组织（Inmarsat）。太空探索技术公司曾在 2015 年 3 月使用猎鹰 -9 火箭成功将欧洲通信卫星公司的通信卫星送入预定轨道，同时还签订了 2016 年的 117 West B 通信卫星发射合同。欧洲通信卫星公司对猎鹰 -9 火箭的发射入轨精度印象深刻，但这些合同都是由原墨西哥通信卫星公司（Satmex）在被欧洲通信卫星公司收购前与太空探索技术公司签订的。另外，电信卫星公司已经于 2015 年年底与太空探索技术公司签订了一份发射合同，计划在 2018 年上半年使用太空探索技术公司的运载火箭发射 2 颗通信卫星，但当时合同双方并未向外界透露合同的签订。

（六）承载马斯克对进军火星梦想

2016 年 4 月 26 日，美国太空探索技术公司宣布，计划 2018 年在 NASA 的协助下开展首次火星商业任务。太空探索技术公司计划 2018 年前发射“龙”飞船，帮助 NASA 验证大质量有效载荷火星着陆任务所需的关键技术。“龙”飞船高 6 米、宽 3.6 米，虽不搭乘航天员，但计划在火星上着陆，验证新型飞船是否具备抵达遥远目的地的能力。NASA 与太空探索技术公司签署了建立“非资金交换合作关系”的协议，NASA 将帮助太空探索技术公司开展“龙”飞船任务，提供深空通信与遥测，深空导航与轨道设计，进入、下降与着陆系统分析和工程支持，火星进入气动力学与气动热数据库开发，星际任务总体建议和硬件咨询，行星防护咨询和建议。NASA 还将在飞船上搭载一套科学仪器，测量进入、下降与着陆数据，为实现“火星征程”远景目标奠定基础。

太空探索技术公司的商业运输系统——“龙”飞船是其火星计划中的重要组成。“龙”飞船可执行空间站的货物和人员运输任务，航天飞机退役后，“龙”飞船成为世界上唯一能够从空间站向地面运回货物的航天器。“龙”飞船的最大特点是可重复使用，其所有结构和机构均设计为能够支持乘员运输，任务持续时间为 1 周 ~2 年，满足 NASA 所有相关标准。飞船分为载人型和载货型 2 种构型。截至 2016 年 4 月底，“龙”飞船已成功完成 7 次空间站补给服务任务。

第二代“龙”飞船，即载人型“龙”飞船（Dragon V2）仍使用猎鹰 -9 火箭发射，最多可搭载 7 名乘员或可人、货混载，可着陆于地球上任意地点，有望于 2017 年前实现载人飞行。“龙”飞船的载人型号最初被称为“驭龙者”（Dragon Rider），设计承载 7 名乘员或可人、货混载；具有完全自主执行交会、对接的能力，并有手动备份；采用 NASA 对接系统（NDS）与空间站对接。

图 4-1-9　太空探索技术公司研制的“龙”飞船

太空探索技术公司计划2017年年底开展“龙”飞船首次载人飞行，利用4顶降落伞减速并最终溅落海洋，从而确定是否具备实施未来载人任务所需的着陆能力。该飞船将利用“猎鹰”重型运载火箭发射，可实现2~4吨科学仪器着陆火星，而NASA目前的火星着陆质量纪录是1吨。

二、轨道科学ATK公司

轨道科学ATK公司前身为轨道科学公司，是一家专门卫星制造和商业发射的美国公司，由大卫·W·汤普森、布鲁斯·W·弗格森和斯科特·L·韦伯斯特于1982年创办，公司总部位于美国弗吉尼亚州劳顿县非特许自治的杜勒斯区。2014年4月29日，轨道科学公司与美国头号固体火箭发动机制造商阿联特技术系统公司（ATK，Alliant Techsystems Inc）宣布进行合并，合并后的公司命名为轨道科学ATK公司。轨道科学ATK公司已逐步发展成为世界著名的小型低成本空间与火箭系统研制与制造商，在运载火箭、卫星和其他航天技术领域开展了一些开拓性的工作，主要为商用、民用以及军用政府客户研发和制造小型和中型火箭以及空间系统。轨道科学ATK公司的产品包括通信广播用的小型静止轨道卫星、深空探测用的行星探测器、卫星发射用的小型运载火箭、导弹防御系统用的靶弹以及导弹拦截用的拦截器助推飞行器。轨道科学ATK公司占有拦截导弹市场40%的份额，小型通信卫星市场的55%以及60%小型运载火箭的市场。公司还提供与航空和军事防御有关的工程技术、生产管理等相关服务。

（一）交付大量运载火箭并完成多次发射任务

自1982年公司成立以来，已向全球的商业、军事和民用客户交付了超过110枚飞行器。迄今为止，统计表明这些航天器积累了将近630年的在轨运行时间。1990年，公司成功进行了8次空间任务，最重要的是“飞马座”（Pegasus）火箭的首次发射。2006年，公司完成了其自成立以来的第500次任务。截止到2015年年底，公司已经建造了651枚运载火箭，其中的米诺陶-4（Minotaur

IV）还是仅提供给美国政府的一款运载火箭，当中有美国政府的资助。该公司也是美国国家导弹防御系统的亚轨道运载火箭供应商，在过去10年间，它已为美国导弹防御局（MDA）、美国空军、美国陆军和美国海军进行了近50次发射，以开发、测试和提高美国的导弹防御系统。它的卫星发射系统对于美国导弹防御系统有着重要影响。该公司的运载火箭主要集中在将小型载荷航天器送入轨道。该公司凭借“安塔瑞斯”（Antares）火箭的开发研制和对通用动力先进信息系统卫星部门的收购，将业务扩展到中型运载火箭和卫星市场。

公司的发射场共有七个，包括加利福尼亚州范登堡空军基地、佛罗里达州卡纳维拉尔角空军基地、弗吉尼亚州沃罗普飞行研究所、阿拉斯加科迪亚克岛综合发射设施、加利福尼亚州爱德华兹空军基地、马绍尔群岛的夸贾林环礁、西班牙加纳利群岛、夏威夷的太平洋导弹靶场。客户国家包含澳大利亚、阿塞拜疆、法国、印尼、日本、韩国、马来西亚、荷兰、挪威、巴基斯坦、菲律宾、美国等十余个。

（二）倾力打造“天鹅座”商业运输系统

为支持载人航天，公司正在开发新的“安塔瑞斯”中型运输火箭和“天鹅座”飞船，这将为国际空间站乘员提供补给品。这些方案正根据NASA的“商业轨道运输服务”而开发，其中该公司被选定为2008年的合作伙伴。根据美国宇航局的“商业补给服务”计划，该公司将为“国际空间站”提供补给服务。正式飞行计划在2012年开始，从位于弗吉尼亚州沃罗普岛的新大西洋中部区域航天港发射。

公司的“安塔瑞斯”运载火箭2013年9月18日在位于NASA沃洛普斯飞行设施的中大西洋地区航天港发射了该公司首艘国际空间站货运飞船“天鹅座”。用于发射“天鹅座”货运飞船的“安塔瑞斯”运载火箭是该公司自行研制的，早前又被称为“金牛座-2”。

图 4-1-10 “安塔瑞斯”运载火箭升空

“天鹅座”货运飞船上载有 700 千克货物，包括食品和衣物。在随后几天里，飞船对一些系统和功能进行了测试，包括开展一系列试验性机动，以验证飞船飞往空间站并在其附近机动的能力。在因船站数据链问题和为给一艘联盟号载人飞船让路而两度决定推迟后，飞船于 9 月 29 日同空间站交会，随后由站上人员操纵机械臂捕获，并安装到国际空间站“和谐”节点舱的底侧。飞船在站上停泊到 10 月 22 日，随后装载着站上的垃圾离站，并在再入大气层过程中被烧毁。

“天鹅座”飞船采用日本造的 PROX 通信系统来进行近距离数据通信。在交会的最初几个阶段，飞船需利用 PROX 通信系统在船站间传输导航信息，从而使飞船制导系统能对两者的位置进行比较，借此规划下一步的交会动作。交会后期，当船站间距离在 300 米以内时，站上人员若观察到有问题，可通过 PROX 通信系统向飞船发出应急指令。作为首飞飞船，“天鹅座”一共要进行 10 项技术验证，其中 8 项安排在交会当天进行，以证明飞船能安全飞到空间站近旁。飞船要验证船上瞄准功能，并利用相对

GPS 导航开展一次自主机动。地面人员随后要启动船上的激光导航系统。该系统用于在交会的最后一个阶段向船上飞行计算机提供距离和接近速度数据。站上航天员还要开启站内的一个控制面板，向飞船发送后退和保持指令，以证明他们能在出现紧急情况时加以干预。飞船 9 月 29 日最终飞抵空间站并被捕获的过程进展得相当顺利。此次停靠成功对该公司来说是一项重大成功，被该公司称为具有“史诗性”。NASA 局长博尔登曾在飞船发射成功后称，这是美国在新探测时代的一个里程碑，将增强从美国本土向国际空间站运送货物的能力。

图 4-1-11　“天鹅座”货运飞船

“天鹅座”货运飞船的标准构型长 3.66 米，直径 3.07 米，质量 1500 千克，加压容积 18.9 立方米，载货质量 2000 千克（满载）。“天鹅座”货运飞船由服务舱、增压货舱和太阳能帆板组成。服务舱由该公司自行建造，内设航电系统以及推进和供电系统。增压货舱以欧洲泰雷兹·阿莱尼亚航天公司为 NASA 建造的供国际空间站使用的“多功能后勤舱”（MPLM）

为基础建造，载货能力标准型为2000千克，加强型为2700千克。太阳能帆板发电功率为3.5千瓦。首艘飞船天鹅座1号发射重量约4100千克。返回时可装载1200千克废物和空间站上不再需要的物品。截至2016年4月底，“天鹅座”飞船已发射5次，用于执行空间站补给服务任务，但其中失败1次，即2014年10月28日，“天鹅座”飞船在执行第3次空间站商业补给服务任务时，遭遇火箭发射爆炸，飞船损毁，这是商业公司执行空间站任务时首遭失败重创。

尽管美国官方现在暂未公布调查结论，但从视频来看，爆炸最早发生在“安塔瑞斯”运载火箭的第一级尾部，即发动机；而且在爆炸前一瞬间，发动机尾焰突然增强；这些说明爆炸可能是火箭第一级发动机导致的，或者就是第一级发动机发生了爆炸。而鲜为人知的是，美国“安塔瑞斯”运载火箭第一级使用的却是前苏联遗留下来的NK-33液氧煤油发动机。

（三）与美国国家航空航天局开展深度合作

2010年11月，公司被NASA选定，考虑关于重型运载火箭系统方案和推进技术的潜在合同授予。2010年，作为对NASA商业载人航天方案第2阶段招标的回应，该公司向NASA投交了一份商业计划书，即开发升力体太空飞机，其尺寸大约为航天飞机的四分之一。“垂直起飞、水平着陆”（VTHL）飞行器将搭载适人型（升级的）宇宙神-5型运载火箭发射，但会在跑道上降落。拟议的太空飞机为4名航天员提供座位。

2009年2月24日，轨道碳观测卫星任务由于金牛座XL火箭的类似故障而早期失败。这些故障对NASA造成的总损失估计有近7亿美元。2011年3月4日，NASA的辉煌号大气研究任务卫星由于该公司建造的金牛座XL火箭的机械故障而丢失。尽管如此，NASA仍对该公司作为国际空间站货运服务商表示出信心。

（四）重组合并大幅提升企业竞争力

阿联特技术系统公司和轨道科学公司于2014年12月4日宣布，美国司法部已“无条件”批准阿联特技术系统公司宇航与防务集团同轨道科学公司合并。汤普森称这是一项“对等合并”，而轨道科学公司提交给美国证交会的一份文件称轨道科学公司合并后将成为阿联特技术系统公司的一个全资子公司。这项合并将造就出一家高纵向集成度的航空航天承包商，把阿联特技术系统公司在推进和复合材料结构方面的专长同轨道科学公司在总体集成和服务方面的优势结合起来。汤普森称，同轨道科学公司目前的产品情况相比，合并后公司的火箭和卫星产品对外部承包商的依存度将明显减小。在2014年阿联特技术系统公司与轨道科学公司合并之前，轨道科学公司的产品和服务主要划分为三个部门：发射系统集团、空间系统集团和先进计划集团。轨道科学公司的产品线以及主要竞争对手见下表：

表4–1–1　轨道科学公司的产品线

轨道科学产品线	产品线对应的主要竞争对手
航天运载火箭	联合发射联盟，太空探索技术公司，洛·马公司
拦截飞行器	洛·马公司，雷神公司，ATK公司
靶标飞行器	洛·马公司，L-3，奎托斯国防与安全解决方案，ATK公司
通信卫星	空客宇航与防务，波音公司，洛·马公司，劳拉空间系统，列舍特涅夫信息卫星系统股份公司，泰雷兹·阿莱尼亚公司，三菱电气有限公司
科学、遥感卫星以及国家安全空间系统	洛·马公司，格鲁门公司，波音公司，ATK公司，内华达山脉公司，萨里卫星科技公司
航天技术服务	许多公司都提供
商业轨道运输	太空探索技术公司，欧洲航天局，日本航空航天探索局，俄罗斯联邦航天局

在业务布局上，轨道科学公司仅在先进计划分支下的国家安全空间系统部分与导弹产品部分有所重合，轨道科学的运载火箭和卫星是其核心竞争产品，而导弹和弹药是ATK的优势产品。

图 4-1-12　轨道科学公司与 ATK 合并

ATK 与轨道科学公司的合并采取了将 ATK 先进行业务拆分，再与轨道科学公司合并的方式。2014 年 4 月 28 日，ATK 与轨道科学公司签署了一项交易协议，将 ATK 的户外运动枪械业务（体育）板块拆分出去，同时将剩下的业务与轨道科学公司合并。合并后的轨道科学 ATK 公司将其业务整合为三个板块：发射系统、防务系统与空间系统，2015 年的最新数据显示，发射系统业务、防务系统业务以及空间系统业务分别占其总收入的 33%、40% 和 27%。

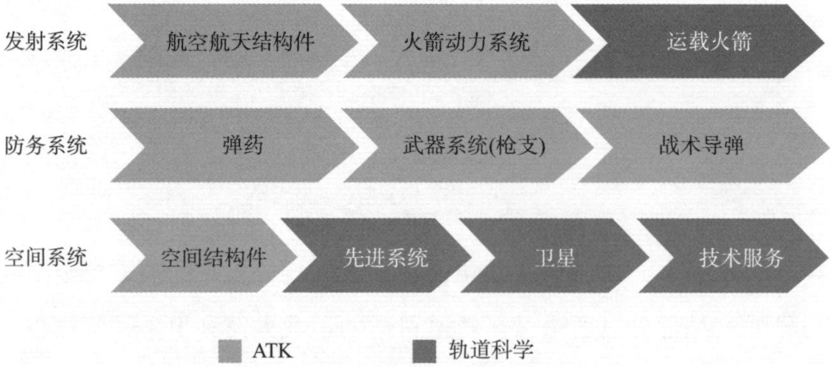

图 4-1-13　合并后业务和产业链整合

合并后，新公司 2015 年总收入中 48% 来自军方用户，30% 来自商业和国际客户，22% 来自 NASA 等政府用户。合并前的 ATK 和轨道科学公司虽然在业务领域上类似，但在各领域内具有不同的产品组合，在发射系统和空间系统上形成了产业链上下游的整合，从而降低了采购和运营成本。轨道科学公司原 CEO 接任合并后的轨道科学 ATK 公司 CEO。在管理层安排上，轨道科学公司和 ATK 的合并是由两家公司相对竞争力较强的部门管理者留任，以此来最大程度上保留原有的业务战略和核心竞争力。

三、行星公司

美国行星（Planet）公司于 2010 年 12 月由美国国家航空航天局前科研人员创立，最初名为 Cosmogia 公司后更名为行星实验室（Planet Lab）公司，2016 年再次更名为行星公司。美国行星公司是一家新兴商业遥感企业，公司计划部署由数十颗立方体卫星组成的遥感星座，旨在建立最廉价、快捷、适用性更强的遥感卫星数据获取系统，提供最具实时性的遥感卫星影像，未来可实现优于“陆地卫星”系列的分辨率和覆盖范围。2015 年年初，行星公司宣布完成 1.18 亿美元的 C 轮融资。行星公司在 2015 年收购了 BlackBridge 公司，该公司运营 5 颗“快眼”光学成像卫星，其性能与行星公司“鸽子”（Dove）卫星类似。另据美国航天新闻网站 2017 年 2 月 3 日报道，行星公司宣布正在收购谷歌公司下属的美丽大地公司。

（一）鸽子（DOVE）全球微小遥感卫星星座计划

鸽子微小卫星计划从 2013 年开始，计划在 2013 年到 2016 年，采用集群发射的方式，在太空中布设上百颗鸽子微小遥感卫星，构建名为“鸽群”的全球对地观测卫星星座。鸽子微小卫星对地观测体系建成后，可以实现每天更新一次全球遥感影像。鸽群卫星星座能够采用上百颗鸽子遥感卫星构建对地观测网络。鸽子卫星的体积不到 0.003 立方米，重量不超过 10 千克，实际上，这个卫星体积和重量与一个西瓜差不多，是一种真正的纳卫星。虽然袖珍，但是卫星性能指标却不容小觑，该卫星对地遥感成像分辨率可以达到 3~5 米，未来几年有可能达到 1 米。该卫星星座采用对陆连续开机的工作模式，无需对星上相机下达特定区域的成像指令，即可满足用户需求。

鸽子卫星虽然具有体积小、重量轻、制造简单且造价非常低廉的优势，但是目前其劣势也是非常明显的。首先，鸽子卫星太小，结构简单，无法安装高精度的姿态记录设备和姿态调整设备，导致其卫星姿态调整非常困难，其获得的遥感影像无法直接进行准确定位处理。其次，为了降低成本和实现批量生产，鸽子卫星使用了大量普通民用设备，其卫星生产车间也是非严格要求的标准卫星组装车间，这类非航天标准的卫星生产过程，势必将极大影响卫星的可靠性和使用寿命。最后，由于鸽子卫星构建的对地观测体系，获取的遥感数据量巨大，需要高性能的数据传输、接收和处理系统。要同时接收和处理如此多卫星数据，造价必然高昂，目前该数据传输体系尚未完全建成，且鸽子卫星太小，其数据传输天线带宽偏小，数据传输困难，也是导致鸽子计划未能按照预期提供服务的重要原因。以上原因导致了鸽子卫星未能按原计划分发卫星遥感数据，可以预见，未来要使用鸽子遥感小卫星构建对地观测体系，还有很多问题要解决，包括技术问题和运行管理问题，这些问题不解决，短期内无法建立有效的对地观测体系。

鸽子卫星星座采用对陆连续开机的工作模式，无需对星上相机下达特定区域的成像指令，即可满足用户需求。鸽群卫星具有广阔的市场应用前景，私营部门迫切盼望获得这样的实时信息。保险公司可以利用图像信息，验证房主所声称的住房损坏情况和修复的进展。卫星还可用于跟踪农产品收成，并预测其产量。油气公司能够监测油气管道安全，手机公司可以利用卫星图像提高智能手机的地图质量。森林监测也是目前鸽群卫星的首要任务。行星公司在 2017 年 2 月 3 日之前，宣布将利用印度极轨卫星运载火箭在 2 月 14 日发射 88 颗鸽子卫星进入太阳同步轨道，这也是行星公司规模最大的发射活动，此次发射计划发射 100 多颗卫星。

图 4-1-14　从国际空间站中释放鸽子卫星

为了降低成本，行星公司和美丽大地公司采用了一些来自于汽车、智能手机以及其他消费产业的现成技术，包括低成本的电子产品，以及来自于高端数码相机的传感器技术。行星公司首席执行官马歇尔说，利用这些现成的技术，不仅可以加快小型卫星发展的速度，同时也能降低卫星的发射成本。

（二）行星公司未来的微小行星计划

行星公司利用尺寸 10 厘米 ×10 厘米 ×30 厘米的立方体卫星提供中等分辨率图像，卫星大小如同一个烤面包机，公司还计划构建一个具备每天全球覆盖成像能力的星座。行星公司主要通过和卫星发射方合作，发送只有鞋盒大小的低轨卫星环绕地球运行，然后将近乎实时的卫星图像传回地球。目前，该公司发射的鸽子卫星能够获取 3~5 米的中等分辨率遥感影像，全球范围内的数据更新在 1 个月左右。未来，行星公司希望能够提供空间分辨率达到 1 米、更新频率达到1周以内的遥感卫星产品，这些卫星将使科学家和公众能以前所未有的频率跟踪地球表面的变化。除了覆盖全、更新及时的优势之外，行星公司的卫星产品生产周期很短。行星公司影像资源和数据的商业应用包括：识别赈灾地点、全球环境保护、极地冰盖变化监测、输油管道监测、测图、房地产和建筑业、油气资源监测、交通堵塞监测等。

行星公司正在采集地球任意地点的图像。2014年，行星公司共发射了68颗卫星，并完成了95颗卫星的制造。其2016年的发射计划是发射250颗卫星，这将远多于客户提出的要求。公司首席执行官威尔·马歇尔表示，“我们计划发射超过需求的卫星，是因为你不能在发射失败时说，需要再进行另外一次发射……我们已经将冗余性纳入我们规划的进程。”冗余性使行星公司能够在损失多颗卫星的情况下仍能向用户继续提供图像。

尽管行星公司通过不同的火箭发射卫星，威尔·马歇尔仍受困于缺少发射选项、频繁的发射推迟和较高的发射成本。与现有的运载火箭相比，行星公司的卫星发射更愿意采用价格更低、发射失败率相对较高的运载火箭。马歇尔更倾向成本降低10倍、成功率仅为80%的运载火箭，而不是目前价格较高、成功率为90%的火箭。

四、蓝色起源公司

蓝色起源公司是由世界上最大的网络销售商亚马逊公司创始人杰夫·贝索斯（Jeff Bezos）于2000年建立的一家商业太空公司，其主要产品包括发动机和亚轨道火箭。其建立之初实际上是一家秘密公司，直到2003年才对外公开。2016年公司扩大了规模，从600人扩张到了1000人。在商业航天蓬勃发展的大势下，这家公司研制的BE-4火箭发动机进展顺利，“新谢泼德”火箭多次发射和回收成功，前景看好。增加的员工主要将投入BE-4发动机的大批量生产。

图 4-1-15　蓝色起源公司的创始人杰夫·贝索斯

（一）成功完成人类首次亚轨道火箭回收试验

蓝色起源公司的部分技术和设备来自波音飞机位于西雅图的工厂，在获得数十亿美元资金和大约 600 名员工后，该公司开始了亚轨道飞船的研发。

图 4-1-16　总部设在西雅图的蓝色起源公司的组装车间

蓝色起源公司的“新谢泼德” 亚轨道系统项目瞄准太空旅游市场，整个系统包括一枚装有BE-3发动机的“新谢泼德”火箭和装于火箭上的乘员舱。公司于2015年4月29日进行了“新谢泼德”亚轨道系统的首次试射。此次试射中，火箭将乘员舱加速到马赫数为3，然后火箭和乘员舱在94495米高度分离，乘员舱成功返回地面，但未能成功回收重复使用的火箭。事后，该公司发表声明称将着手调整相关液压系统，并进行多次试飞。本次发射包含一台装有一台可变节流的BE-3型液氢/液氧发动机的推力器，发动机在设计上参考太空探索技术公司的灰背隼-1D（Merlin-1D）发动机的工作模式。本次发射是该公司的一个重要里程碑，发射最终目标是在未来任务中实现重复使用。此次发射中，虽然重复使用的火箭未能成功回收，但假如以传统一次性使用火箭的标准来衡量，“新谢泼德”首飞堪称完美。

蓝色起源公司于2015年11月22日进行了第二次试验，成功完成了人类历史上第一次亚轨道垂直起降试验。“新谢泼德”亚轨道火箭成功实现了发射软着陆并完成回收任务，成为全球首个发射升空后完好无损返回地面的火箭。“新谢泼德”亚轨道火箭由蓝色起源公司自行研发的BE-3发动机驱动，此次测试中，搭载的飞船达到100.5千米的高度和每小时4557千米的速度。箭船分离后，“新谢泼德”火箭的BE-3发动机在距离地面1.5千米处开始重新点火，将火箭着陆前的速度降低到7千米/时，跟随火箭升空的还有将来搭载人类前往太空旅行的乘员舱，它随火箭到达100千米高空后分离，并利用三枚降落伞与反冲发动机软着陆成功。降落伞将飞船的速度降到了24千米/时，在最后着陆瞬间，反冲发动机将飞船速度降低到5千米/时。火箭经过短暂的姿态调整后缓缓地降落到地面，降落过程中火箭保持直立，落地后箭体完好无损。这次软着陆回收意味着火箭能像飞机一样重复使用，将显著降低航天飞行的成本，此前尚未有任何一个机构或者公司做到这一点。相比较太空探索技术高调的火箭回收网上直播，蓝色起源公司的这次回收过程依旧低调，只在发射前有媒体报道可能会在当地时间22日再次发射，等到公众反应过来，他们已经发射并回收成功。

公司又分别于2016年1月22日和4月2日成功完成了2次亚轨道火箭回收试验，率先成功实现了亚轨道火箭的重复使用。目前为止，蓝色起源公司已经成功完成了3次火箭回收试验，向太空旅游服务目标的实现迈进了一步。2016年1月23日，蓝色起源公司成功将2015年11月回收的“新谢泼德”再次发射升空，成为人类历史上首枚越过卡门线（100千米高度）的重复使用火箭，并在发射后不久再次成功实现软着陆，创造了历史，这比太空探索技术公司的猎鹰-9火箭抢先一步。仅仅两个月时间，“新谢泼德”火箭再次越过了100千米高的卡门线，成功飞抵101.7千米的高度，卡门线是国际航空联合会定义的大气层和太空的界线（100千米高度外为太空），随后在火箭发射地点垂直降落获得成功，这也是第一个越过卡门线的重复使用的火箭。

图4-1-17　2015年11月，蓝色起源公司成功对“新谢泼德”亚轨道火箭进行回收

图 4-1-18 “新谢泼德”亚轨道火箭回收着陆

蓝色起源公司的“新谢泼德”号胶囊型乘员舱未来计划能够容纳6名乘客，飞行高度距离地面约100千米，内部空间将比商业飞机或是普通飞船大很多，从而使乘客拥有更舒适的观光体验。从主推火箭发动机关闭到进入空间，乘客会经历短暂的失重状态，在此期间，乘客还能够居高临下欣赏地球。公司计划使火箭经过2年左右时间的飞行测试后，预计将在2018年搭载付费乘客飞行，一名乘客一次旅行的“船票”售价估计约为20万美元~31万美元。蓝色起源公司计划打造6枚“新谢泼德”火箭，搭载6名乘客自主飞行至距地球62英里（1英里≈1.609千米）以上的高空，一次飞行将持续15分钟。蓝色起源公司相信亚轨道旅游项目会盈利，但目前的问题是已经报名的数千名乘客虽然对太空旅游感兴趣，但他们是否会真正掏钱体验亚轨道飞船尚需时间来检验。

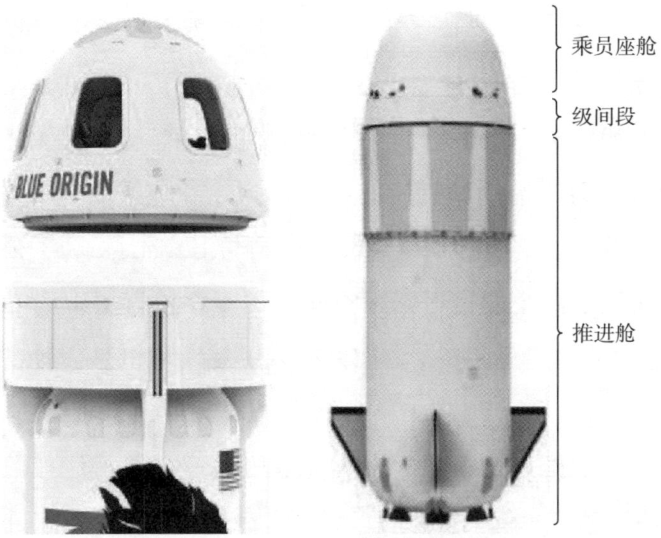

图 4-1-19　“新谢泼德”亚轨道飞船

图 4-1-20　胶囊型太空飞船内部

（二）与联合发射联盟合力研发 BE-4 火箭引擎

蓝色起源公司于 2014 年 9 月 17 日对外宣布了一个爆炸性消息，它将和联合发射联盟合作，为联合发射联盟研制一种替代俄国 RD-180 液氧煤油发动机的大推力火箭发动机，即单发推力 250 吨级的 BE-4 液氧甲烷发动机。联合发射联盟是国防承包商波音公司与洛克希德·马丁公司成立的合资公司，其获得了两个能往返国际空间站的太空梭订单中的一个（另一家为太空探索技术公司）。BE-4 大推力液氧甲烷发动机是一种富氧的分级燃烧发动机，这种循环方式和 RD-180 液氧煤油发动机类似，但它使用了性能更好的液氧甲烷推进剂，从而在燃烧室压强等很多其他参数逊色于 RD-180 液氧煤油发动机的条件下，做到了更高的发动机比冲。目前已经完成了新型火箭发动机 BE-4 的组装工作，蓝色起源公司宣布 BE-4 发动机有望在 2017 年完成研制并投入飞行。这是蓝色起源公司的新型大推力可回收运载火箭“新格伦”（New Glenn）的首台主发动机，第二、第三台也即将完工。有消息称，BE-4 发动机将被运往西德克萨斯州的“蓝色起源”测试场。“新格伦”火箭最终将在位于佛罗里达州的计划 2017 年年底前完工的制造中心进行总装。

“新格伦”火箭将是继太空探索技术公司的“猎鹰”火箭后，又一型发射后主体可返回地面、回收再使用的重型运载火箭。它也是蓝色起源公司继之前的“新谢泼德”火箭之后，又一型可重复使用的航天器。不同的是，新火箭要比此前的“新谢泼德”更重、推力更大。“新谢泼德”只能进入亚轨道，达到距地 100 千米左右的大气层边缘，随即返回地面。而“新格伦”则能将包括乘客在内的重型载荷送入环绕地球轨道。

“新格伦”火箭的第一级，也是其主体部分，将使用 7 台 BE-4 发动机作为动力，贝索斯透露它们可以提供 385 万磅推力。美国现役最大的联合发射联盟德尔它 -4 重型火箭推力为 200 万磅（1 磅≈ 0.4536 千克），未来的太空探索技术公司“猎鹰”重型火箭推力为500万磅，“新格伦”火箭的数据介于两者之间。另外，火箭的第二级还会装备一台额外的BE-4发动机作为动力。“新格伦”火箭直径23英尺（1英尺=0.3048米），高度在270~313英尺（82~95米）之间。

图4-1-21　BE-4发动机模型

图4-1-22　BE-4发动机测试系列图

图 4–1–23 “新格伦”火箭概念图

“新格伦”并不是唯一需要新型 BE-4 发动机的，联合发射联盟公司同样计划将 BE-4 用于他们开发中的新型火箭“火神”（Vulcan）。在俄罗斯出兵乌克兰后，美国国会对俄制火箭发动机下达了禁令，联合发射联盟公司现役的宇宙神 -5 火箭因为使用的是俄制 RD-180 发动机而饱受非议。为了维持自己美军主要发射供应商的地位，联合发射联盟公司急需摆脱对俄制发动机的依赖，于是在 2014 年同蓝色起源公司达成合作，建立共同基金开发新型 BE-4 发动机。每枚“火神”需要使用两台“BE-4”，联合发射联盟公司希望能在 2019 年进行首次发射。不过，即便到时没有足够数量的“BE-4”，联合发射联盟公司也还会有一型备用引擎可选择。在此背景下，新研制的“BE-4”很可能会优先供应蓝色起源公司自己的“新格伦”火箭。

首台 BE-4 发动机的完工，标志着“新格伦”火箭项目中的重要部分，主发动机研发自 2011 年进展顺利。贝索斯表示，“新格伦”火箭将会在下个十年到来前进行首次发射。对于蓝色起源公司来讲，“新格伦”火箭的研制意味着，其业务不再局限于低轨道活动，比如近地旅行和科研探空，而将有能力承担地球轨道发射任务，如卫星发射等。借此，蓝色起源公司将跻身重量级商业航天“玩家”之列，和太空探索技术、联合发射联盟等公司同台竞技。

（三）逐步获得行业地位

蓝色起源公司早在2005年就已经开始亚轨道飞船的集成试验，计划中的3艘亚轨道飞船同样具备重复使用能力，这种亚轨道试验将为未来的轨道飞船试验奠定基础。该公司最初的“查龙”2005年就成功进行了一次试飞，达到了96米的高度并成功垂直降落，虽然它使用的是喷气发动机，但垂直起降技术仍然得到了验证；随后的PM1试验飞行器名为“戈达德”，它的外形酷似卡通玩具，2006年11月13日的试飞还算成功，但它仍然只是低空垂直起降飞行器，只飞到85米高度；随后网站上就是漫长的沉寂，“新谢泼德”即PM2试验飞行器使用了推力更大的BE-2过氧化氢煤油发动机，第一次飞行也获得了成功，但2011年8月24日的第二次飞行中，试验飞行器成功飞到了1500米的高空并达到了1.2倍声速的速度，而之后飞行安全系统检测到飞行器攻角异常，自动关闭发动机导致飞行器坠毁。这次事故对蓝色起源公司是当头一棒，事后贝索斯亲自写了公开信，这封信挂在蓝色起源公司的网站上。这是该网站4年半以来的首次更新，贝索斯长期暗中发力期待一鸣惊人的做法无疑暂时失败了，这也为蓝色起源公司的商业载人航天竞标投下了阴影。

2011年的事故后，蓝色起源公司逐渐退出了人们的视野。虽然此后还有2012年推式逃逸系统的试验和2013年BE-3发动机的测试，但这些亮点与NASA推动的商业载人航天项目的竞争相比，无疑大为逊色，毕竟，蓝色起源公司当时只是300人的小公司，更没有拿得出手的运载火箭或是载人飞船。即使如此，蓝色起源公司在资本雄厚的老板贝索斯的支持下，仍然具备了卷土重来的资本，尤其是BE-3液氢液氧发动机的顺利测试，更显示了它的雄厚实力。

图 4-1-24 BE-3 发动机试车

NASA 2010 年公布的“商业乘员研发合同”中，蓝色起源公司也是获得合同的 5 家公司之一。NASA 2010 年 2 月 1 日授予蓝色起源公司价值 370 万美元的合同，用于研制发射逃逸设施和结构测试用的亚轨道载人飞船，这也是蓝色起源公司当时的强项。蓝色起源公司的研制相当顺利，如期完成了发射逃逸装置的测试。2011 年商业成员研发第二阶段中，蓝色起源公司获得了 2200 万美元的合同，虽然这是四家中标公司中最少的，但他们的方案也最为大胆。蓝色起源公司将首先使用“宇宙神”-5火箭发射自行研制的双锥形载人飞船，以后飞船将由该公司的完全可重复使用的运载工具进行发射。蓝色起源公司的可复用运载工具（RBS）在分离后将具备弹道下落着陆或是重启发动机飞回发射场并垂直降落的能力，为此发动机要具备深度节流和多次可重复启动能力，这种发动机可能就是蓝色起源公司研制的BE-3液氧液氢发动机。

2012年10月，蓝色起源公司成功进行了推式逃逸系统的发射中止试验，这是美国第一次成功进行的推式逃逸发射中止试验，相比之下一贯风头强劲的太空探索技术公司，3年后才开展第一次推式逃逸发射中止试验。

2011年公开的BE-3发动机是一种抽气循环的液氧液氢发动机，具有更高的可靠性，它的推力达到了50吨级，具有从110千牛~490千牛之间工作的节流能力，这也是垂直起降飞行器的必然要求。2013年BE-3发动机成功进行了亚轨道所需的全程测试，模拟了飞行器起飞、滑行和降落过程中所需的满负荷工作、深度节流工作和多次启动。截至2015年4月，BE-3发动机已经进行450次点火和超过30000秒热试车，为“新谢泼德”飞行器成功试验奠定了坚实的基础。

蓝色起源公司也从未忘却发射轨道飞船的雄心，2013年年底该公司宣布了研制BE-3U的计划，这种液氢液氧发动机将用于未来可重复使用运载工具的上面级，它最明显的改变是使用了大面积比的喷管，以提高发动机的真空比冲。同时该公司还称轨道飞行器将在2018年进行试飞。

2017年3月7日，在华盛顿举办的“卫星2017”展会上，蓝色起源公司宣布与欧洲通信卫星公司签订合同，将使用公司旗下“新格伦”火箭发射欧洲通信卫星公司的商业通信卫星。3月8日，蓝色起源公司又宣布和卫星服务提供商一网公司达成合作，双方已经签署了5项卫星发射合同。

不出意外的话，凭借BE-3、BE-3U和BE-4发动机的研制和生产，十年后蓝色起源公司和太空探索技术公司恐怕会成为美国最主要的两家液体火箭发动机制造商。蓝色起源公司更可能成为商业亚轨道旅游的领头羊，并跻身商业轨道旅游的行列，成为美国重要的商业航天公司之一。

五、美丽大地公司

美国美丽大地公司成立于2009年，原为天空盒子成像公司，是一家来自硅谷的“互联网+”型创业公司，2014年6月被谷歌公司收购后更名为美丽大地公司。公司成功地将微小卫星技术创新与云服务的运营模式创新有机结合，将互联网、大数据分析、高时效性的高分辨率图像和高保真卫星视频影像这些创新概念相结合，使基于低成本、高时间、高空间分辨率的地球图像应用商业构想成为现实。近年来国际上微小卫星技术发展十分迅速，以美国新兴小卫星公司为代表的企业和研究机构推出了大量的高性能微小卫星项目和计划，特别是在商业遥感领域，微小卫星正逐渐进入业务市场，美丽大地公司把在轨卫星、数据接收和地面处理作为统一的整体来设计，设计突破了简单的物理上的链接和一体化，实现了系统指标、产品生成流程上的天地一体化。通过提供高体验的数据服务，开发低端商业遥感市场，向最终用户延伸。先进的技术与创新的商业构想使美丽大地公司在商业遥感卫星市场上占有了一席之地。据美国航天新闻网站2017年2月3日报道，美国商业卫星遥感公司之一的行星公司宣布正在收购谷歌公司下属的美丽大地公司。

（一）“天空卫星”技术创造多个世界第一

“天空卫星”（Skysat）是由美丽大地公司设计研制的光学遥感微小卫星。美丽大地公司计划部署20余颗“天空卫星”微小型卫星，实现全球数据的8小时更新。自2013年成功发射分辨率为0.9米的天空卫星-1卫星以来，该公司目前已发射了7颗该系列卫星。根据公司公告，目前有超过20多颗卫星正在研发，分别编号为太空卫星-8至27。在技术上，“天空卫星”创造了多个第一，世界上首个亚米级分辨率微卫星，首个采用大面阵“互补金属氧化物半导体”（CMOS）探测器的对地观测卫星，首个使用延时积分互补金属氧化物半导体（TDI CMOS）技术的卫星，首个全帧速率高清视频卫星。

图 4-1-25　美丽大地公司高分辨率微型卫星群

“天空卫星”质量约 120 千克，分辨率可达到约 1 米，采用 CMOS 探测器，可支持时长达到 90 秒的视频模式。美丽大地公司计划部署的小卫星星座将采用地面合成时间延迟积分专利技术，以实现超分处理和多图像拼接。该星座除支持全色 0.9 米、多光谱 2 米、幅宽 8 千米的高分辨率图像以外，还可提供 1.1 米分辨率、最长 90 秒、每秒 30 帧的高清视频，将推动数据应用从单幅图像处理向时序数据分析转变。用户无需建设地面站，只需要一部小型化“天空节点”终端和 2.4 米直径的卫星天线，就可直接下达成像指令和下载卫星数据，最快 20 分钟即可完成图像处理。美丽大地公司希望通过大数据挖掘技术提供定制服务，并进一步催生全新的商业模式。

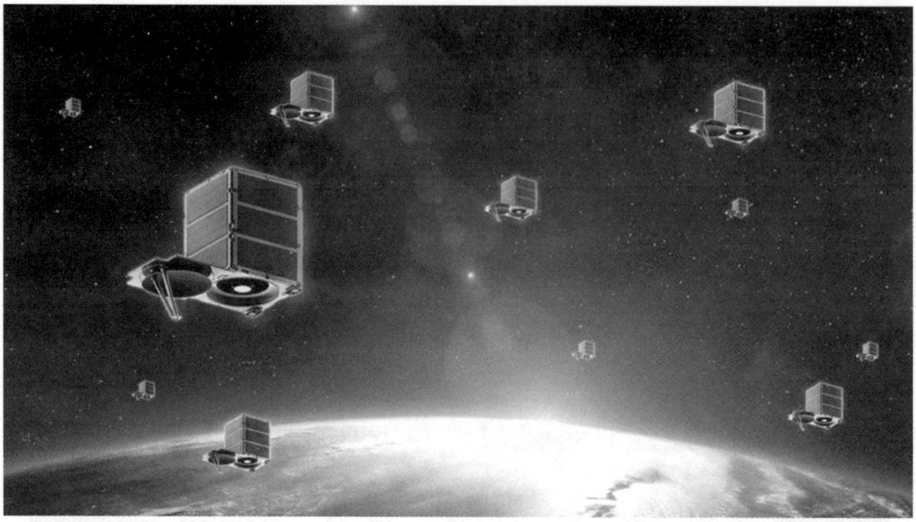

图 4-1-26 “天空卫星”微小卫星星座

美丽大地公司将在 2017 年年底如期发射 6 颗“天空卫星”，发射任务有轨道科学 ATK 公司商用型米诺陶 -C 运载火箭从范登堡空军基地进行。美丽大地公司希望利用卫星影像、专家知识库等将卫星影像转化为提供决策辅助的地理信息数据，以探索实体世界的变化规律。

（二）“天空卫星”在注重性能的同时实现低成本控制

“天空卫星”不仅在综合性能上创造了多个世界第一，同时还贯彻了低成本的设计理念，开创了亚米级分辨率低成本卫星的先河，这为中国大规模发展商业化的小型高分辨率光学对地观测卫星提供了借鉴。首先，采用商业现货降低了成本，其高帧速率互补金属氧化物半导体成像探测器采用了商业现货，比定制探测器成本低；其次，采用先进的地面图像处理技术提高分辨率，节省了空间相机研制成本；最后，高帧速率面阵互补金属氧化物半导体探测器的使用降低了卫星平台稳定度的设计要求，进而降低了卫星平台成本。公司还发射了一颗高分辨率遥感小卫星，仅以大型商业遥感卫星 20% 的成本，实现了后者 80% 的能力。

“天空卫星”采用了创新的设计思路和新型成像器件，注重天地一体化设计，地面图像处理极大地补偿了星上成像系统的不足，天地一体化的典型设计使成本大幅度降低，并最大限度地发挥出系统的性能。

（三）谷歌及行星公司相继收购天空盒子成像公司

互联网搜索巨头谷歌公司为了扩展业务，斥资近5亿美元于2014年6月收购了天空盒子成像公司，并将公司更名为美丽大地公司。这是互联网公司首次涉足卫星商业遥感领域。在此次收购前，除谷歌公司外，脸书公司（Facebook）、亚马逊公司、苹果公司等也纷纷表达了收购天空盒子成像公司的意向。除了商业巨头看重美丽大地公司外，美国军方也将目光投向以美丽大地公司为代表的新兴商业卫星图像公司。2015年5月，美国国家地理空间情报局在美国联邦商业机遇网站（Federal Business Opportunities）上发布信息请求书（RFI），该文件指出，情报局正在考虑创新或非传统解决方案，以满足其对商业地理空间情报能力的需求，美丽大地公司有望于2017年成为该情报局的服务提供商。

天空盒子成像公司被谷歌收购后更名为美丽大地公司。在被谷歌收购前，该公司的价值超过9000万美元，更名后公司的卫星发射计划不变，但商业模式有一定的调整。按照谷歌的解释，改名的意义是“谷歌不但在网络世界的搜索上带来了革命，也在把目光投向物理世界，希望能成为观察图景变化的先锋”。更名后，这家公司不但要为客户提供卫星图像，还将提供多种基于卫星图像和多种数据源的信息产品。双方强强联合的结果是，不仅使谷歌公司获得了自主的天基高分辨率图像和视频数据采集能力，完善了其谷歌地图和谷歌地球服务，更使美丽大地公司大数据处理和信息挖掘能力大幅提升，使得海量遥感数据能够在国家、地区和企业决策中发挥真正价值。

图 4-1-27　互联网搜索巨头谷歌公司收购天空盒子公司

据美国航天新闻网站 2017 年 2 月 3 日报道，美国商业卫星遥感公司之一的行星公司宣布正在收购谷歌公司下属的美丽大地公司，从而实现互补的天基对地观测能力。根据 2016 年 12 月透露的一份协议，行星公司将收购美丽大地公司的业务，包括 7 颗“天空卫星”组成的卫星星座，而谷歌公司也将与行星公司签署一份多年的图像数据采集合同。这两家公司均为披露协议的条款。行星公司在 2 月 3 日表示，两家公司将不会公布协议的财务和其他业务细节。根据声明，美丽大地公司的部分雇员将加入行星公司，具体人数不详。

行星公司联合创始人兼首席执行官 Will Marshall 表示，美丽大地公司的 7 颗“天空卫星”高分辨率卫星星座和行星公司目前 60 颗卫星组成的中等分辨率星座是高度互补的。行星公司和美丽大地公司都强调这次收购是互补的，包括“天空卫星”系统的高分辨率图像和行星公司“鸽子”“快眼”卫星的中等分辨率图像。行星公司在声明中表示，相关协议将使该公司扩大有效数据和方案的业务范围，而且能够服务新的用户和市场。

六、一网公司

一网公司成立于2012年，公司首席执行官格雷格·惠勒（Greg Wyler）同时也是网络公司O3b的创始人，曾就职于谷歌公司，主管卫星相关业务的项目。一网公司致力于构建低轨小卫星星座，为客户提供更快速、范围更广的互联网接入服务。

（一）致力于提供全球最先进的互联网服务

一网公司在2015年年初提出构建由648颗卫星组成的低轨卫星星座，引发产业界建设低轨星座的热潮，吸引了全球广泛关注。近期，控股一网公司的日本软银集团投资10亿美元，与一网公司共同推进一个雄心勃勃的空中互联网计划。一网公司对外宣称将在原648颗低轨道卫星基础上再增加近2000颗卫星（准确数字是1972颗），使其再次成为舆论的焦点。

图4-1-28　太空互联网组织架构

一网公司提供的网络比较适合个人与公共机构使用，推出的接收装置也是小型的，类似本地的互联网枢纽，将通过Wi-Fi或蜂窝信号与附近的设备进行连接。一网公司网络数据来回传输仅需要20毫秒，这样的速度可以保证任何程序的顺畅运行，将使一网公司超过目前所有地面光纤网络，成为世界上最先进的互联网服务提供商。

（二）两轮融资超预期，确保系统建设稳步推进

目前，一网公司系统完成了两轮共计 17 亿美元的融资。其中 A 轮融资于 2015 年 6 月完成，共计 5 亿美元，包括国际通信卫星公司的 2500 万美元。第二轮融资于 2016 年 12 月完成，共计 12 亿美元，其中 10 亿美元来自于日本软银集团。第二轮融资完成后，未来两年的资金已充足。公司创始人格雷格·惠勒称“目前尚无在市场融资的计划”，后续卫星系统建设将通过债务融资的方式，向美国、法国、加拿大的进出口银行贷款。

（三）全产业链融资，构建完备生态系统

格雷格·惠勒同时也是 O3b 公司的创始人，非常注重与各产业链环节企业的合作。一网公司投资方既是星座计划的出资者，同时也是战略合作伙伴，在整个系统的建设、部署、运营和应用等方面均发挥重要作用。

一网公司卫星星座的部署、运营和服务主要依靠资本合作来完成。卫星制造采用与空客公司合作的方式；卫星发射由阿里安和维珍银河公司完成；空中接口的设计和打造双模终端由高通负责；终端的设计由休斯负责；产品的分销由休斯与可口可乐一起负责；地面信关站的建设由卫讯公司负责；印度和墨西哥市场的分销和服务由印度巴哈蒂公司和墨西哥通信公司负责；航空终端由洛克维尔 - 柯林斯公司公司（Rockwell Collins）和霍尼维尔公司（Honeywell）负责。2017 年 3 月 8 日，一网公司宣布与蓝色起源公司达成合作，双方已经签署了 5 项卫星发射合同。

（四）新建厂房，卫星生产规模化

一网公司宣布与空中客车集团合资在佛罗里达州太空海岸（Florida Space Coast）建造一个高度自动化的卫星制造工厂，旨在使卫星模块生产比以前更

快捷，成本更低廉，预计每颗卫星成本都低于 100 万美元。一网公司卫星工厂不仅为自己公司制造低轨道卫星，还将承接来自其他运营商或客户的卫星制造业务。一网公司开创了自动生产，组装流水线进行大规模、低成本卫星生产的全球先例，有望每月生产几十颗卫星，将大大促进商业航天产业的发展。作为佛罗里达州的第一个卫星制造工厂，媒体普遍认为一网公司卫星工厂的建立将进一步促进佛罗里达州地方经济的恢复。

图 4-1-29　一网公司卫星工厂数字透视图

一网公司卫星工厂目前已经启动人员招聘工作，共涉及核心网络工程师、机械工程师、首席系统工程师、高级卫星通信工程师、高级网络架构师、高级软件架构师等数百个职位，并提供丰厚的薪资。一网公司表示，如果需要，一颗卫星从生产线下来之后数小时之内就可以被发射升天。

（五）产品服务颇具竞争力，市场前景看好

一网公司通信系统的低成本大容量数据传输服务、低成本便携式终端是保证其产品和服务竞争力的重要途径，不仅比当前在轨系统（O3b 和 ViaSat-1）优势明显，即使面对 2020 年左右部署的新一代宽带卫星系统（ViaSat-3），也具有较为明显的优势。

宽带通信卫星系统主要为个人消费者、政府行业用户、商业机构、电信公司、航空市场、海事市场、军方、视频服务商提供大容量数据传输服务。据欧洲咨询公司报告统计，2020 年—2024 年 5 年间的容量批发市场规模为 191 亿美元。而目前全球共有 25 家宽带通信卫星运营商开展业务，且 2020 年左右包括 LeoSat、ViaSat-3 等新一代 Tbit/s 量级卫星系统都将开始部署，加剧了该市场领域的竞争。一网公司除了在传统应用领域开展业务以外，还应积极寻求差异化服务。目前，一网公司称已经提前签署了部分容量租用协议，未来计划在积极开拓物联网领域的应用，充分挖掘低轨大规模星座低时延、高带宽的优势。

七、内华达山脉公司

内华达山脉公司是世界十大最具创新力的太空探索公司之一，致力于发展适应 21 世纪的安全、创新、现代、灵活和高效的载人运输系统，其典型产品为“追梦者”航天飞机。“追梦者”航天飞机是内华达山脉公司进入太空梦想的寄托，其在“追梦者”航天飞机上花费的时间超过了 10 余年。可以说，内华达山脉公司是一家拥有远大梦想并在追梦过程中风雨兼行的公司。

（一）梦想的寄托——“追梦者”航天飞机

“追梦者”航天飞机可被看作源于 1957 年美国空军开发的 X-20 动力倍增器多用途航天飞机和 NASA 于 1980 年代末设计的 HL-20 概念飞船。HL-20 是类似飞机的一种小型飞行器，是 NASA 设计的用来取代航天飞机的。“追梦者”航天飞机采用了 NASA 多年积累的技术，其设计方案就是 NASA 研发的 HL-20 升力体构型，具有发射成本低、逃逸速度快、安全性高等优点。

空间开发公司（Space Dev）是“追梦者”概念的创始公司，“追梦者”航天飞机的设计概念起初由该公司提出，并在 2004 年作为 NASA“商业轨道运输服务”项目的候选方案首次对外公开。当时，NASA 并未选中“追梦者”。

内华达山脉公司于 2008 年 12 月对空间开发公司进行了收购，继续开展“追梦者”航天飞机的研发工作。

“追梦者”长 9 米、翼展 7 米、总重为 11 吨，比以往的航天飞机要轻和小得多，最多可搭载 7 名乘员；采用了大量最先进的复合材料，其在轨动力来自两台推力可调的固体与液体混合的火箭发动机，推进剂采用端羟基聚丁二烯（HTPB，固体燃料）和一氧化二氮（氧化剂），均具有无毒、易存储的特性。按照设计，追梦者可以一次给国际空间站运来 5 吨货物。

图 4-1-30　“追梦者”航天飞机

“追梦者”航天飞机继承了几十年来人类对升力体和空天飞行器的研究成果，体现了美国新一代航天飞机的基本特征。“追梦者”即将开启追逐商业航天、个人航天与全球星际探索的梦想，有望开辟空间探索新的篇章。

（二）风雨兼程政府运输服务采购路

“追梦者”航天飞机的发展并非一帆风顺，甚至可以说经历坎坷。在第一轮商业补给服务中，襁褓中的“追梦者”航天飞机由于技术跨度较大，只能眼睁睁地看着竞争对手轨道科学 ATK 公司和太空探索技术公司“拿着刀叉分食大蛋糕”。祸不单行的是，“追梦者”航天飞机在 2013 年首次无动力飞行试验时发生了意外，在降落过程中左侧起落架未能正常展开，机体滑出跑道，受损严重。恰好当时 NASA 正在进行国际空间站运送航天员服务的招标，而载人航天对安全性和可靠性要求非常高，“追梦者”航天飞机在首次试验就遭遇失利使其失去了竞争力，NASA 将运送航天员的合同给了波音公司和太空探索技术公司。

竞标失败并未打消内华达山脉公司的士气，公司发誓继续开发其“追梦者”。随后，内华达山脉公司推出一种新的“追梦者”航天器的改型，这一改型“追梦者货运系统”（DCCS）旨在为 NASA 第二轮商业补给服务合同提供完整的系统解决方案。如果“追梦者”航天飞机没有赢得第二轮商业补给服务合同，意味着它即使研制出来了，以后很可能陷入无所事事的困境。“追梦者”航天飞机赢得第二轮商业补给服务合同不但可以给公司带来一笔可观的资金，还可以通过货运补给飞行验证航天飞机的可靠性，助推载人版“追梦者”航天飞机早日升空。

改进的“追梦者”比以往的航天飞机要更为轻便，可搭载 7 名乘员；采用大量先进的复合材料，且这些材料都具有无毒、易存储的特性；具备在国际空间站停靠和与之对接的能力，不仅可以方便快速地交付货物和重新装载，而且还能在普通机场着陆；可以重复飞行 15 次，大大降低了成本。“追梦者”一系列的优异性能受到 NASA 的青睐，NASA 于 2016 年 1 月宣布内华达山脉公司、太空探索技术公司和轨道科学 ATK 公司将在 2019 年至 2024 年负责运送国际空间站美国的大部分货物和实验设施。对于历经坎坷的“追梦者”来说，赢得第二轮商业补给服务合同是一次艰难的胜利，意义非常重大。根据合同要求，执行飞行任务前必须通过几个里程碑。目前，内华达山脉公司宣布已经实现了两个里程碑。

2017 年 1 月 25 日，内华达山脉公司“追梦者”航天飞机的一架气动试验模型被送往 NASA 阿姆斯特朗飞行研究中心，将进行拖拽和着陆试验。即将试验的“追梦者”飞行器与 2013 年的相同，但经历了实质性改进，其配置接近轨道飞行器，采用飞行软件实现全自主飞行，并采用电控控制面和电子数据采集系统。地面试验结束后，“追梦者”还将进行一系列飞行试验，届时该试验模型将从重型直升机载机下方投放，在跑道上自主着陆。

执行国际空间站货运任务时，“追梦者”航天飞机将搭载在宇宙神 -5 火箭从弗罗里达州发射，并可能着陆在肯尼迪航天中心“航天飞机着陆设施”，并用于后续拆卸、整修和重复使用。洛克希德·马丁公司研制“追梦者”航天飞机的复合材料结构，内华达山脉公司将其发射地点处理设施安置在洛克希德·马丁公司“猎户座”飞船生产线旁，该生产线位于肯尼迪航天中心的奈尔·阿姆斯特朗操作检验大楼内。内华达山脉公司的团队正在继续壮大，分布在美国 30 个州。内华达山脉公司正在拓展其国际伙伴关系，与国际太空站现有伙伴以及世界各地多家航天机构签订了协议，希望能承担 NASA 更多的货物运输任务。

图 4-1-31 货运版“追梦者”飞船

八、行星资源公司

行星资源公司（Planetary Resources，Inc.）正式成立于 2010 年 11 月，总部位于美国华盛顿。行星资源公司主要以几个小行星作为目标，对这些小行星上的水资源和贵重金属进行勘探和开采，有望给地球带来巨大财富。

（一）公司股东阵容可谓豪华

行星资源公司成立发布会的场面可谓十分壮观，一支由多位亿万富翁和前 NASA 的科学家们组成的豪华阵容，在西雅图的飞行博物馆召开新闻发布会，宣布成立行星资源公司。公司股东包括谷歌首席执行官拉里·佩奇与董事会主席埃里克·施密特，著名导演詹姆斯·卡梅隆，Word 之父、微软前首席软件架构师查尔斯·西蒙尼，Sherpalo 创建者、谷歌董事局成员西姆亚姆，佩罗集团董事局主席罗斯·佩洛特等。

（二）发起太空自拍众筹项目

行星资源公司的目标是发展自动化小行星采矿技术。为了达到这个目标，行星资源公司以一个长期战略计划为基础。第一步是使用在地球轨道上的专用卫星对近地小行星进行调查和分析以寻找最佳的潜在目标，许多可使用各种感应器的小型太空望远镜将会被发射以达成目的。行星科学公司在网站上宣称他们的太空望远镜可供租用作为私人用途。该公司也计划制造卫星进行销售，他们的第一型太空望远镜 Arkyd-100 已经发布。之后公司则计划送探测器到选定的小行星对其表面进行测绘，并且包含对表面的深度扫视并进行采样与分析，以及采样送回地球。

行星资源公司在 Kickstarter 众筹网站为其 Arkyd 太空望远镜发起众筹，支持者只需付出 25 美元就可以把自己的照片显示在望远镜外部设备上，此时望远镜上的相机还能以望远镜和地球为背景，为用户拍摄一张颇为特殊的“太空自拍”照。后来，该公司宣布取消这个项目，并向 Kickstarter 众筹网站上超过 17600 名支持者退还全部 1500 万美元的筹资。

图 4–1–32　“太空自拍”构想图

（三）新推 Ceres 观测系统项目

在宣布取消“太空自拍”项目的当天，行星资源公司也表示将推出投资金额达 2.11 亿美元的地球观测系统（Ceres）项目。

Ceres 系统主要用于地球观测，由 10 个微型卫星组成，不仅可以像传统卫星一样拍摄地球上每个角落的图片，更应用了中波红外和高光谱成像技术，可以进行温度测绘、水资源分布测绘、石油等资源分布测绘，另外还可以识别出农作物的品种和成熟度等各种精确的大范围数据信息。

Ceres 系统旨在以便宜的价格提供地球自然资源，满足全球范围内的工业活动对信息的需求，使人类可以更好地了解和管理自然资源。当相关技术更为成熟时，行星资源公司将会把地球观测系统用在矿产、石油和天然气的勘探，以及农林业和工业基础设施的检测，还将用于追踪有毒藻类的繁殖、水污染和野火等，用途十分广泛。Ceres 系统的信息每周实时更新，可应用于精准农业、资源管理和自然灾害探测等各种领域。

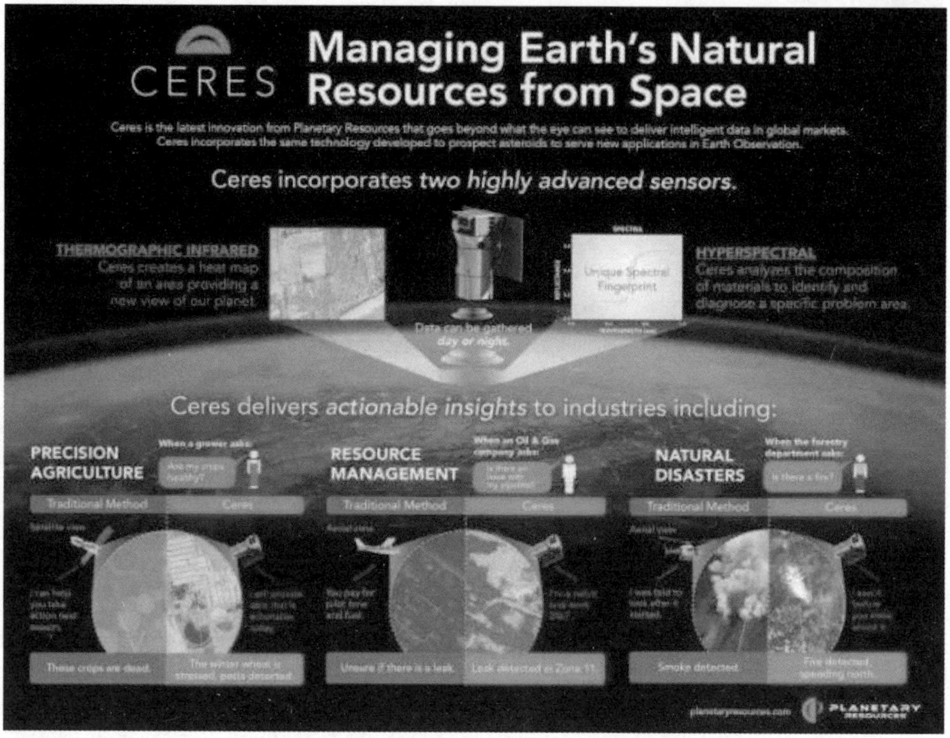

图 4-1-33　地球观测系统项目构想图

九、维珍银河公司

维珍银河公司成立于 2004 年，总部位于美国新墨西哥州，是维珍集团旗下的太空旅游公司。公司创始人是英国亿万富翁理查德·布兰森（Richard Branson），公司计划提供亚轨道私人太空飞行服务。维珍银河公司的明星产品是“太空船二号”，该飞船是商业航天发射方式中少见的以空中运载飞机发射的。“太空船二号”已经进行过多次飞行试验，能够携带 8 名人员进入太空，其中 2 名为飞行员，另外 6 名为乘客。

（一）倾力打造“太空船二号”

“太空船二号”是在“太空船一号”基础上设计的，是“太空船一号”的升级版，由斯卡尔德复合材料公司和英国维珍集团旗下的维珍银河公司合作研发。“太空船一号”是首架由私人资助建造的载人航天器，2004 年 10 月，美国斯卡尔德复合材料公司设计的“太空船一号”夺得 X Prize 的 1000 万美元私人太空船设计大奖。“太空船二号”由载机发射，在利用自身发动机爬升到一定高度后，发动机关闭，利用惯性进入 100 千米高的亚轨道太空，使游客体验长达几分钟的失重感和无以伦比的太空美景，然后返回地面，在飞机跑道上着陆。“太空船二号”的票价为 25 万美元，银河维珍公司目前已经卖出了数百张“太空船二号”船票。

图 4-1-34 维珍银河公司“太空船二号”

“太空船二号”于 2014 年 10 月 31 日在美国加州莫哈韦沙漠试飞发生爆炸，两名飞行员一人跳伞逃生后受伤，一人死亡，太空船残骸散落在沙漠。

由美国国家运输安全委员会对事故展开的调查发现，副驾驶员过早重新定位尾翅是造成事故的主要原因。维珍银河公司再次整装待发，意欲使私人太空旅游成为现实。2016 年 2 月 19 日，维珍银河公司揭开了其新版“太空船二号”的面纱。英国著名物理学家史蒂芬·霍金将这艘新太空船命名为“维珍太空船联合体”（VSS Unity），并在社交网站推特上发文称，“我们进入了一个新的太空时代，如果能够乘坐这艘太空船飞行，我将感到非常荣幸”。这艘新版太空船在结构上与之前发生事故的那艘相差无几，但做了一些安全性的升级改造，以避免类似的误操作事故再次发生。

全新“维珍太空船联合体”于 2016 年 9 月 8 日维珍银河公司完成了首飞，新版太空船与母机白骑士二号——（VMS Eve）一同起飞。尽管新版太空船在整个试飞过程中都与母机相连，但此次试验是 2014 年 10 月 31 日维珍公司首架“太空船二号”坠毁之后首次重返空中试验。2016 年 12 月 22 日，“维珍太空船联合体”飞船搭载母机白骑士二号从莫哈韦航空基地起飞，约 40 分钟后，太空飞机与母机分离，滑翔降落至莫哈韦的跑道上，完成了第二次自由飞行。2017 年 5 月 1 日，维珍银河公司在莫哈韦航空基地成功进行新版“太空船二号”无动力滑行试验，是该公司首次对“太空船二号”改进后的羽翼系统进行的飞行试验。羽翼系统在飞行器再入过程中为其提供稳定的启动构型，一般在飞行器降到较低高度时掀起其两侧“羽翼”。此次改进的羽翼系统专门增加了锁定系统，防止过早解锁羽翼系统。

虽然每张太空船票开价高达 25 万美元，但已有许多人迫不及待报名，其中包括物理学家史蒂芬·霍金、好莱坞男星莱昂纳多·迪卡普里奥和艾什顿·库奇。史蒂芬·霍金在接受电视节目《早安英国》采访时表示计划乘坐维珍银河公司的太空船飞往太空。霍金说：“飞往太空会让我很幸福。我曾经认为，谁都不会愿意带上我，但理查德布兰森（维珍银河公司总裁）向我推荐了一个位置，于是我立即同意。”

（二）研制小型卫星运载器

除了亚轨道载人计划，维珍银河公司还从 2012 年开始研发小型卫星的发射载具，即“发射者一号”。为此，维珍银河公司已在美国加州长滩租用面积达 14000 平方米的新厂房，用于设计和建造该公司小型卫星运载器“发射者一号”。“发射者一号”是一种两级运载火箭，采用先进复合材料结构，以液氧 / 煤油发动机提供动力。维珍银河公司设想该火箭能够以低于 1000 万美元的价格将 225 千克有效载荷送入低倾角近地轨道，或将 120 千克有效载荷送入较高太阳同步轨道。

图 4–1–35　“发射者一号”运载器概念图

维珍银河公司已经与一网公司签订卫星发射协议，然而发射者一号运载火箭及其发动机不再适用发射一网公司卫星。一网公司的卫星每颗重 125 千克，而“发射者一号”最多只可将 225 千克的载荷送入近地轨道，并且一网公司所需要的 1200 千米轨道比通常的近地轨道要高一些，采用该运载方案只能减少载荷质量来达到预定轨道高度，因此维珍银河公司寄希望于研发运载能力更高的火箭来完成一网公司的订单任务。新型火箭名为“发射者二号”，其第一级将会采用维珍银河最大的液体火箭发动机“牛顿三号”，第二级将使用一种新研发的“牛顿四号”发动机。“发射者二号”对于用来发射“太空船二号”的“白骑士二号”载机来说过重，因此将会搭载到改进的波音 747 上进行发射。

十、毕格罗航天公司

毕格罗航天公司成立于 1999 年，总部设在内华达州拉斯维加斯北部，由美国旅馆业富豪罗伯特·毕格罗（Robert Bigelow）创建。自创立之初，公司就致力于空间居住舱的建造，开拓太空旅游的新型商业模式，让遨游太空的梦想不再是航天员的特权。毕格罗航天公司规划了一系列宇航产品，其中包括已经发射成功并在轨运行的“起源一号”（Genesis I）和“起源二号”（Genesis II）以及全球首个充气式活动太空舱 BEAM。同时，毕格罗航天公司还在研制更大容积的 B330（原为 BA330）和 BA2100 新型充气式载人居住舱。

表 4–1–2　毕格罗航天公司典型产品情况

太空舱类型	太空舱名称	容积（立方米）	发射时间	运载火箭	状态
“起源探路者”	起源一号	11.5	2006.7.12	第聂伯	在轨运行
“起源探路者”	起源二号	11.5	2007.6.28	第聂伯	在轨运行
BEAM	未知	16	2016.4.8	猎鹰 -9	成功展开
B330	“鹦鹉螺”（Nautilus）	330	2020	宇宙神 -5	设计中，拟建造两艘
BA2100	“奥林巴斯”（Olympus）	2100	未知	未知	构想中，拟利用 SLS 发射

（一）成功研制全球首个充气式活动太空舱

毕格罗航天公司于 2012 年 12 月获得 NASA 价值 1780 万美元的“毕格罗可扩展活动模块”（BEAM）研制合同。BEAM 于 2016 年 4 月 8 日搭乘太空探索技术公司的“龙”飞船运往国际空间站。相比于传统的金属航天器，充气式航天器轻便而紧凑，其可扩展性可以为航天员提供更宽敞的生活空间。

1. BEAM 继承了 NASA“转移居住舱”的技术特点

BEAM 本体为铝制结构，由两层金属隔板组成，在层与层的间距间填充了多层材料，无眩窗，无电源。BEAM 可以与国际空间站进行空气循环，满足宇航员安全进入的条件。BEAM 发射时呈折叠状态，长 2.16 米，直径 2.36 米，容积 3.6 立方米；展开构型时，长 4.07 米，直径 3.06 米，内部容积 16 立方米；质量 1360 千克。BEAM 还携带多个传感器和辐射监控器。

BEAM 的防护系统继承了 NASA 20 世纪 90 年代开发的充气式居住舱——“转移居住舱”的设计。“转移居住舱”的充气式防护系统采用了 20 多层材料，从里到外共设计了五层防护结构：内部防磨损层、密封气囊、凯芙拉约束层、微流星和空间碎片防护层、外部防热层。不仅能够进行热防护，还能防太阳辐射、宇宙射线、空间碎片、原子氧、紫外辐射以及其他空间环境物质等。

2. BEAM 在轨验证多项关键技术

2016 年 4 月 8 日，BEAM 搭乘太空探索技术公司猎鹰 -9 火箭发射升空，并于两天后抵达国际空间站。4 月 16 日，该舱与国际空间站宁静号节点舱成功对接，5 月 26 日进行了首次全尺寸展开的尝试，但其长度和直径仅展开了数厘米，首次展开遭遇失败。5 月 28 日，NASA 航天员杰夫·威廉姆斯与地面团队历时 7 个半小时的操作，终于成功完成了 BEAM 的全尺寸展开及增压。之后，BEAM 将进行为期两年的在轨试验，验证商业充气式太空舱的结构、热防护和防辐射等性能，为后续任务提供基础数据。NASA 可能延长 BEAM 的任务周期，但在其寿命末期，BEAM 将脱离国际空间站并在再入地球过程中烧尽。

图 4-1-36　BEAM 与国际空间站对接

（二）研制容积更大、更舒适的太空舱

毕格罗公司的 BEAM 毕竟只是一个小小的测试舱段，即使充气完成也只能提供 16 立方米的居留空间，仅相当于一个层高两米的八平米小屋的空间，而且航天员也无法在其中长期居留，距离真正的人们想象中的宽敞、舒适、灵活的商业太空旅馆似乎还很遥远。毕格罗航天公司的野心显然更大，正在研制探索容积更大，更宽敞、舒适、灵活的 B330（原为 BA330，又称“鹦鹉螺”）和 BA2100（又称“奥林巴斯”）商业太空舱，为满足未来载人登月乃至载人深空飞行提供需求。

1. B330 太空舱处于研制阶段

B330 是目前毕格罗航天公司在研的一款新型充气式载人居住舱，可容纳 6 名航天员，既可用于太空旅游，又能满足未来载人登月乃至载人深空飞行之需，计划于 2020 年发射。

B330 质量为 20 ~ 23 吨，长 13.7 米，直径 6.7 米，容积 330 立方米。与国际空间站 15 吨重的命运号实验舱相比，B330 的质量仅增加了 33%，但内部容积提高了 210%。B330 安装了两块巨大的太阳电池翼，此外还有两块大型散热板。完全展开后，舱壁厚度可达 0.46 米，能有效抵御辐射和热源。B330 设计了双冗余控制推力器，采用单组元肼推进剂。它的综合电子系统可以为导航、对接和轨道机动提供服务。此外，它提供了舒适的生保系统，如设计了独特的零重力卫生间，可收集固态和液态水，为航天员提供半私密的休息场所以及健身设备等。

毕格罗航天公司已与联合发射联盟建立长期合作伙伴关系，以进一步开发和商业化运营真正意义上的充气式空间站。两家公司预计将在 2020 年前采用宇宙神 -5 火箭发射毕格罗公司 BA330 型充气式太空旅馆。毕格罗航天公司引以为傲的 BA330 太空舱段正如其型号中的数字一样，将会提供多达 330 立方米的可居留空间，相当于一个两米层高、165 平米使用面积的宽敞豪宅，绝对可以称得上是真正的太空旅馆。

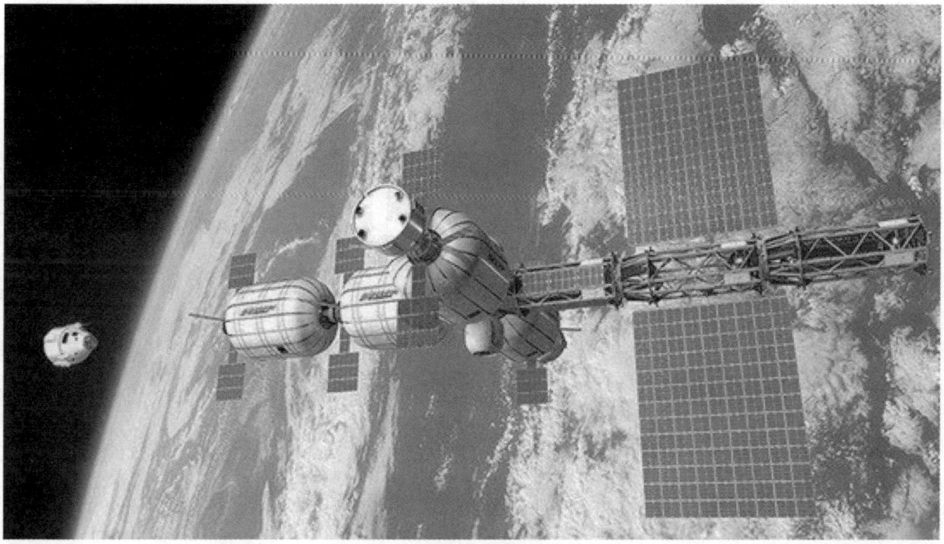

图 4-1-37　B330 在轨飞行构想图

2. BA2100 尚处于概念研究阶段

BA2100（又称“奥林巴斯”）是继 B330 之后，毕格罗公司尚处于概念研究阶段的行星际转移居住舱。BA2100 质量约 65 ~ 70 吨，约是 B330 的 3 倍，可搭载 16 名航天员转移飞行。整个舱体长约 17.8 米，最大直径 12.6 米（仅对接端直径为 7.6 米），增压容积约 2250 立方米（国际空间站仅 837 立方米）。BA2100 目前尚在概念研究阶段，未来可能由在研的“航天发射系统”（SLS）发射。

第二节　国内商业航天公司盘点

我国航天产业经历了从依赖国家项目投资与军队需求为主的产业模式到如今大力鼓励民营商业航天企业的发展的转变。近两年，航天科工火箭技术有限公司和中国长征火箭有限公司等多家商业航天企业相继成立并脱颖而出。这类公司，致力于为国内外客户提供商业化航天产品和服务，融资渠道广，组织管理灵活，以创新技术手段和颠覆式商业模式，为商业航天发展注入新的活力。

航天科工火箭技术有限公司成立于 2016 年 2 月，隶属于航天科工，致力于为国内外客户提供商业航天发射服务，未来业务范围还将拓展到卫星应用、飞船发射、深空探测等领域。公司成立 2 个月后即签订首单火箭商业发射服务合同，仅用 8 个半月便完成整个履约过程，于 2017 年 1 月利用公司研制的快舟一号固体运载火箭成功完成“一箭三星”发射，作为航天企业中的“新生儿”，公司为国内商业航天市场发展带来了“火箭速度”，开启我国商业航天新时代。2017 年 4 月，航天科工火箭技术有限公司与国内客户一次性签订 4 发快舟一号甲固体运载火箭发射合同，将在 2018 年第一季度实践星座快速构建模式，即“短时间内快速发射多颗卫星并让卫星快速组建网络”。

中国长征火箭有限公司成立于2016年10月，是中国航天科技集团公司全新打造的航天运输及商业火箭发射平台，业务涵盖航天发射服务、空间资源利用和亚轨道飞行体验等三大板块。中国长征火箭有限公司将提供火箭及发射、商业航天保险、卫星地面测控系统建设、地面站建设等多方面服务，并通过合资公司等多种灵活模式在通信、遥感、导航等方面开展多种商业运营，最终实现天地一体化。公司全新推出的商业火箭系列产品具有发射成本低、周期短、可靠性高等优势，还可根据不同用户的使用要求，提供太空星网和包含太空顺风车、太空班车、太空专车在内的“三车计划”等四种类型的发射服务。

此外，研制吉林一号商业高分辨率遥感卫星的长光卫星技术有限公司、国内首家商业遥感卫星运营/应用服务商二十一世纪空间技术应用股份有限公司、承接第一笔国际商业发射服务订单的国内民营商业航天企业北京蓝箭空间科技有限公司、专门从事空间信息技术服务的高新技术企业北京航天泰坦科技股份有限公司、专门从事航天系统产品研制及商业发射服务的翎客航天技术有限公司等国内商业航天公司也在不断发展壮大，日益受到各方关注。表4-2-1给出了国内典型商业航天公司的情况介绍。

表4–2–1　国内典型商业航天公司简介

公司名称	成立时间	代表项目/产品	公司简介
航天科工火箭技术有限公司	2016.2	“快舟”系列火箭等	航天科工火箭技术有限公司是我国首家商业火箭公司，经营范围包括运载火箭设计、研发、制造、销售；航天器研发、制造；国际和国内商业发射服务承揽；火箭、航天器技术咨询及技术服务；货物及技术进出口（不含国家禁止或限制进出口的货物及技术）。
中国长征火箭有限公司	2016.10	“长征”系列火箭等	中国长征火箭有限公司是中国航天科技集团公司全新打造的航天运输及商业火箭发射平台，业务涵盖航天发射服务、空间资源利用和亚轨道飞行体验等三大板块。公司全新推出的商业火箭系列产品具有发射成本低、周期短、可靠性高等优势，还可根据不同用户的使用要求，提供太空星网和包含太空顺风车、太空班车、太空专车在内的“三车计划”等四种类型的发射服务。

续表

公司名称	成立时间	代表项目 / 产品	公司简介
北京蓝箭空间科技有限公司	2015.6	“蓝箭”系列运载火箭	北京蓝箭空间科技有限公司是在国家军民融合的战略时代背景下成立的创新型商业航天企业，主要面向国内外微小卫星制造商、运营商、科研机构和高校的商业发射需求，研制蓝箭系列运载火箭，提供包括运载火箭发射、测控、保险等发射服务的系统解决方案。2017 年 1 月 13 日，公司与丹麦 Gomspace 公司在杭州签订火箭发射服务协议，这是国内民营商业航天企业承接的第一笔国际市场商业火箭发射服务的订单，标志着中国民营火箭发射公司参与到国际市场竞争迈出了实质性的一步。
北京零壹空间科技有限公司	2015.6		北京零壹空间科技有限公司瞄准微小卫星组网发射巨大市场需求研制有频次规律、成本低廉的火箭产品来提供发射服务。目前正专注于第一款低成本小型运载火箭的研制、设计及总装，并致力于将新技术新机制运用在航天领域，从而实现在保障可靠性的同时降低成本。公司已获得由春晓资本领投，联想之星、哈工大机器人集团跟投的逾千万元天使投资。
翎客航天技术有限公司	2014.1	新型探空火箭	翎客航天技术有限公司是国内首家从事航天系统产品研发与制造的民营公司，涵盖航天器总体设计、液体发动机、固体发动机、结构设计、航电、测控等主要专业，研制能力覆盖设计、仿真、试验、制造等航天产品研制全流程。公司运营初期以新型探空火箭作为主要产品，并为科研院所及高校提供定制化航天发动机原型机等技术服务，目前已具备液体发动机、测试控制系统、固体发动机、探空火箭等多款初样产品。
二十一世纪空间技术应用股份有限公司	2001.6	“北京一号”、“北京二号”卫星星座	二十一世纪空间技术应用股份有限公司由北京市政府投资，经营范围包括互联网信息服务业务，国内首家商业遥感卫星运营 / 应用服务商，是国家发改委批准建立的“遥感卫星应用国家工程实验室”三家共建单位之一，被科技部授予遥感小卫星领域“国际科技合作基地”称号。
长光卫星技术公司	2014.12	“吉林一号”	长光卫星技术公司由吉林省投资，长春光机所技术入股，经营范围包括卫星与无人机系统及其部组件的研发、载荷系统研发、卫星检测系统及设备研发等，是我国从事航天事业最早的研究单位之一。目前，长春光机所已经建立起详查、普查、立体成像、多光谱等一套完整的光学有效载荷体系，可满足市场上各方面用户对光学遥感有效载荷的需求。

续表

公司名称	成立时间	代表项目 / 产品	公司简介
北京航天泰坦科技股份有限公司	2001		北京航天泰坦科技股份有限公司是航天科工专门从事空间信息技术服务的高新技术企业，长期致力于多源遥感影像集成处理和地理信息综合应用服务的技术研究，具备软件开发、系统集成、数据加工和信息服务的综合业务能力，是我国领先的空间信息技术服务的提供商。公司遥感图像处理系统达到国际领先水平，形成了包括英文版在内的多语言平台软件，已为我国资源环境监测、智慧城市以及国家“一带一路”战略等领域空间信息应用提供核心技术支撑。
四维世景科技有限公司	2012		四维世景科技有限公司拥有 QuickBird、WorldView-1 和 WorldView-2 等目前世界上技术最先进的高分辨率卫星的独家分发权，公司以高分辨率卫星影像技术为主导，集遥感（RS）、全球卫星定位系统（GPS）、地理信息系统（GIS）技术为一体，依托中外股东的雄厚实力，提供卫星遥感数据、遥感信息增值服务、空间信息咨询服务、卫星遥感配套技术等一体化服务。
北京信威通信技术股份有限公司	1995.11	灵巧通信试验卫星	北京信威通信技术股份有限公司经营范围包括技术开发、技术服务等，一直致力于我国自主知识产权的无线通信技术的研发和产业化，创立了同步码分多址（SCDMA）中国通信标准、时分同步码分多址（TD-SCDMA）ITU 国际标准、宽带多媒体集群系统（McWiLL）ITU 国际标准等多项国家和国际通信标准。公司计划于 2019 年前后初步建成低轨移动通信星座，采用商业化模式提供全球通信和移动互联网服务。
浙江利驰电子科技有限公司	2015.3	“丽水一号”	公司主要经营电子产品、微小卫星、卫星系统、卫星载荷系统、通信产品、机电产品、计算机软硬件等技术服务、技术咨询、技术开发及成果转让。公司代表项目“丽水一号”是中国首个全民营遥感星座。“丽水一号”的成功发射及其后期应用推广，是国家鼓励民营企业参与航天领域的实际行动。

第三节　新兴商业航天公司发展模式分析

随着低成本进入空间技术和低成本利用空间技术快速发展，航天准入门槛不断降低，航天产品与服务逐渐从政府高端用户向大众消费市场倾斜。商业资本纷纷涌向航天领域，催生了太空探索技术、蓝色起源、维珍银河、轨道科学 ATK、行星资源等大批初创航天公司。这类航天公司融资渠道广，组织管理灵活，注重将航天产品与服务同互联网技术结合，以创新技术手段和颠覆式商业模式，为商业航天发展注入新的活力。

一、组织管理灵活高效

初创航天公司以美国硅谷为主要发源地，大量借鉴硅谷互联网行业管理理念与经验，摒弃了传统航天公司“等级式”的企业管理和任务组织模式；更为强调组织扁平化，管理极简化，通过减少管理层次，压缩职能部门和机构、裁减人员，使公司决策层和操作层之间的中间管理层级尽可能减少，实现快速、高效、简洁管理。在员工管理方面，初创航天公司主张靠企业文化和价值观凝聚人、牵引人，尽量少制造管理行为；强调员工自我驱动，内部激活，鼓励员工围绕市场和用户价值进行自动协同。

二、聚焦卫星应用业务

移动互联网时代，初创航天公司在云计算、大数据技术驱动和全球泛在服务需求牵引下，围绕大众用户和商业市场竭力打造商业航天全新产品和服务业态，全面改变航天产业的竞争形态。通信领域，初创航天公司在传统的卫星通信和广播业务基础上，发展全球泛在的互联网接入服务、物联网服务等。如一网公司发展的由 2000 余颗小卫星构成的低轨星座，面向全球用户提供宽带互联网接入服务。遥感领域，初创航天公司在传统销售卫星遥感图像的基础上，发展遥感数据分析和信息挖掘业务，提供可指导实际行动的决策支持服务。如美丽大地公司利用 24 颗低地球轨道高分辨率遥感成像和视频星座采集全球遥感大数据，围绕“小卫星、大星座、大数据”理念，利用云计算、云平台、人工智能等信息通信技术，发展卫星遥感数据挖掘服务，提供精准农业、商业情报等信息；行星公司构建了全球迄今规模最大的中分辨率光学遥感星座，采用“永远在线”（Always On）工作模式实现“鸽群”星座对陆地自动成像，使传统遥感卫星“指令”（Tasking）工作模式下只能对全球热点地区成像发展为新兴遥感星座对全球热点和全局兼顾，兼备应急响应和提前预警能力。

除产品服务内容颠覆式创新外，初创航天公司的产品服务发展模式也推陈出新，以兼并重组、产业整合的方式快速把创新的产品服务推向市场。例如，一网公司跨界整合不同产业资源，抛弃传统通信卫星运营商和服务商自建地面网络提供服务的发展模式，与可口可乐公司跨界联合，借助可口可乐公司遍布全球的零售点网络，以“可口可乐公司零售点 + 一网公司地面终端”的方式，快速构建了全球泛在的地面终端网络，可为全球用户提供热点接入服务。

三、融资模式多元灵活

航天产业蓬勃发展，航天经济不断走高，使得航天成为金融资本关注的新前沿。特别是在硅谷新航天浪潮驱动下，风险投资、债券融资、公开募股、私募投资、种子基金以及众筹等投融资模式在初创航天领域频繁应用，培育并茁壮了大批初创航天企业，包括太空探索技术公司、一网公司、行星公司等。

（一）风投资本取代政府投资成为主要融资手段

航天高科技属性使其天然成为风投资本关注的新前沿。美国太空探索技术公司和美丽大地公司的成功，更促使航天项目的"赚钱效应"得到市场普遍认可，商业资本纷纷从互联网等行业涌向航天领域，风险投资替代政府投资及政府财政货币手段，成为资助并培育商业初创航天公司发展的主要资金来源。

以美丽大地公司（原天空盒子成像公司）为例，该公司成立于 2009 年，聚焦发展以 24 颗低地球轨道高分辨率光学遥感星座为平台的卫星遥感大数据业务。美丽大地公司 2009 年获得 300 万美元 A 轮风险投资（来自 Khosla Ventures）；2010 年获得 1800 万美元 B 轮投资（来自 Khosla Ventures 和 Bessemer Venture Partners）；2012 年 C 轮风险投资的总额达到 9100 万美元；2014 年谷歌公司（Google）以 4.78 亿美元的价格收购了美丽大地公司（是风险投资总额的 5.5 倍），风险投资成功退出。2017 年 2 月，行星公司宣布正在收购谷歌公司下属的美丽大地公司。风投资本持续跟进以及谷歌等公司收购保障美丽大地公司的快速成长，拓展了其发展机会与业务渠道。

（二）债务融资、私募基金等多种投融资手段有效补充

商业航天公司以商业市场为主导，以最大限度获得商业回报为目的，其投融资模式完全依照市场规律，倚重但不拘泥于风投资本单一模式，注重围绕不同发展阶段、不同业务类型、不同战略意图采取不同的投融资手段，多种手段综合运用，实现能力与业务快速发展。在商业初创航天公司发展初期，债务融资是风险投资的有效补充。

以新兴初创航天公司行星公司为例，其完成了 5 轮融资，累计筹集 2.06 亿美元的资金，涉及 17 家投资者，部分投资者参与了多轮融资。行星公司融资来源既包括天使投资、风险投资，也包括债务融资，融资形式多样化，资金渠道多元化，确保快速获得足够发展资金。在商业公司发展较为成熟后，公司业务扩张及兼并重组所需资金额快速增长，私募投资（PE）取代债务融资成为主要的资本募集手段。通信卫星与消费市场密切结合，商业化程度

高，是私募投资方式的主要应用领域，全球知名私募投资公司频频发力。例如，黑石集团（Blackstone）为通信卫星运营商天狼星卫星广播公司（Sirius Satellite Radio）投资 2 亿美元，助力后者以 10 亿美元的价格收购新天卫星公司（New Skies Satellite）；珀米拉（Permira）以 2 亿美元的价格收购了亚洲广播卫星公司（ABS）；阿尔巴投资公司（Aabar Investments）为维珍银河公司投资 4.9 亿美元。

四、盈利模式全面创新

初创航天公司借鉴互联网行业盈利模式，打造全新的航天产业盈利模式，公司收入不再拘泥于产品交易的单一来源，而是围绕其创新产品和服务类型，形成了以增值盈利模式和订购盈利模式为主、以交易盈利为补充的组合式盈利模式。

新兴卫星遥感公司一般以增值盈利和交易盈利相组合的方式构 建盈利模式。一方面，Freemium 商业模型，即 Free（免费）+Premium（增值服务）的盈利模式是新兴初创商业遥感公司广泛采用的盈利模式。另一方面，新兴遥感公司利用创新技术扩大销售渠道，增加交易盈利模式的收入。新兴卫星通信公司一般以提供通信卫星运营和卫星通信服务为主，其不采用通信卫星制造商常用的交易盈利模式，而是采取订购盈利模式，通过面向用户提供长期付费的产品或服务获得经常性收入。

五、创新继承完美融合

国外商业航天企业的创新不避讳“非原创性”，更加重视创新与继承的结合，做到将原始创意发扬光大，并积极实现工程化。例如太空探索技术公司“猎鹰”火箭的垂直起降、毕格罗航天公司的充气式太空舱等，这些都是多年之前美国政府曾支持并开展过的研究项目。但限于当时的技术基础，这些创意未能真正在工程中得以实施。这些私营航天公司接过这些“创意大旗”，并借助科技快速发展的成果，积极解决工程实际问题，并注重在工程实践中不断完善，最终取得了非凡的成绩。

六、技术应用紧密结合

美国私营航天企业的创新高度讲究现代科技发展与航天技术应用的结合。以 3D 打印、互联网、信息技术、材料技术、能源技术为代表的新兴技术正在飞速发展，如何将现代科技的发展与航天技术应用结合在一起已成为广受关注的问题。私营航天企业结合自身技术升级快、框架束缚少的特点，马上推进应用新技术，实现了产品创新。

七、跨界融合持续渗透

近年来，“航天 + 互联网”的跨界融合已成为商业航天新的发展趋势，建立太空互联网，运用互联网平台提供卫星应用服务成为商业航天发展热点。目前，已有多家公司实施了太空互联网计划，卫星系统将逐步进入互联网应用时代。

一网公司 2015 年 1 月表示，准备发射 648 颗小卫星在地球约 1200 千米的轨道形成一个卫星网络，向地球发射互联网信号，提供更快速、范围更广的互联网接入服务，将使一网公司成为世界上最先进的互联网服务提供商。2017 年 2 月 28 日，国际通信卫星公司与一网公司正式宣布达成合并协议，控股一网公司的日本软银集团将对合并后的新公司投资 10 亿美元，共同推进其太空互联网计划。一网公司创始人宣称在 648 颗卫星基础上再增加近 2000 颗，卫星将分布在不同高度的低轨道上。

太空探索技术公司在 2014 年就曾宣布其发射互联网卫星的计划，该公司在申请书上明确表示，这一卫星系统主要用于为全球个人用户、商业用户、机构用户、政府和专业用户提供各种宽带和通信服务。太空探索技术公司计划用 5 年左右时间建立一个约 4000 颗小卫星组成的全球通信卫星系统，提供无缝覆盖的移动互联服务。太空探索技术公司于 2016 年 11 月 17 日向美国联邦通信委员会（FCC）提交申请，发射 4425 颗互联网卫星。太空探索技术公司此次申请发射的卫星数量，是目前在轨卫星数量的 3 倍以上，超过了人类发射总量的总和。项目总成本在 50 亿到 100 亿美元。每颗卫星重量 386 千克，分布在 5 个轨道高度和不多于 32 个轨道面，运行于 1150 到 1275 千米之间的固定轨道上，地面扫描覆盖宽度为 2120 千米。初期部署 1600 颗在同一轨道高度，另外安排 2825 颗卫星分布于 4 个不同轨道高度，可提供每个用户不低于 1Gbps 的网上服务。

第四节　初创航天企业投融资情况

航天领域正引起硅谷乃至全球投资界的广泛关注和青睐。根据美国陶锐咨询公司（Tauri Group）发布的《初创航大——日益增长的商业航天投资》报告，2015 年全年风投界向初创航天企业投入的资本总额比之前 15 年的总额还要多。初创航天企业日益成为投资界的“新宠”，投资机构正以前所未有的热情向这些正在快速成长的创业公司投资。一向被人们认为风险过高、收益过慢的航天领域，已经开始成为投资者眼中的热土。

一、初创航天企业不断涌现

2000 年—2015 年，共计 80 多家靠天使投资和风险投资起步的初创航天企业成立。2000 年—2005 年，平均每年只有 3 家初创航天企业成立；2006 年—2010 年，平均每年有 6 家初创航天企业成立；而在 2011 年—2015 年 10 月底，平均每年成立的航天初创企业增至 8 家。由于统计结果中不包括已成立但尚未获得投资的航天初创企业，因而实际成立的初创航天企业的数量可能更高。

一家初创航天企业从成立到获得外部投资往往需要数年时间，因而成立时间不久的初创航天公司尚未获得外部投资的机会，其中包括阿尔法立方星公司（Alpha CubeSat）、小行星采矿公司（Asteroid Mining Corporation）等30余家航天创业公司。这一数字表明当前初创航天企业数量呈现持续增长的态势。

二、投资日益青睐航天领域

为更好地理解投资的趋势以及投资者的动机，报告主要考虑6种类型的投资者：天使投资者，风险投资公司，私募股权投资公司，银行（严格来讲，银行并非传统意义上的投资者，但银行确实是资本的一种重要来源），法人投资者（作为战略合作伙伴以及（或）内部投资者，或者通过企业风险资金）和公共市场。这种分类方式将某些可以区别对待但又具有共同特性的投资类型归为一类，如将主权财富基金归为私募股权投资类，将对冲基金归为风险投资公司类。尽管投资者的类别发生变化，但报告所采用的分类方法提供了一种有用的且被普遍接受的关于投资者和投资行为的描述。

（一）投资者数量逐年增长

《初创航天领域投资报告》选定了266家投资于初创航天企业的投资者。需要指出的是，还有一些投资者不可能从公开渠道获知，因而投资者的实际数量会多。

2000年—2015年10月底前，投资于初创航天企业的投资者数量一直呈现增长态势。2000年—2005年，平均每年有7家投资者投资初创航天企业；2006年—2010年，平均每年有19家投资者投资初创航天企业；2011年—2015年10月底前，投资初创航天企业的投资公司激增至平均每年55家，几乎是2000年—2005年的8倍。

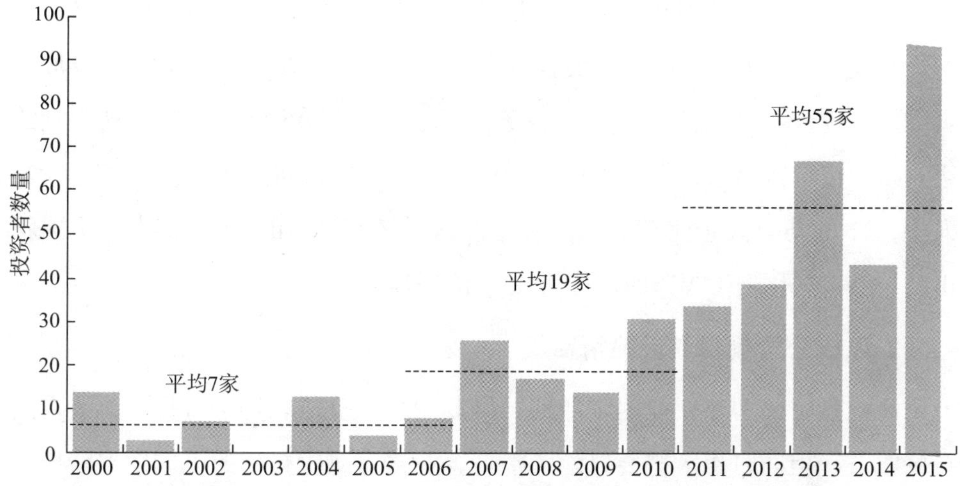

图 4-4-1　2000 年—2015 年，投资于初创航天企业的投资者数量

1. 天使投资者数量快速增长

天使投资者是指具有丰厚的财富积累，在企业的初创阶段进行投资并期望获得高回报的天使投资个人和团体。天使投资者的投资规模通常在 5 万美元至 100 多万美元之间，既可以是投资 5 万美元的投资者，也可以是已经在高科技企业中积累大量财富的“亿万富翁”。例如蓝色起源公司创办人杰夫·贝索斯从亚马逊积累了大量财富，太空探索技术公司的 CEO 埃隆·马斯克从 PayPal 积累了大量财富。

2000 年以来，超过 60 家天使投资者投资初创航天公司。2000 年—2005 年，平均每年有 1 家天使投资者（2001 年、2003 年和 2005 年没有公开报道的天使投资案例）投资初创航天企业；2006 年—2010 年，平均每年有 3 家；从 2011 年开始，投资于初创企业的天使投资者数量平均每年激增到 14 家。

2000 年以来，天使投资者资助了 30 多家航天企业，其中包括蓝色起源、太空探索技术等著名商业航天公司。最杰出的天使投资者被称作为“航天亿万富翁”，他们通过其他企业获得成功或投资积累到财富，要么已经创立了一家航天公司，要么将他们的资金投资到一家航天公司。“航天亿万富翁”的投资规模远远大于一般的天使投资者。亚马逊创始人杰夫·贝索斯、维珍品牌创始人理查德·布兰森以及太空探索技术公司 CEO 埃隆·马斯克是被提到的第一批“亿万富翁”，但绝不仅限于这几个人。福布斯亿万富翁榜中的 1826 人中，21 人与航天企业有关联，大约占据了亿万富翁的 1%。其中，中国腾讯公司总裁马化腾（福布斯排行第 56）位列其中。

2. 风投公司投资航天热情高涨

风险投资公司在企业的创业期、早期阶段以及成长期进行投资，具有潜在高收益，但同时也承担高风险。根据企业接受风险投资的不同发展阶段，风险投资基金通常分为 A 轮投资、B 轮投资、C 轮投资等。有些企业在其发展过程中，可以获得多轮投资，典型的如行星实验室公司。据公开报道，该航天公司收到了 5 轮总额高达 2.06 亿美元的风险投资，其中包括 17 家以上的投资者，且有多数投资者参与了多轮投资。

2000 年以来，投资初创航天企业的风投公司有 110 余家。2000 年—2005 年，投资于初创航天企业的风投公司数量平均每年为 3 家；2006 年—2010 年，平均每年为 8 家；2011 年—2015 年，平均每年为 27 家，几乎是 2000 年—2010 年平均值的 3 倍。尤其是 2012 年以来，投资于初创航天企业的风投公司热情持续高涨、参与者数量增长迅猛。2015 年是创纪录的一年，超过 50 家风投公司投资航天领域初创企业，而这仅是 2015 年前 10 个月的统计数据。另据《财富杂志》报道，2015 年，俄罗斯和中国发起建立了一项风险基金，将航天技术作为重点关注领域。

2000 年以来，风险投资公司投资 50 多家航天企业，其中包括数字地球、月球快车、O3b 网络、行星、美丽大地、尖顶（Spire）、火箭实验室、XCOR 等航天公司。风投公司间会出现同时投资某一航天企业的情况，这些风投公司包括柏尚投资（Bessemer）、德丰杰、First Round Capital、Founders Fund、Khosla，以及 RRE Ventures。他们中至少有两家风投公司同时投资太空探索技术公司、行星公司、火箭实验室公司、美丽大地公司、尖顶公司中的某个商业航天公司。

3. 私募股权公司数量基本保持稳定

私募股权公司倾向于投资已形成一定规模并产生稳定现金流的成形企业。私募股权投资航天企业的案例如美国黑石集团向天狼星卫星广播公司投资2亿美元，及出资10亿收购新天空卫星公司。

2000年以来，超过20家私募股权公司在航天企业的早期阶段进行投资。私募股权投资公司的数量在不同时间段内不断变化，然而在每个时间段，每年平均都有2家私募股权公司投资于初创航天企业。2000年以来，宣布获得私募股权投资的初创航天企业共有15家（截至2015年10月底的数据），其中包括太空探索技术、O3b网络、维珍银河、LightSquared等全球著名商业航天公司。

4. 法人投资公司数量近年来快速增长

2000年以来（报告数据统计至2015年10月），超过30家法人投资公司投资于初创航天企业。2000年—2005年，平均每年有1家；2006年—2010年，平均每年有3家；2011年—2015年，平均每年有7家。尤其是2012年以来，投资初创航天企业的法人投资公司数量得到快速增长。2015年法人投资公司的数量达到最高纪录，仅前10个月就已经超过16家。2000年以来，超过20家航天企业获得法人投资公司的投资，其中包括太空探索技术、一网、火箭实验室等航天企业。

（二）风险投资公司与天使投资者占比最高

报告选定了266家投资于初创航天企业的投资者。2000年—2015年，5种类型投资者数量的分布情况是：风险投资公司占比最高，占投资者总数的43%；其次是天使投资者，占投资者总数的27%。法人投资者（作为战略合作伙伴以及（或）内部投资者，或者企业风险基金）占投资者总数的14%，私募股权投资公司占投资者总数的 9%，银行（债务融资）占投资者总数 7%。风险投资公司和天使投资者的数量占据了绝对主导地位，两者占投资者总数的 70%。

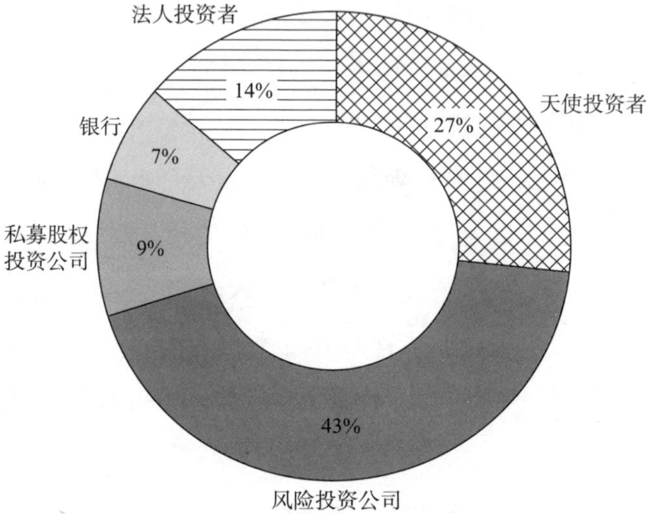

图 4-4-2　2000 年—2015 年，各类型投资者数量分布

（三）投资者构成交替变化

投资初创航天企业的投资者构成每年都在发生变化。2000 年—2015 年，风险投资公司数量一直名列前茅。天使投资者数量也较为显著，2011 年—2015 年年均数量超过 14 家。2000 年—2015 年私募股权投资公司和法人投资者均有一定数量的存在。其中 2015 年法人投资航天企业的活动较为活跃，许多国际公司投资一网公司。银行投资（通常提供债务融资）在 2010 年和 2011 年变得更为突出，其中 O3b 网络公司和无线运营商 LightSquared 间的交易使 2010 年投资于初创航天企业的银行的数量陡增，而 O3b 网络公司与“数字地球”（DigitalGlobe）公司间的交易使 2011 年投资于初创航天企业的银行数量陡增。

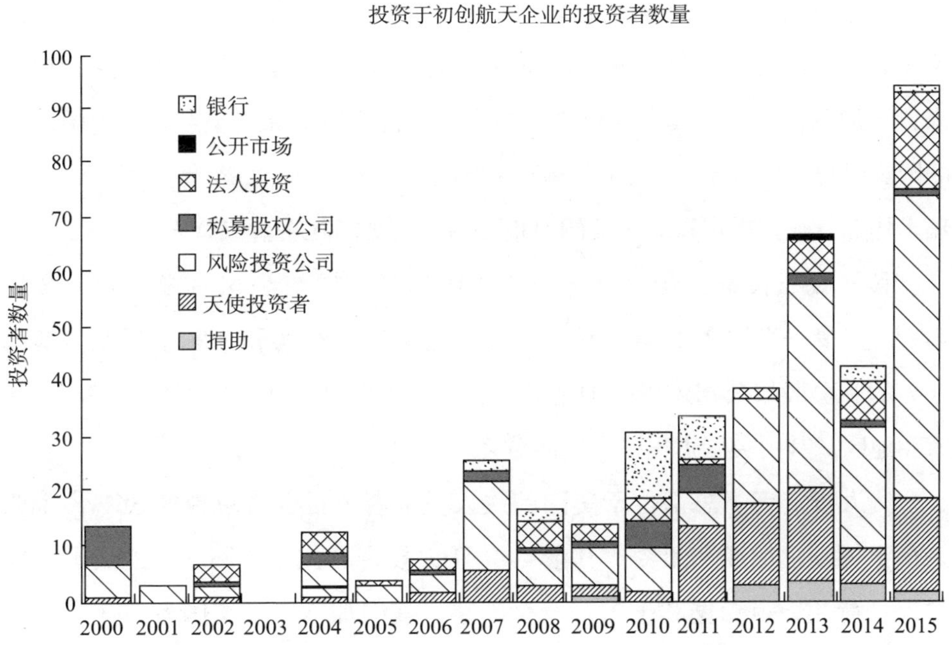

图 4-4-3　2000 年—2015 年投资者组合变化情况

（四）航天领域投资者美国占比最高

在报告中选定的 266 家投资于初创航天企业的投资者中，主要来自于美国，共有 176 家，占投资者总数的 66%。其中，加利福尼亚有 81 家投资者，其余 95 家投资者位于美国其他城市。美国之外的 90 家投资者位于全球 4 个区域的 25 个国家。英国有 10 家以上的投资者，差不多占美国之外投资者的 20%；加拿大有十几家；日本、香港和俄罗斯各有 5 家或 5 家以上的投资者。

天使投资者。投资于航天企业的天使投资者主要分布在美国，其天使投资者数量占天使投资者总数的 71%。美国的天使投资者几乎有一半来自于加利福尼亚，而其他的投资者主要来自于华盛顿和纽约。美国之外的天使投资者主要来自于日本、俄罗斯、英国、德国、新加坡、印度、阿根廷和加拿大七个国家，其中日本天使投资者的数量几乎占了三分之一。

风险投资公司。投资于航天企业的风险投资公司主要来自于美国，总部位于美国的风投公司数量占风投公司总数的74%，其中超过一半的风投公司来自于加利福尼亚，其余的风投公司主要来自于纽约和马里兰州。美国之外的国际风投公司位于全球15个国家和地区，其中英国、加拿大、香港、约旦、瑞士均拥有数家投资航天企业的风投公司，而英国几乎占三分之一。

私募股权投资公司。总部位于美国的私募股权公司占投资者总数的44%，其中一半以上的美国私募股权公司来自于纽约和加利福尼亚。其余56%的私募股权公司位于美国之外的英国、以色列、加拿大和香港等八个国家和地区，其中英国占据了大约四分之一。

法人投资者。总部位于美国的法人投资者占投资者总数的56%，主要来自于加利福尼亚和纽约。其余44%法人投资者位于美国之外的英国、加拿大、荷兰、卢森堡和中国等八个国家，其中加拿大和英国各有3家以上投资航天企业的法人投资者，中国、卢森堡和荷兰各有2家投资航天企业的法人投资者。

三、大量资本涌向航天领域

（一）初创航天企业获百亿投资

2000年—2015年年底，初创航天企业累计获得133亿美元的投资，包括约12.5亿美元的天使投资、28.5亿美元的风险投资、18.3亿美元私募股权投资、22.1亿美元的收购、2300万美元的公开募股和50.6亿美元的债务融资。排除债务融资，近5年（2011年—2015年）来所获投资总额大约为49.9亿美元，几乎占2000年以来初创航天企业所获投资总额（约81.9亿美元）的三分之二，其中风险投资总额为23亿美元，在投资总额中所占比例较大。

2015年是创纪录的一年，初创航天企业共获得27亿美元（包含债务融资）的投资。除债务融资外，2015年年初，创航天企业共获得27亿美元投资，是15年来初创航天企业获得投资最多的一年。初创航天企业2015年获取的风险投资额为 18 亿美元，是前 15 年风险投资总额的 1.7 倍。

表 4-4-1　各类型投资在不同时期内的投资情况（单位：百万美元）

投资类型	2000—2005 年	2006—2010 年	2011—2015 年	2000—2015 年
种子 / 奖励	640	286	328	1254
风险投资	186	373	2300	2859
私募股权	240	900	695	1835
收购	0	568	1651	2219
公开募股	0	0	23	23
投资总计	1066	2127	4997	8190
债务融资	0	3969	1098	5067
投资总计（包括债务融资）	1066	6096	6095	13257

种子基金。2000 年—2015 年年底，初创航天企业所获得的种子基金总额大约为 13 亿。尤其是在 2000 年，初创航天企业获得了 15 年以来最大金额的种子基金投资，主要是由于亚马逊创始人杰夫·贝索斯将 500 万美元的种子基金投向蓝色起源公司。除去蓝色起源公司在 2000 年获得的 500 万美元的种子基金，初创航天企业所获得的种子基金额在三个时期内呈现出增长的态势，即 2000—2005 年为 1.4 亿美元，2006—2010 年为 2.86 亿美元，2011—2015 年为 3.28 亿美元。

风险投资。2000 年—2015 年年底，初创航天企业所获得的风险投资总额大约为 29 亿美元，而最近五年所获得的风险投资额占据了 80%。初创航天企业 2015 年获取的风险投资总额为 18 亿美元，是前 15 年风险投资总额的 1.7 倍。2015 年，共有 22 家初创航天企业获得了风险投资，例如，星细胞公司（Astrocale）和轨道洞察公司获得了 A 轮风险投资；地图盒子（Mapbox）和太空飞行公司（Spaceflight）获得了 B 轮风险投资。最大两笔风险投资都发生在 2015 年，即太空探索技术公司获得 10 亿美元的 E 轮投资，一网公司获得 5 亿美元的 A 轮投资。

私募股权投资。2000 年—2015 年年底，初创航天企业所获得的私募股权投资总额大约为 18 亿美元，其中 2006 年—2010 年的私募股权投资占 49%。维珍银河公司分别于 2009 年、2011 年获得 3.8 亿、1.1 亿美元的私募股权投资；2010 年，O3b 公司从谷歌、艾伦公（Allen & Company）等获得 2.3 亿美元的私募股权投资。

（二）航天投资组合不断发展演进

2000 年—2015 年年底，初创航天企业所获投资的组合也在不断发展、演进。尽管相对于其他投资类型，种子基金数额较少，但种子基金在绝大多数年份都明显存在；私募股权投资和债务融资在 2006—2010 年较为突出；而在近几年，初创航天企业所获取的收购和风险投资额越来越显著。

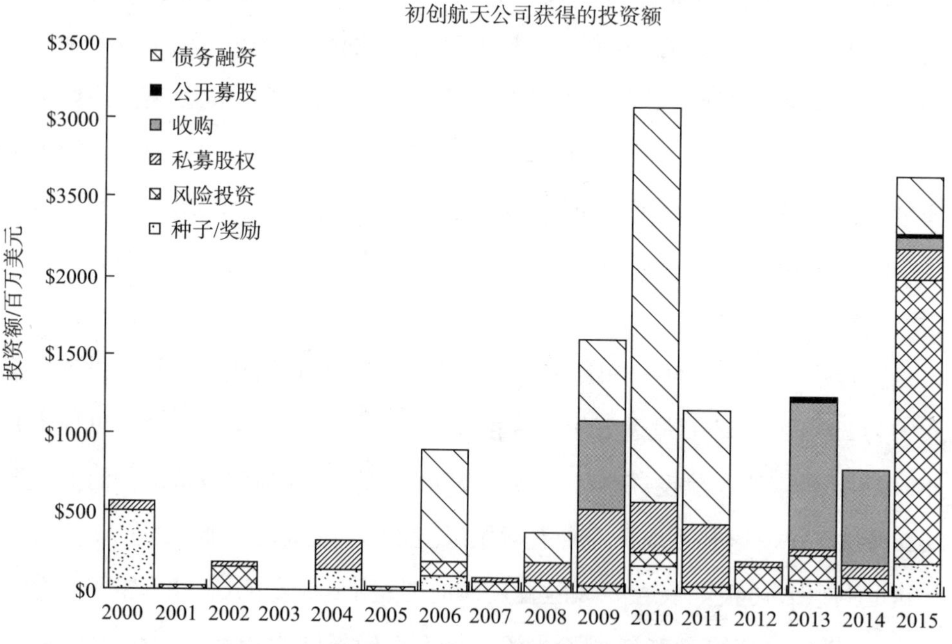

图 4-4-4　2000—2015 年投资组合变化情况

2000 年—2015 年，初创航天企业平均每年获得的投资额为 8.29 亿美元。初创航天企业所获取的风险投资额平均每年为 1.79 亿美元，而最近 5 年（2011

年—2015 年）所获取的风险投资额年平均为 4.6 亿美元。初创航天企业通过收购方式所获取资本年平均为 1.39 亿美元，而最近 5 年的平均值为 3.3 亿美元。初创航天企业所获取的种子基金最近 5 年的平均值为 6500 万美元超过 2006 年—2010 年的平均值。

初创航天企业所获取投资类型中，风险投资、收购和种子基金这三种投资类型呈现出增长趋势，而私募融资呈现出下降趋势。

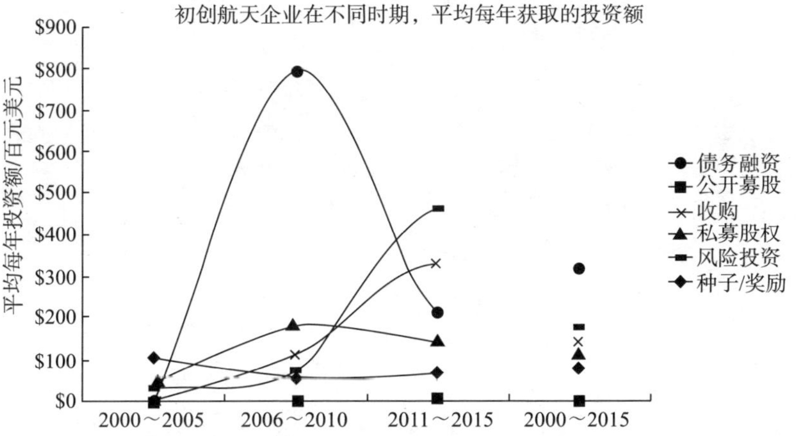

图 4-4-5 各类型投资趋势

四、NASA 未来应发挥作用

美国陶锐咨询公司研究团队人员针对新的航天发展环境下 NASA 所发挥的作用对投资者进行了采访，仅少数投资者认为 NASA 与航天产业发展无关甚至有碍航天产业化发展；绝大多数投资者对于 NASA 在航天产业化发展中的作用持肯定态度，认为 NASA 是技术发展的主要支持者，重要的服务或设备采购商。

报告建议，NASA 要在新的航天产业发展环境下扮演重要角色，即 In-Q-Tel（In-Q-Tel 是美国一家高科技风险投资公司）的参与者或者重新创建 In-Q-Tel 的模式。投资者非常信任 In-Q-Tel，认为 In-Q-Tel 为企业提供及时的政府市场信息，使企业可以迅速获取真正的政府需求。In-Q-Tel 通过向那些满足政府特定产品或服务需求的公司进行风险投资，代表了政府对投资界的兴趣所在。报告建议 NASA 创建相似的模式，通过发展和培育商业能力，使其满足特殊需求。同时，也有投资者建议 NASA 成为 In-Q-Tel 的代理商，这样可以使 NASA 从 In-Q-Tel 和硅谷投资者已建立的合作关系中快速获益。

第五章　商业航天发展展望

第一节　美国商业载人航天发展分析

当前，美国正大力推进商业航天发展，业务范围正从传统的商业卫星发射、商业卫星应用，扩展到商业载人航天飞行、深空探测等领域。随着低地球轨道商业运输已逐渐走向成熟，考虑到连年下调的预算，NASA 提出寻找创新的方式与私营公司合作继续开展空间探索，如月球探索、小行星探索等。在未来的载人航天与空间探索任务中，NASA 将大力发展与商业公司的合作，将相关的运营管理、研制等工作移交商业公司，降低自身成本，提高任务效率。载人航天领域的商业化也是随着美国商业航天市场规模不断扩大、体系不断完善衍生出的，也是美国载人航天降低成本、鼓励创新、提升竞争力的一个重要途径。

一、商业载人航天发展需求迫切

随着美国载人航天战略的进一步推进和实施，美国在低地球轨道上的技术日臻成熟，商业航天的迅速崛起，NASA 下一步的发展目标和重点将转入深空探索。

美国航天飞机退役后，NASA 重新打造的新的“猎户座”（Orion）飞船要在2020年才能升空。在此之前，美国没有一个航天运输系统能为空间站服务。运送人员的唯一选择是利用俄罗斯的“联盟”飞船，每个座位须支付约 7000 万美元，通常每年要购买 6 个座位。为改变这一尴尬局面，自 2010 年开始，奥巴马政府就要求 NASA 尽力支持本土有竞争力的公司研发航天运输系统，恢复美国向空间站的运输能力。

随着航天基本技术的成熟，世界各航天大国除了继续关注太空安全外，将重点转向发展太空经济与太空探索。在这种形势下，美国产生了一批私营航天创业公司。由于私营航天创业公司管理机制灵活高效，因而研制航天运输系统的周期短、成本也较低。因此，大力发展商业航天工业，不仅可以充分降低美国政府进行太空探索的开支，而且还可以使美国航天工业在全球市场更具竞争力。

NASA 未来可能不再承担低地球轨道任务甚至国际空间站任务，这部分任务势必将由商业航天力量来承担，这将极大地促进美国商业航天产业和技术的发展与升级。更多的研究时间让 NASA 能充分认识到，使用不离开近地轨道的持续推进式载人航天飞船依旧存在很多挑战。在开发“猎户座”飞船、空间发射系统火箭任务，以及火星之旅计划后，NASA 已经开始将近地轨道飞船、货运任务授权给商业公司。此外，商业航天公司也将在 NASA 深空探索任务中发挥重要作用，以促进美国载人航天事业更快、更好地发展。

二、启动多个商业载人航天项目

美国载人航天商业化，实际上就是采购方式的改变。具体说，商业采购采用空间项目协议代替联邦采购规则，采用固定价格的基本时间节点途径而不再是传统的成本加合同途径，要求私营公司投资，使承担公司进入竞赛状态。这种采购策略已经通过“商业轨道运输服务”和“商业乘员开发”进行了成功的验证。

在近地轨道，美国正在开展商业货物和乘员运输项目，由商业公司完成国际空间站的货物和乘员运输。商业乘员和货物运输项目包括“商业轨道运输服务”计划、“商业补给服务”计划和“商业乘员开发”计划，均由NASA的商业乘员和货物项目办公室负责管理。“商业轨道运输服务”计划为货物运输计划，向空间站提供货物补给；“商业乘员开发”计划已于2009年启动，是乘员运输计划。

（一）商业轨道货物运输服务

该计划的目标是鼓励发展商业运输服务和相关市场。NASA作为用户之一，在市场上购买运输服务，其直接目标是为空间站寻求备选货物运输方案。该计划的最大特点是由NASA选定的商业公司研制航天器和运载火箭，并承担主要的研制资金，航天器和运载火箭属于商业公司，NASA直接采购商业公司提供的运输服务。

第一阶段为“商业轨道运输服务”(2006年—2013年)，推动私营公司开发和验证往返近地轨道的各种航天运输能力。在该阶段，NASA提供8.89亿美元的资金和技术支持，通过“空间行动协议”与航天公司定下承诺，以资金资助和非资金资助形式推动商业航天运输市场的发展。在“商业轨道运输服务”计划下，太空探索技术公司开发了“龙”飞船与猎鹰-9火箭，轨道科学ATK公司开发了“天鹅座”飞船与中型“安塔瑞斯”火箭。2013年，随着“天鹅座”飞船成功完成空间站验证任务，“商业轨道运输服务”计划圆满结束。

第二阶段是向商业公司竞争采购用于空间站后勤支持的轨道运输服务，开展空间站“商业补给服务”，向空间站运输货物。2008年2月，NASA

最终把合同授予太空探索技术公司和轨道科学 ATK 公司。合同规定，太空探索技术公司和轨道科学 ATK 公司将在 2015 年前分别完成 12 次和 8 次飞行任务。

（二）“商业乘员开发”计划

第一轮“商业乘员开发”计划于 2010 年 2 月启动，目的是完成系统概念、关键技术的研发。NASA 通过“空间行动协议”授予 5 家公司共 5000 万美元，其中：蓝色起源公司负责开发新型推力器发射逃逸系统和复合材料压力容器；波音公司负责开发乘员空间运输 -100 飞船（2015 年 9 月更名为“星际客车”）；帕拉根太空研发公司负责开发环境控制与生命保障系统；内达华山脉公司负责开发“追梦者”航天飞机；联合发射联盟公司负责为“改进型一次性运载火箭”的载人发射系统开发应急检测系统。

第二轮“商业乘员开发”计划于 2010 年 10 月启动，主要开展航天器和运载火箭的设计和成熟度研究，加速商业“乘员运输系统”技术的实现。NASA 向波音公司、内华达山脉公司、太空探索技术公司和蓝色起源公司授出 3.162 亿美元合同。波音公司继续研制“星际客车”、内华达山脉公司研制“追梦者”航天飞机。

第三轮“商业乘员开发”计划于 2012 年 2 月启动，也称“商业乘员综合能力”计划，完成商业“乘员运输系统”的综合设计。NASA 在 2012 年 8 月向太空探索技术公司、波音公司和内华达山脉公司授出合同，用于继续研制和测试。2013 年 11 月，NASA 发布“商业乘员运输能力”新合同的最终需求建议书。“商业乘员运输能力”是商业建造、运行一体化乘员运输系统的两个阶段认证计划中的第二阶段。2014 年 9 月，NASA 最终授出 68 亿美元的“商业乘员运输能力”合同，由太空探索技术公司（26 亿美元）和波音公司（42 亿美元）共同为其执行空间站载人运输任务。

（三）商业空间站计划

2013 年 1 月，NASA 宣布和毕格罗航天公司签订一份 1780 万美元的合同，为空间站建造一个充气式太空舱。该舱段已于 2016 年 4 月 8 日由“龙”飞船发射，抵达后由加拿大“机械臂 -2”安装在宁静号节点舱的尾向对接口上，以充分检验“毕格罗充气式试验舱”技术。毕格罗航天公司是一家为近地轨道建造廉价商业居住舱的企业，已经发射 2 个舱段原型。

（四）商业太空旅游计划

太空旅游作为航天一个面向大众的新兴产业逐渐发展起来，主要从事太空旅游的公司及其产品主要有维珍银河公司的“太空船二号”、XCOR 公司的“山猫”飞行器和蓝色起源公司的“新谢泼德”亚轨道系统等，以及太空探索技术公司提供的太空旅游服务。

三、商业载人航天取得新进展

政府推动商业载人航天发展。2015 年，美国国会通过《鼓励私营航空航天竞争力与创业法》，明确要求为商业载人航天飞行提供第三方信用担保、发射强制竞争等良好的政策环境；2015 年 11 月，美国总统奥巴马签署《美国商业航天发射竞争法》，明确授权美国公民、商业公司或机构享有从小行星和其他地外天体开采的水、矿产资源的所有、使用及出售等权力，从法律层面为未来的商业空间采矿扫清障碍。这一举措将进一步激发商业公司开展深空探测的兴趣，向他们开启星际采矿的大门。

NASA 继续推进商业载人航天项目。在 2014 年选定波音公司和太空探索技术公司为商业载人运输服务之后，2015 年，NASA 分别授予上述两家公司承担载人运输任务的合同，这两家公司将于 2017 年通过各自的新型飞船首次将航天员送至国际空间站。这是 NASA 首次商业采购载人航天器，标志着美国商业航天正式进入载人领域。继商业货运补给任务之后，人员运输也将由商业公司承担，标志着商业航天的发展迈上了新的台阶。NASA 于 2016 年 1 月宣布，太空探索技术、轨道科学 ATK 和内华达山脉公司三家公司获得第二轮国际空间站“商业补给服务”（CRS2）合同。2019 年到 2024 年，这三家公司各自将为 NASA 提供 6 次国际空间站的货运服务。

商业航天公司不断推进航天系统的研发。美国太空探索技术公司 2015 年 5 月首次试验第二代载人“龙”飞船的发射中止系统，证明了“龙”飞船具备在发射台出现危及生命的情况时能够将航天员运送到安全地点的能力，标志着“龙”飞船在迈向载人道路上的一个里程碑，对太空探索技术公司未来的载人航天飞行任务至关重要。蓝色起源公司 2015 年 11 月完成首次火箭软着陆试验，成为全球第一家将火箭发射至“卡门线”后又完好无损地返回地面的公司，这为实现火箭的重复使用大大地向前推进了一步。维珍银河公司 2016 年 12 月成功进行第二艘“太空船二号”首次无动力滑翔飞行试验，标志着该商业亚轨道飞行器无动力滑翔测试正式开始。该飞行器最终将搭载太空游客和科研设备，最大高度达 100 千米左右，可体验几分钟的微重力状态，实现太空旅行。

成功执行国际空间站货运任务。2015 年轨道科学 ATK 公司的“天鹅座”飞船执行该公司的第四次国际空间站货运补给任务，成功与国际空间站对接。2016 年 3 月，“天鹅座”飞船第五次为“国际空间站”运送货物，飞船带有 3.5 吨货物，包括航天员补给物资和一些实验设备，其中还有一个升级版 3D 打印机。2016 年 10 月，“天鹅座”飞船第六次为“国际空间站”执行货物运输任务，其运载火箭是继 2014 年上次发射爆炸以来首次执行任务的“安塔瑞斯”火箭。

向低地球轨道以远拓展。太空探索技术公司 2016 年 9 月宣布了登陆并开发火星的计划。火星登陆任务由“星际运输系统”来执行，近地轨道运载能力达 550 吨，一次搭乘超过 100 名旅客前往火星，所有部分都可重复使用。太空探索技术公司计划，2019 年将开始对“星际运输系统”进行首次测试，最早于 2024 年将人类送往火星。为支持登陆火星的计划，太空探索技术公司计划 2018 年执行“红龙”任务，发射无人“龙”飞船抵达火星。如果太空探索技术公司火星登陆计划成功，将成为全球各大宇航机构火星探索领域的领军者。NASA 表示，“红龙”任务可提供可靠的抵达火星任务的轨道、降落和着陆的详细数据，可为 NASA 的火星任务提供帮助。

四、积极探索商业载人登月前景

商业航天作为载人航天发展的重要力量，其技术水平不断提高，在继续承担低地球轨道任务的同时，已经将关注的眼光投向低地球轨道以远，商业载人登月受到多方的高度关注。

（一）启动商业登月研究与论证

NASA 目前已经启动商业登月的相关研究和论证工作，探讨商业登月的可行性、实现途径与关键技术等，而商业公司也对此表示欢迎，积极参与商业登月的研究工作。

“货物运输与软着陆”计划。NASA 于 2014 年启动商业月球“货物运输与软着陆”计划，目的是寻求商业合作伙伴共同发展可靠性高、成本效益好的商业化机器人月球着陆器能力，利用商业航天运输能力，将 30~100 千克小量级和 250~500 千克中量级的载荷投送到月表任意地点。这种能力将有助于月表取样返回、地球演进研究、资源探查与技术演示等目标的实现，帮助 NASA 进行新的科学和探索任务。NASA 计划将该计划应用在下一步月球探测任务中，未来火星计划也会用到这些机器人。不同于低地球轨道商业运输，NASA 将不提供项目的资金支持，而是免费提供 NASA 团队技术专家帮助，并有权使用 NASA 相关研究中心的试验设施与设备及各种软件。

批准私企登月申请。2016 年美国联邦航空管理局宣布批准了美国私企月球快车公司 (Moon Express) 于 2017 年进行机器人登陆月球的申请，这也是首家被批准进行登月的美国商业公司。此举为其他有意进行外太空商业化的公司提供了参考的范例，将极大提升美国私企开发月球的热情。

商业载人登月研究。在NASA资助下，下一代航天公司于2015年发布研究报告“对利用商业航天能力和公私合作关系的渐进式——月球框架的经济评估和系统分析”，报告通过分析商业载人登月与月球基地的具体实现途径，得出结论：借助商业航天能力，NASA可在5~7年重返月球，所需成本仅100亿美元，比此前估计的1000亿美元低了约90%；并能在此后的10~12年内建立永久商业月球基地，只需约400亿美元经费。此举将大幅减轻美国政府的财政负担，也为未来登陆火星奠定经济可行的模式。

商业月球基地计划。美国的毕格罗航天公司计划与NASA合作，共同在月球上建立私人航天企业的月球基地。该公司主席已向联邦航空管理局提出个人开采月球资源申请，要求联邦航空局评估如何处理月球资源财产权。

（二）商业合作有望大幅降低登月成本

在NASA的资助下，下一代空间公司发布研究报告称，通过利用商业合作关系，NASA可使人类5~7年内重返月球，所需成本仅为100亿美元，比此前估计的1000亿美元降低约90%，并计划10~12年内建立永久基地，将月球上可能存在的水冰转化成推进剂。

该报告提出三阶段渐进式方法逐步在月球上建立永久的人类基地。第一阶段，短期“分批次”载人任务团队将在月球赤道地区着陆，而机器人航天器将在月球两极搜寻最有可能存在水冰的地点，这些任务主要依靠现有或在研的运载火箭和航天器执行。第二阶段，“分批次”载人任务团队将前往月球两极，测试提取冰的技术以及将冰转化为液氢与液氧推进剂技术。第三阶段，将创建容纳4人的永久基地，每年可生产200吨推进剂。报告认为，至少对于第一阶段，最佳方法是建立类似NASA在商业货运和载人运输系统研发时所采用的商业合作关系。

载人火星任务是NASA的最终目标，成功的月球任务将有助于将人类送往火星。从月球两极开采推进剂，并将其运输到月球轨道以供其他航天器使用，这种做法可降低将人类送往火星及其他低地球轨道以外位置的成本。据下一代空间公司估计，月球轨道上的这些商业推进剂库，有潜力使载人火星任务成本每年降低超过100亿美元。

五、商业载人航天继续深入推进

大力发展商业航天，不仅可以充分降低美国政府进行太空探索的开支，而且还可使美国航天工业在全球市场更具竞争力。

随着商业载人航天能力的不断提高，NASA越来越多低地球轨道任务都将由商业公司完成。2019年到2024年，太空探索技术、轨道科学ATK和内华达山脉三家公司各自将为NASA提供6次国际空间站的货运服务。内华达山脉公司是首次中标，将提供“追梦者”飞船承担货运任务。“追梦者”是小型航天飞机，可利用运载火箭垂直发射，最后像飞机一样水平着陆，可重复使用。

美国联合发射联盟与毕格罗宇航公司联合打造的大型“充气膨胀式太空舱”的首个舱段将在2020年升空。相比普通太空舱，充气式太空舱价格较低，重量轻便很多，未膨胀展开前体积很小，便于运输，发射费用低廉。这项技术一旦成功，甚至可以被用在远离地球的深空空间站、月球和火星基地上。

太空探索技术公司近期宣布了登陆并开发火星的计划。火星登陆任务由“星际运输系统”来执行，近地轨道运载能力达550吨，一次搭乘超过100名旅客前往火星，所有部分都可重复使用。太空探索技术公司计划，2019年将开始对“星际运输系统”进行首次测试，最早于2024年将人类送往火星。为支持登陆火星的计划，太空探索技术公司计划2018年执行“红龙”任务，发射无人“龙”飞船抵达火星。如果太空探索技术公司火星登陆计划成功，将成为全球各大宇航机构火星探索领域的领军者。NASA表示，“红龙”任务可提供可靠的抵达火星任务的轨道、降落和着陆的详细数据，可为 NASA 的火星任务提供帮助。

美国新任总统特朗普的团队认为，“公私合作将是航天计划的基石，这种合作不仅可以降低成本，而且能够为合作伙伴带来利益，使之可以跳出官僚架构和监管框架来思考问题”。对于国际空间站，特朗普政府同意其运行到 2024 年以后，但希望与商业公司及国际伙伴进行商讨并让他们发挥更多的作用，使国家空间站成为一个“准公共”设施。除载人航天外，特朗普政府还计划为军事航天发展购买更多商业发射服务，以太空探索技术公司、蓝色起源公司、联合发射联盟和轨道科学 ATK 公司为代表的商业航天公司将得到更多的发展机会。

六、小结

美国载人航天商业化的浪潮，必将对世界载人航天活动产生深远的影响。载人航天商业化带来的技术创新和成本降低，也必将给我国载人航天的发展提出新的挑战。我国体制与美国有本质不同，不可能走与美国完全相同的载人航天商业化运营道路，但是可以借鉴美国航天商业化的发展经验，通过一些商业性运作方式，加快创新和成果转化，使载人航天真正进入寻常百姓家。

第二节　亚轨道太空旅游发展分析

在旅游业异常繁荣的当下，飞出地球进行太空旅游，体验一把遨游太空的美妙，无疑颇具吸引力，也是很多人梦寐以求的事。然而，长久以来，太空游只是少数富人的“游戏”。2001 年，美国亿万富翁丹尼斯·蒂托曾花费 2000 万美元乘坐俄罗斯“联盟号”飞船飞往国际空间站，成为世界上第一个私人付费的太空游客。俄罗斯已经将 7 名私人游客送上国际空间站，每位游客都为此付出了天价。对普通太空爱好者而言，太空游似乎遥不可及。

面对普罗大众对浩瀚太空的好奇与热情，一些企业敏锐地嗅到其中蕴藏的巨大商机。近年来，包括维珍银河、太空探索技术公司等越来越多的私人公司开始涉足太空探索项目，这些公司一方面协助政府开发新一代的太空飞行器，另一方面则一直在推广民用太空旅游项目。目前，全球已有数家公司计划提供亚轨道私人太空飞行服务，其中最著名的要数英国富豪理查德·布兰森的维珍银河公司。2013 年，由维珍银河公司推出的太空飞行器太空船二号在美国加利福尼亚州完成首次动力飞行，向实现太空商业旅游迈出关键一步。维珍银河公司一趟不到一小时的太空游服务价格仅为 20 万美元（约合人民币 124 万元），好莱坞明星汤姆·汉克斯、英国物理学家斯蒂芬·霍金等 500 多位名人已预订了“船票”。

一、太空旅游的独特魅力

太空旅游是基于人们遨游太空的理想，到太空去旅游，给人提供一种前所未有的体验，最新奇和最为刺激的是可以观赏太空旖旎的风光，同时还可以享受失重的感觉。

对游客来说，体验失重状态下奇妙的感觉是太空旅游重要的组成部分。在那里，游客可以真正飘起来，即使是头朝下，也不会有丝毫不舒服的感觉。如果船舱中有足够的空间，可以在船舱里翻跟头。游客还会感到力大无比，即使是非常重的东西，只要稍微推一下，就会飞起来。如果你不小心把水杯打翻，水不会洒落出来。溅出来的小水滴，形成水珠，在空中飘浮。游客可以把液体做成长条、圆环等各种形状，还可以做成“水球”，里面是空的，不会有气跑出来，也不会爆炸。

到太空轨道上去旅游，则是乘飞船在离地面 200 到 400 千米高的太空轨道上飞行。在那里，游客可以体验太空飞行的快感——举目望去，可以看到远处弧形的地平线，蓝白相间的地球呈现在身下，大海、白云、陆地时隐时现，缓缓驶去；漫天的星星，仿佛镶嵌在黑色天鹅绒大幕上颗颗晶莹的宝石，闪烁着各种颜色的光芒；每隔 45 分钟一次气势磅礴、震人心灵的日出日落，是在地面所无法看到、无法想象、奇妙无比的；透过飞船的舷窗，还可以观看到终生难忘的景色，美丽的极光。

太空航行无论在速度、距离及对个人的挑战方面都是飞车、航海、航空等活动所无法比拟的。起飞过程中的加速度过载、发动机工作的震颤和轰鸣及返回大气层时好似身处流星般灼热燃烧的境地，均是要面临的挑战，也是一种难得的刺激。尤其是轨道飞行时飘飘若仙的失重状态，与人类长期引力下生活的感觉截然不同。敢于应对这一挑战、追求这一刺激者大有人在。

二、亚轨道旅游特点

所谓“亚轨道飞行”，也就是最大飞行高度约 100 千米的太空飞行。与“轨道飞行”不同，亚轨道飞行一般采用抛物线飞行到达这个高度，在这个高度停留时间较短，不会像轨道飞行那样进行长时间的绕地飞行。亚轨道飞行与轨道飞行的最大区别在于亚轨道飞行不能环绕地球 1 圈，从速度上来说，也就是发射初始速度达不到环绕地球所必须的第一宇宙速度（7.9 千米 / 秒），所以抛射体在到达最高点（远地点）之后，高度就会一直下降，并且在绕回出发点之前就会落地。亚轨道太空游能够提供与轨道太空游相近的太空景观与失重体验，对游客身体素质要求较低，飞行器所需能量少，发射与测控保障简单，飞行成本与安全性相比轨道太空游大幅提升，有效降低了太空旅游的商业运行成本和市场风险。

（一）太空景观与失重体验最接近轨道飞行

亚轨道飞行能够给游客带来 4 ~ 5 分钟的失重体验，从多角度欣赏太空景色，在黑暗宇宙边缘鸟瞰地球，观赏到地球约三分之一的优美弧线。亚轨道太空游的太空景观与失重体验最接近轨道太空游，是一种仅次于轨道太空游的“准太空旅游”方式。

（二）对游客身体素质要求相对较低

飞行过载、失重时间都在正常人身体承受范围之内，目前轨道太空游的唯一途径是乘坐载人火箭飞往国际空间站，在火箭上升和飞船再入过程中，游客需要经受巨大的噪音、振动、过载等考验，其中最大过载可达 7 倍重力加速度；长时间在轨失重飞行以及太空强辐射环境也对游客身体和心理提出较高要求，游客在上天前需要经过大量的训练和充分的准备。而亚轨道飞行全程最大飞行速度不超过 3 倍声速，失重时间较短，约 5 ~ 6 分钟，对游客身体与心理素质要求大大降低，简单训练后即可飞行，大大降低了太空旅游的门槛。

（三）亚轨道飞行器能量需求低与飞行成本低

亚轨道飞行器采用抛物线飞行模式，一般在爬升至 60 千米高度时关闭发动机，然后依靠惯性做抛物线飞行到达 100 千米高度，在最高点飞行器速度接近于零。亚轨道飞行器所携带的能量主要用于克服重力势能，而轨道飞行所需速度约 7.9 千米 / 秒，火箭能量在克服重力势能的同时，还要使飞船具有足够的速度以平衡地心引力，实现绕地飞行。初步估算，亚轨道飞行所需能量约为同样高度轨道飞行的 3%，对飞行器能量需求大大降低，飞行成本可大幅压缩。

（四）亚轨道飞行具有较高安全性

亚轨道飞行最大速度不超过 3 倍声速，相比宇宙飞船轨道飞行与高速再入，亚轨道飞行器的飞行环境大幅改善，降低了飞行器设计难度和研制成本，同时使其具有较高的固有安全性。亚轨道飞行的特殊飞行模式决定其不需要复杂的发射和测控保障，可在戈壁滩或海岛搭建简易发射系统进行发射。

三、亚轨道旅游进展

20 世纪 60 年代初，美国“水星”计划的最初几艘飞船也是进行的亚轨道飞行，为后来的轨道飞行打下了基础。为了节约成本、减少发射时燃烧的燃料，当前太空旅游也瞄准了亚轨道飞行。目前，XCOR 公司、维珍银河公司、太空探索技术公司等都在研制亚轨道飞行器，一些公司甚至已经预售太空旅游票。

蓝色起源公司的“新谢泼德”为船箭一体的单级液体载人火箭，由助推火箭和太空船组成，助推火箭采用可重复使用、无污染液氧煤油发动机。太空船再入速度低、气动加热小，采用大尺寸眩窗为游客提供良好的观光视野。火箭垂直升空，飞行至 50 千米高空时关闭发动机，太空船与助推火箭分离后，继续做抛物线飞行至 100 千米高度，然后自由下落，由降落伞减速落回地面实现回收。助推火箭在下落过程中展开上部减速板与稳定翼，保持竖直姿态自由下落，距地面一定高度时发动机二次点火，火箭下部着陆支架展开，火箭减速落回地面实现回收。“新谢泼德”一次可搭载 6 名游客，费用约 25 万美元每人次。

美国 XCOR 公司的“山猫”太空船是一架安装有 4 台火箭发动机的飞行器，采用“水平起飞 + 加速爬升 + 抛物线飞行 + 水平降落”的飞行模式。“山猫”飞行器能在普通的机场起降，并且可以一日多飞，其火箭发动机的研发工作已于 2010 年 5 月完成。太空船在跑道上水平起飞，拉起后加速爬升飞行至 58 千米高度，速度约 2.9 倍声速，此时关闭发动机，飞船继续做抛物线飞行至 105 千米高度，然后自由下落再入大气层，最大再入过载约 4g，水平返回跑道降落。相比维珍银河的“太空船”2 号，由于没有载机提供飞船的初始高度和速度，因此对飞行器自身能量要求较高。“山猫 -1”原定于 2014 年开始首次亚轨道飞行，其飞行高度达到海拔 61 千米，1 人次旅游需花费 9.5 万美元。“山猫 -2”原计划 2015 年正式开始商业飞行，将把游客带到海拔 103 千米，飞行高度超过国际公认的太空边界（100 千米），乘客们可以从太空俯瞰地球，并体验 5 分钟的失重感觉，费用为 22 万美元。但是，目前该项目还没有实施。荷兰太空旅游公司（SXC）所代理的太空旅行将采用美国 XCOR 公司的“山猫 -1”和“山猫 -2”新型飞行器。

维珍银河公司是维珍集团旗下专门提供亚轨道旅游服务的公司，拥有“太空船一号”和“太空船二号”两种飞行器。“太空船一号”曾经在半个月内完成 2 次太空之旅，获得了“安萨里 X 大奖”。“太空船二号”计划比“太空船一号”体积大 1 倍，最高可进入距地球 110 千米的太空，并可以同时搭载 2 名飞行员和 6 名乘客。这项历时 2.5 小时的飞行，将包括大约 5 分钟的失重体验，费用为 20 万美元。“太空船二号”由两部分组成，分别是白骑士 -2 运载器与太空船二号轨道器，运载器搭载轨道器升空，到达 15 千米高度时与轨道器分离。轨道器火箭助推装置点火，继续爬升至 110 千米，飞行速度可达 3.3 倍声速。目前已有几百人缴纳了定金，报名的乘客多为富裕的商业人士，还包括好莱坞明星，而维珍集团的老板及其子女将成为太空游的第一批乘客。

除了美国和英国私人太空公司研发亚轨道飞行器外，俄罗斯闪电科研生产联合公司和米亚西谢夫设计局也在进行亚轨道飞行器 M-55X 的研发计划。该飞行器是在 M-55 型高空飞机的基础上进行开发的，并采用了研制“暴风雪号”航天飞机时所取得的科研成果。M-55X 将由高空飞机和带有火箭加速器的 C-21 型亚轨道飞行组件构成。

四、小结

随着规模效应的不断释放，以及技术的不断进步，亚轨道太空游成本将不断降低，普通人通向太空的路途将不再遥远，亚轨道太空旅游热潮或将来临。面对国际亚轨道商业旅游的快速发展，我国也应积极思考，大胆创新，在继承商业发射服务已有成功经验的基础上，努力探索亚轨道太空旅游的新模式。

第三节 微小卫星开创航天应用新模式

近年来，全球微小卫星的发射数量快速增加，随着技术的不断发展，其应用领域也逐步扩展，全球掀起新一轮微小卫星发展高潮。与以往发展不同，微小卫星及其应用已从过去主要应用于技术试验的新概念、新技术在轨验证平台转变为实用的军用和商业化系统，成为低成本、快速利用空间的现实选择。未来，随着小卫星平台不断成熟，微小型化载荷技术不断发展，以及低成本、多样化的进入空间技术相继投入服务，小卫星将获得更广泛的应用与发展，其技术理念、应用模式将更加开放和创新。

一、微小卫星快速发展

微小卫星按质量包括500~1000千克的小卫星、100~500千克的迷你卫星、10~100千克的微卫星、1~10千克的纳卫星、0.1~1千克的皮卫星等。微小卫星具有功能密度高、成本低、应用广泛等特点，经过20多年的发展，其在技术上已获得了巨大进步，在应用上正在向全方位扩展。欧洲资讯公司2016年预测，未来10年，小卫星将井喷式增长，发射数量超过3600颗，会引发航天领域的重大变革。

（一）发射数量激增

随着微小卫星单星功能密度、敏捷机动能力、自主生存能力和在轨寿命不断提升，逐渐成为全球航天发展热点，发射数量急剧增长。2013年达到创纪录的140余颗后，2014年发射数量约180颗，2015年约为149颗。根据现有各公司的计划，预计2015年—2020年，约有2000~2750颗微小卫星会发射升空。随着小卫星技术的快速发展，在继续作为重要技术验证平台的同时，其应用领域正在不断拓展。

随着微系统、新材料等技术的成熟，微小卫星也逐渐从新概念、新技术和新系统的在轨验证平台变成实用化系统。2013 年，作为演示验证平台的小卫星占小卫星发射总数的 78%。到 2016 年，这一比例将下降至 38% 左右。

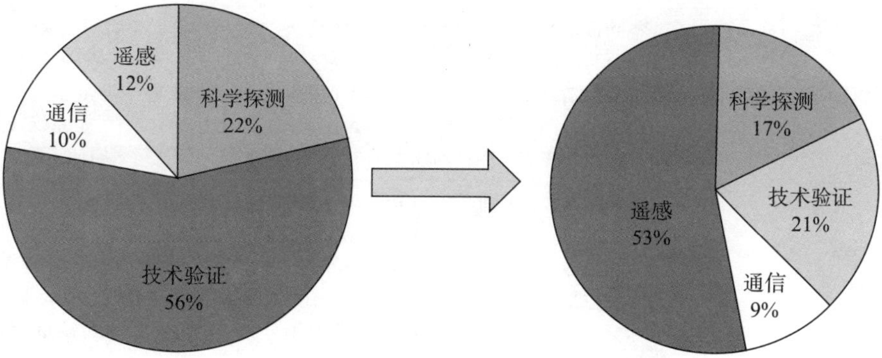

图 5-3-1　2013 年—2016 年微小卫星用途变化趋势

（二）用途日益广泛

受平台承载能力有限和有效载荷原理性瓶颈约束，微小卫星性能无法比肩大卫星，发展微小卫星并不能完全替代大卫星。微小卫星与大卫星各有优势，任务设计上各有分工，二者共同构成完整的卫星装备体系。微小卫星主要面向专业任务需求，具备任务定制和快速响应服务能力，并可以通过星座组网或编队飞行的方式弥补单星能力不足，满足大尺度、全球化需求，在解决用户专业应用、通信时延或分布式原位测量方面具有优势。

近年来随着商业价值逐渐显现，微小卫星开始吸引大量商业公司涌入，形成规模化与业务化发展的产业基础，又为政府与军方探索卫星装备体系变革、卫星应用服务创新等提供新的途径与思路。

当前，微小卫星的发展是以高性能部件的微小型化和航天器总体设计的一体化为特征，以快速发展的新一代微系统、纳米技术为基础，重点突破研制皮、纳卫星，同时也将实现更好的三维集成化和一体化。

表 5-3-1 微小卫星典型用途

用途	说明
教学与科研实验	其系统复杂度比大型卫星低，研发周期较短，可进行搭载发射，所需成本远低于常规卫星，适合教学与科研实验； 无实际应用的严格约束，可跳出常规研制规范流程的框架，大量的设计新概念、应用新设想及商用组件等可得到支持和使用。
空间技术演示验证平台	空间技术演示验证平台微小型卫星虽小，却是非常重要的新技术演示验证平台，可经济、快速地提供新技术空间飞行试验和演示、特别是对微米技术，包括专用集成微型机械装置、微机电技术、微光电机系统和其他微型机械装置，以及纳米技术、FPGA 技术、片上系统或可编程片上系统技术、单片式微波集成电路技术和主动电子扫描阵列技术等进行太空演示验证。
分布式空间任务应用	微小型卫星体积非常小，功能单一，但是能够在较短的研发时间内实现低成本的批量生成，并且一次可用火箭发射几十甚至上百颗，因此，在以星座组网或星群编队的形式执行分布式空间任务方面，具有极大的优势。微小型卫星在组网条件下，能充分利用星群网络下卫星数据可互为辅助补充和增强的特点，将某些复杂的卫星功能分布化和组合化，进行功能协同，资源共享。
空间安全任务	微小型卫星在执行空间安全任务方面有其特有的优势。由于单星体积小，难以跟踪和摧毁，其隐蔽性和生存能力强；低成本的批量生产和星群部署，使其具有系统可重组性和再生性。

（三）研制快速灵活

在设计理念上，分离模块卫星、立方体卫星、智能手机卫星、芯片卫星等新概念、新技术层出不穷。例如，美国国家侦察局 4 千克的“凝视”立方体卫星，其 CMOS 传感器将图像获取和信号处理集成在一个芯片上，可获取高速移动空间目标的图像；质量仅 5 克的芯片卫星，在邮票大小的印刷电路板上集成了太阳能电池和通信发射机。

在制造上，随着基于集成电路芯片的制造技术以及标准化、模块化程度高的小型卫星平台的发展，形成了可批量使用的标准化、模块化商业现货产品和“即插即用”元器件，微小卫星的制造可以通过流水线生产的方式进行，大大降低了研制成本，缩短了研制周期。

在控制成本上，设计和制造微小卫星的过程中已大量采用商用元器件取代昂贵的航天级器件，有些甚至利用廉价的手机主板进行改造，使得卫星的成本大大降低，便宜的立方体纳卫星建造成本只需几十万人民币，仅为传统小卫星的百分之一，大大降低了卫星开发的门槛。

二、深刻影响航天发展

近年来微小卫星在功能、成本、研制部署效率以及应用广度和深度等方面呈现重大变化，一方面为军民商等各领域应用、新型航天企业发展带来重大机遇，同时也对传统航天管理体系提出新的挑战。

（一）备受各方高度关注

微小卫星在降低系统成本、增强抗毁能力、应急补充增强和快速组网服役等方面优势突出，又兼具机动灵活、运营管理便捷等特点，备受各方青睐。

美国白宫 2016 年 10 月发布《利用小卫星革命》倡议，提出了一系列措施促进小卫星发展。美国政府高度重视小卫星技术应用价值，由国防部、空军和国家侦察局等部门持续投入，开展相关项目研究。国防部“空间测试计划”、空军“大学纳卫星计划”以及美国国家侦察局的“群落”（Colony）计划，都是由政府部门主导，科研机构、高校和新兴公司积极参与的小卫星计划。美国国家侦察局于 2012 年起开放共享发射能力，提供小卫星搭载发射机会。波音公司在 2013 年年初推出了“幻影凤凰”系列平台，涵盖 10 千克以下纳卫星平台，并与美国国家侦察局合作，为其“群落”计划提供立方体卫星平台。

（二）广泛满足军民应用

当前，世界空间强国已在成像侦察、环境监视、数据中继、预警监视和空间对抗等领域开展了小卫星技术验证和应用探索。

成像侦察方面，美国成像侦察小卫星最高分辨率已优于 1 米。根据美国空军科学委员会发布的《小卫星作战应用》报告，1米分辨率的光学系统能够较好地满足作战需求。目前，美国正在建设由24颗100千克级小卫星组成的“天空卫星”星座，能够提供0.9米分辨率的静态图像和1.1米分辨率的视频数据，用户无须事先提出需求便可从数据库中提取所需数据。近期，行星公司组建了由数十颗质量为5千克级、分辨率3~5米的光学成像卫星，组成世界最大的对地观测卫星星座“鸽群”，主要用来收集赤道南北纬52度的区域图像，可支持互联网在线访问。黑客全球公司的对地观测卫星于2015年发射，计划2019年完成60颗星座部署，实现90分钟内获得全球95%的图像并提供每秒1帧的视频。美国行星资源公司计划建设“谷神星”系统，发射10颗小卫星用于红外和高光谱对地观测。

数据通信方面，美国陆军已完成基于3U立方体卫星的语音通信测试；美国空间与导弹防御司令部的技术中心正在进行一项名为“轨道纳米卫星效应”（SMCD-ONE）的研究，旨在开发出一种可提供语音、数据传输服务的小型廉价纳米卫星。美陆军正计划发展由16颗小卫星组成的“陆军全球动中通卫星通信”系统，该星座能覆盖美国南方司令部、非洲司令部和部分太平洋司令部所辖战区，建成后可为特定地区提供持续通信服务。多家公司正在积极筹备建设全球互联网接入服务的商业通信广播微小卫星星座。外联网公司的太空互联网立方星星座初期将只具备Wi-Fi全球单向广播能力，后期将实现双向链路通信；太空探索技术公司将构建4000多颗通信卫星星座，其总容量达到8~10Tbps，单星质量113千克；一网公司计划的900颗卫星星座将进行批量化制造，单星质量约150千克，容量8Gpbs、设计寿命5年。

在轨操作方面，微小卫星新概念、新技术和新系统在轨演示验证频繁，重点对碎片清除和在轨组装技术开展试验。美国已具备低轨道小卫星空间攻防能力，正在采用微纳卫星星座进行高、低轨空间目标监视和在轨操作的可行性和有效性验证。

（三）推动卫星体系变革

美军已提出未来将利用微小卫星重组军事卫星体系结构。美国空军颁布的《抗毁性与分解式空间体系架构》白皮书，提出将传统大型卫星系统的功能分解到由多颗小卫星组网形成的体系中，在不降低系统功能和性能的前提下分散风险，使潜在对手无法通过攻击某一颗卫星而使整个体系瘫痪；同时利用小卫星快速制造、快速发射和补网能力，及时补充受损卫星，从而提高整个空间系统抗毁能力。

（四）促进设计思维转变

微小卫星设计思维转变是小卫星能够面向军事应用，发挥作战支持能力的基础。美国提出以 20% 成本投入获得 80% 能力的全新设计思想，明确小卫星军事应用的核心是瞄准短周期、高时敏战术应用需求，为基层作战部队和低优先级用户提供战术支持能力。

在这种设计思想驱动下，小卫星能力发展不过度追求高性能（如超高分辨率、大带宽容量）、长寿命（设计寿命一般低于 2 年，如 SeeMe 卫星设计寿命仅 45 天）、高可靠（少做甚至不做单星冗余备份，一般以星座形式确保体系能力不降级）指标，而是聚焦发展好使够用的军事航天装备，满足基层用户的基本需求即可。

（五）影响现有管理规范

进入外层空间的微小卫星数量急剧增加，可能会对卫星许可、太空物体登记、频谱利用、太空碎片等方面的工作带来一定挑战。微小卫星未来将更加市场化和大众化，使其制造和应用的“准入门槛”降低，如何规范轨道和频率资源的申请和占用，将会成为一个国际性问题，也会对空间安全造成一定的影响，现有航天管理规范有可能进一步调整变化。

三、催生新型商业公司

小卫星的出现改变了传统大卫星设计和运营理念，催生了诸多创新应用模式，更多的公司介入到卫星商业领域。美丽大地、行星、O3b 网络等公司颠覆了原有空间遥感、空间通信等领域，将卫星应用领域推向了新的高度。

（一）行星公司

行星公司是由前 NASA 科学家于 2010 年在旧金山成立的一家遥感卫星数据公司，该公司旨在建立最廉价、快捷、适用性更强的遥感卫星数据获取系统，提供最具实时性的遥感卫星影像。2015 年年初，行星公司宣布完成 1.18 亿美元的 C 轮融资。

行星公司主要通过和卫星发射方合作，发送只有鞋盒大小的低轨卫星环绕地球运行，然后将近乎实时的卫星图像传回地球。目前，该公司发射的“鸽群”卫星能够获取 3~5 米的中分辨率遥感影像，全球范围内的数据更新在 1 个月左右。未来，行星公司希望能够提供空间分辨率到 1 米、更新频率到 1 周以内的遥感卫星产品。

除了覆盖全、更新及时的优势之外，行星公司的卫星产品生产周期很短。2014 年，行星公司共发射了 68 颗卫星，并完成了 95 颗卫星的制造。

行星公司影像资源和数据的商业应用包括：识别赈灾地点、全球环境保护、极地冰盖变化监测、输油管道监测、测图、房地产和建筑业、油气资源监测、交通堵塞监测等。

（二）美丽大地公司

美国美丽大地公司成立于 2009 年，是一家来自硅谷的“互联网 +”型创业公司。美丽大地公司是硅谷的一家创业公司，成功地将微小卫星技术创新与云服务的运营模式创新有机结合，使基于低成本、高时间、高空间分辨率地球图像应用的商业构想成为现实，掀起一场类似 GPS 的产业浪潮。

图 5–3–2　行星公司研制的系列化微小卫星

2014 年 6 月，谷歌公司以近 5 亿美元收购天空盒子成像公司，新公司被命名为美丽大地公司。双方强强联合不仅使谷歌公司获得了自主的天基高分辨率图像和视频数据采集能力，完善了其谷歌地图和谷歌地球服务，更使美丽大地公司大数据处理和信息挖掘能力大幅提升，使得海量遥感数据能够在国家、地区和企业决策中发挥真正价值。

美丽大地公司计划部署 24 颗“天空卫星”微小型卫星，实现全球数据的 8 小时更新。“天空卫星”质量为 120 千克，分辨率可达到 1 米，采用 CMOS 传感器，可支持时长达到 90 秒的视频模式。美丽大地公司计划部署的小卫星星座将采用地面合成时间延迟积分专利技术，以实现超分处理和多图像拼接。该星座除支持全色 0.9 米、多光谱 2 米、幅宽 8 千米的高分辨率图像以外，还可提供 1.1 米分辨率、最长 90 秒、每秒 30 帧的高清视频，将推动数据应用从单幅图像处理向时序数据分析转变。

用户无需建设地面站，只需要一部小型化“天空节点”终端和 2.4 米直径的卫星天线，就可直接下达成像指令和下载卫星数据，最快 20 分钟即可完成图像处理。美丽大地公司希望通过大数据挖掘技术提供定制服务，并进一步催生全新的商业模式。

图 5-3-3　美丽大地公司四星星座构想图

（三）O3b 网络公司

2007 年，雷格·惠勒创办了卫星互联网公司——O3b 网络公司，成立之初获得了谷歌公司、欧洲卫星公司等共计 12 亿美元的投资。

目前，O3b 网络公司已拥有 12 颗在中地球轨道运行的卫星，该轨道距离可以保证数据往返传输仅用 150 毫秒。这些卫星向地球发射 120 个可调节方向的互联网光束，每个光束可以覆盖直径约为 644 千米的区域，区域中的任何人都可以以光纤的速度接入互联网。

目前，O3b 网络公司的服务已覆盖世界大片区域，包括热带地区、太平洋地区的许多岛链、海上钻井平台以及大型邮轮。当地的电信运营商只要与 O3b 签署一个互联网光束协议，设置天线接收信号，就可以通过蜂窝塔和电缆将带宽分配给企业客户和消费者。

（四）一网公司

雷格·惠勒还创办了另一家卫星互联网公司一网公司。该公司于 2015 年 1 月 14 日宣布，准备发射 648 颗小型卫星，在距地球约 1207 千米的轨道形成一个卫星网络，向地球发射互联网信号。每颗卫星重约 129 千克，成本 35 万美元，需要总投资 15 亿美元 ~20 亿美元，这一卫星互联网服务预计 2018 年运行。英国维珍集团和美国芯片制造商高通公司也将投资这一计划。

互联网卫星星座建立后，一网公司将提供更快速、范围更广的互联网接入服务，数据往返传输仅需要20毫秒，这样的速度可以保证任何程序的顺畅运行，这将使一网公司超过目前所有地面光纤网络服务供应商，成为世界上最先进的互联网服务供应商。

与O3b网络需要电信商运营大型专业的天线接收器不同，一网公司将提供适合个人与公共机构使用的小型信号接收装置，类似本地的互联网枢纽，通过Wi-Fi或蜂窝信号与附近的设备进行连接。

四、小结

随着微机电技术、集成化综合电子技术发展，以及卫星设计思想创新，卫星小型化趋势将愈发明显，驱动卫星研制成本不断降低。同时，低成本运载火箭、一箭多星、空间站释放等多样化发射技术的发展以及新兴航天公司进入航天发射市场，促使卫星发射成本大幅下降。

快速发展的小卫星技术和低成本运载技术降低了进入空间和利用空间的成本门槛，越来越多的国家能够借助小卫星参与到空间活动中，使得轨道空间正在由一个航天大国俱乐部发展成一个“大众参与”的舞台。

第四节　美国商业航天发展分析与启示

经过几十年探索创新，美国在商业航天领域已建立起健全的政策体系，形成了涵盖火箭发射、卫星制造、卫星数据处理等环节的一个完整产业链，产业发展在全球最为成熟。特别是自2011年美国航天飞机时代画上终止符以后，商业航天的发展兴起迅速填补了前者留下的空白，为美国扭转依赖俄罗斯飞船运送美航天员往返国际空间站和地球的被动局面提供了战略支撑。

当前，美国商业航天正处于快速发展的新阶段，其业务范围正从传统的商业卫星发射、商业卫星应用扩展到政府从私营企业购买商业发射服务和发展商业载人航天飞行等，以美国太空探索技术公司、轨道科学 ATK 公司、美丽大地公司等为代表的新兴航天企业快速崛起，以谷歌公司为代表的互联网巨头也开始进军航天。商业航天发展的新思维、新理念与新模式，对传统航天产业产生了巨大冲击和影响。

一、发展总体态势

（一）商业航天持续增长

近 10 年，世界航天经济不断孕育发展，总体保持上行趋势，其中商业航天已经稳居世界航天经济的核心主导地位。美国航天基金会的《航天报告》显示，2008 年—2014 年全球航天经济总量增长了 33%，达到 3300 亿美元，增长的大部分因素源自商业航天。2014 年，航天领域商业产品、服务、基础设施和保障行业占全球航天经济总量的 76%，其余为政府开支。2015 年，世界航天经济总收入约为 3229.4 亿美元，受汇率影响导致航天经济数据相较 2014 年略有回落，但仍延续繁荣势头，航天产业继续稳步向前。其中，商业市场收入约为 2464.2 亿美元，占航天经济总值约 76%；政府航天预算为 765.2 亿美元，约占 2015 年航天产业收入的 24%。随着各国政府不断加大航天商业服务采办力度，以及相继出台鼓励商业航天发展的政策法规与行动举措，未来商业航天占比有望继续提高。

卫星产业是航天经济的主要构成部分，通信、导航、遥感已成为商业航天发展的三大支柱领域，且已形成成熟的卫星制造、发射服务、卫星运营、地面设备制造与服务提供的完整产业链。美国卫星工业协会的《卫星产业状况》报告显示，2014 年全球卫星产业总收入达到 2030 亿美元，2009 年—2014 年，全球卫星服务收入由 928 亿美元增长至 1229 亿美元，增幅为 32.4%。其中，大众消费通信服务收入由 753 亿美元增长至 1009 亿美元，增幅为 34%；固定通信服务收入由 144 亿美元增长至 171 亿美元，增幅为 19.1%；移动通信服务收入由 22 亿美元增长至 33 亿美元，增幅为 50%；对地观测服务收入由 10 亿美元增长至 16 亿美元，增幅为 60%。2015 年全球卫星产业收入约为 2083 亿美元，其中卫星服务和地面设备收入达到 1863 亿美元，占比为 89%；卫星制造和发射收入达 220 亿美元，占比为 11%。从产业链视角看，卫星产业发展重心已完成从产业链上游向下游转移，卫星运营服务收入超越制造和发射收入，成为卫星产业的价值高地。

（二）政府主导大力扶持

近年来，美国政府大力支持商业航天的发展，要求国家安全和民用部门最大限度地采办美国商业航天能力，从政策、资金、技术等多方面给予全方位扶持。在政府的支持下，美国太空探索技术公司、轨道科学 ATK 公司等一批新兴航天企业快速崛起，迅速填补了美国空间能力的缺口，成为空间领域令人瞩目的新明星。

各类政策大力倡导发展商业航天。进入 21 世纪以来，美国三届总统专门委员会对政府的航天计划进行了考察，得出的共同结论是发展商业载人航天非常迫切。美国 2010 年的新版《国家空间政策》中提出要利用商业航天产品和服务满足政府需求，推广对美国商业航天产品与服务的购买和使用。2013 年 11 月，美国发布了新版《国家航天运输政策》，该政策中“商业”一词出现了 27 次、“私营”一词出现了 11 次，并专门提出要鼓励并采取切实可行的措施推动商业航天运输业的发展，充分体现了美国政府对商业航天的重视，以及对私营公司参与发射任务的鼓励和支持。2015 年 5 月 20 日—21 日，美国参、众两院分别通过与商业航天发展相关的《美国商业航天发射竞争法案》《鼓励私营航空航天竞争力与创业法》等议案，旨在为商业航天发展营造好的政策环境。此外，美国还制定了《航天现代投资法》《商业航天法》《商业航天发射法》等一系列相应的配套政策，有力推动了美国商业航天的发展。

推出多项商业航天支持资助计划。美国政府出台了一系列支持商业航天发展的具体规则和一揽子资助计划，主要包括空间行动协议、商业载人航天与货物运输计划、商业轨道运输服务、商业补给服务、商业载人航天方案和商业载人一体化能力计划等。正是在这些资助计划下，美国太空探索技术公司、轨道科学 ATK 公司等新兴航天企业得以不断发展。太空探索技术公司仅从 NASA 的商业补给服务项目就获得了 16 亿美元的经费。2014 年 9 月，NASA 将 68 亿美元的商业载人运输合同授予太空探索技术公司和波音公司。2014 年 12 月，NASA 还向美国太空探索技术、轨道科学 ATK、终极前沿设计公司、联合发射联盟公司 4 家美国公司授予了《商业太空能力合作协议》。NASA 2016 年 1 月宣布，将价值 140 亿美元的“2019 年至 2024 年国际空间站的补给合同”分配给三家民营航天公司轨道科学 ATK 公司、太空探索技术公司和内华达山脉公司，每家公司承担 6 次运输任务，为国际空间站运送货物、处理垃圾并安全运回科研样品。

给予新兴航天企业多项技术扶持。除了政策、资金的支持，NASA、空军对新兴商业航天企业进行了大量技术扶持与转移。NASA 利用自身技术优势加强对太空探索技术公司的技术指导，通过直接派驻技术人员和专利转让等方式帮助其发展和验证关键技术；NASA 开放了“阿波罗”计划的部分技术支持新兴商业企业参与空间活动，如“猎鹰”系列火箭的“灰背隼”发动机采用了“阿波罗”计划登月舱下降级发动机的喷管；美国空军将夸贾林群岛的里根试验中心发射场、范登堡空军基地的 SLC – 40 发射场提供给美国太空探索技术公司用于发射“猎鹰”火箭。

（三）发展模式日趋灵活

商业航天的发展在产品、投资、服务和生产制造等方面与传统航天发展思路不同，快速响应用户需求和以低廉价格赢得市场是商业航天快速崛起的根本。

利用现有成熟技术和货架式产品，在高效的组织管理模式下打造市场上价格低廉的商业航天运输系统，是美国太空探索技术公司商业模式的核心。猎鹰 -9 火箭的标准发射费用为 0.54 亿美元，是美国同类运载火箭发射费用的 1/3；重型猎鹰 -9 火箭发射报价约 1 亿美元，同级别的重型德尔它 -4 火箭则高达 3.5 亿美元；在研发费用上，NASA 发布的报告称，如果同样一枚猎鹰 -9 火箭由 NASA 研发至少要 13 亿美元，而美国太空探索技术公司仅花费不到 4 亿美元。该公司凭借低廉的产品费用获得了航天市场的青睐，该公司的猎鹰 -9 火箭已获得了未来 5 年全球 38 个发射合同，其中除政府的 14 个外，24 个来自国际商业发射市场。经过积极地争取，2015 年 5 月，美国太空探索技术公司还获得了执行美国军用航天发射任务的资格。

在商业卫星应用方面，涌现出美丽大地公司、行星公司等一批提供卫星遥感服务的新兴企业，在产品、投资、服务和生产等方面采用与传统企业迥然不同的经营模式，从按需订购、等待交付向实现快速访问转变，从出售数据向出售信息以及提供云服务转变，以移动终端为平台构建全球数据接收分发网。2014 年 8 月，美国数字地球公司发射了全球分辨率最高的世界观测 -3（WorldView-3）商业成像卫星。美国将商业对地观测卫星图像分辨率限制降为 25 厘米，进一步促进了美国商业成像卫星业务的发展。

美国军方也充分认识到商业航天的巨大应用价值，积极推动利用商业卫星搭载军事载荷。2014 年 7 月，美国空军授予 14 家公司“寄宿有效载荷解决方案”合同，研究在商业卫星上搭载专用军用有效载荷的标准化程序与接口，以实现利用商业卫星快速、灵活地搭载军用有效载荷的目标。此项举措的推行将引入大量商业公司参与竞争，成为美国商业航天新的发展方向。

（四）与互联网跨界融合

在全球新一轮科技革命和产业变革形势下，互联网正在深刻影响世界航天特别是商业航天的发展。近年来，“航天 + 互联网”的跨界融合已成为商业航天新的发展趋势，互联网正在对航天发展产生颠覆性的创新。主要体现在：运用互联网思维发展商业航天，运用互联网平台提供应用服务，探索建立太空互联网，互联网企业进军航天市场等。

1. 运用互联网思维发展商业航天

新兴航天企业运用互联网思维颠覆了传统航天发展思路，“敏捷快速、低价可靠、平台共享、专注极致”等均在商业航天发展上有所体现。

例如，美国太空探索技术公司敏锐地预测到开展低成本航天活动的发展趋势，用互联网思维把用户的需求转化为发展方向。通过优化设计与测试流程，应用“灰背隼”发动机、液氧/煤油推进剂等简单实用的成熟技术和产品，采用动力冗余技术，执行严格的质量监管程序和试验计划等方式，实现了航天产品低成本和高可靠性的完美结合。美国太空探索技术公司通过平台共享的思维，充分利用了 NASA 这个优势平台，弥补了自身薄弱环节，做到不求所有、但求所用。其发展中大量采用了 NASA 的成熟可靠性技术、专利以及测试台。

2. 运用互联网平台提供应用服务

随着互联网与移动互联技术的发展，一批新兴商业航天企业纷纷借助互联网平台提供相关卫星应用服务。例如，美丽大地公司利用卫星图像或视频数据，建立一种全新的关于地球的大数据库，汇集所有相关卫星数据——包括公司自身的卫星图像和公共卫星图像等；基于互联网平台向客户提供类似亚马逊公司云服务的地球数据云服务，用户通过付费便可利用这些资源来建立自己的算法，开发适于自己的应用。美丽大地公司还设计了 SkyNode 软件套件，能使用户在一个用户友好的网页平台上高效地按日程收集图像、向卫星指派任务、下载图像和处理图像产品。

3. 积极探索建立太空互联网

太空互联网成为商业航天的一个热点领域，多家公司开展了相关项目与计划，卫星系统也将逐步进入互联网应用时代。宽带卫星通信在实现国际 / 区域 / 国内灵活的大区域三维互联网覆盖接入方面的突出作用，使其成为未来发展的必然趋势。

2007 年成立的卫星互联网公司——O3b 已拥有 12 颗在轨运行卫星，其服务已覆盖包括热点地区、太平洋岛屿、海上钻井平台等大片区域，成为太平洋地区最大的互联网服务供应商。一网公司 2015 年 1 月表示，准备发射 648 颗小卫星在距地球约 1200 千米的轨道形成一个卫星网络，向地球发射互联网信号，预计 2018 年运行。该网络建成后，一网公司将提供更快速、范围更广的互联网接入服务，这将使该公司成为世界上最先进的互联网服务供应商。2015 年，美国太空探索技术公司也宣布将投资至少 100 亿美元，用 5 年左右的时间建立一个约 4000 颗小型卫星组成的全球通信卫星系统，提供互联网服务；2016 年 11 月，太空探索技术公司在一份向美国联邦通信委员会递交的文件中提到，计划将 4425 颗卫星送入太空运行在 83 个轨道平面上，预计 2024 年发射完毕。

4. 互联网巨头进军航天市场

一方面，航天技术与应用能提供的地球信息、全球互联网接入、数字地球、导航和定位信息等方面应用潜力巨大，其发展引起了互联网巨头的青睐，谷歌、亚马逊等互联网巨头开始进军航天市场；另一方面，许多互联网企业的成功者均将航天作为未来发展重点，创办了一批新兴航天企业。

例如，世界上最大的网络销售商亚马逊公司于 2000 年建立了蓝色起源公司，其主要产品包括发动机和亚轨道火箭，目前正在与美国联合发射联盟公司合作，为宇宙神 -5 火箭研制新型发动机；2017 年 4 月，亚马逊公司云服务事业部与 NASA 合作，在国际空间站上进行了 4K 视频现场直播，这是人类首次在太空实现 4K 视频直播。2014 年 5 月，谷歌公司收购了天空盒子成像公司，这是互联网公司首次涉足卫星商业遥感领域。此次收购前，除谷歌公司外，脸书公司、亚马逊公司、苹果公司（Apple Inc.）等也纷纷表达了收购天空盒子成像公司的意向。思科公司也与国际通信卫星公司合作负责“太空路由器”（IRIS）计划的实施，首台“太空路由器”已随国际通信卫星 -14（Intelsat-14）商用卫星一起发射升空。

（五）发展风险逐渐显现

航天一直都是高技术、高投入、高风险的事业。伴随着商业航天取得的巨大成就，其风险问题也日益凸显。近年来发生的 3 起事故，给快速发展的商业航天蒙上了阴影。以追求利润为目标的商业本质与传统航天高质量、高可靠性之间的平衡问题已显得越发重要。但无论如何，商业航天已成为不可逆转的长期趋势。

2014 年 10 月 29 日，美国轨道科学 ATK 公司的“安塔瑞斯”火箭搭载“天鹅座”飞船发射升空后约 6 秒发生爆炸，船箭尽毁并严重破坏地面发射设施。2014 年 11 月 1 日，维珍银河公司的太空船二号商业载人亚轨道飞船在美国试飞时出现异常，导致 2 名飞行员一死一伤。2015 年 6 月 28 日，美国太空探索技术公司的猎鹰 -9 火箭在执行“国际空间站”货运补给任务时发射失败。此前，猎鹰 -9 火箭已成功执行了 18 次发射任务，是高可靠商业航天的典范，本次发射失败使得商业航天的发展进一步受到外界质疑。如何把握商业航天低成本、快速响应与传统航天高质量、高可靠性之间的平衡点，成为了当前航天事业发展面临的重要问题。

二、发展特点分析

（一）商业航天成为新的发展趋势

仅仅靠国家、政府投入的传统航天发展模式难以为继，商业航天作为未来航天发展的重要组成已渐成发展大趋势。商业航天与传统航天在发展理念和发展模式上截然不同，呈现出快速响应用户需求，低成本和灵活的批量制造，研发、生产制造、运营管理各环节全面简化等特点，实现了低成本与高可靠的有机统一。顺应商业航天发展规律的新兴航天企业快速崛起，为商业航天的持续发展注入了新的活力。

（二）政府支持是商业航天发展的重要基础

美国政府从政策、资金、技术等多方面给予商业航天全方位的扶持，是其商业航天快速崛起的重要基础。近期美国参、众两院还通过了与商业航天发展相关的两项议案，再次表明美国政府积极为商业航天发展营造好的政策环境。

（三）技术持续创新驱动商业航天发展

技术的持续创新、融合与应用成为商业航天发展的动力之一。例如，CMOS 面阵、综合信息处理组件等商业技术，低成本发射、智能终端，大数据技术、微系统技术、先进推进技术、衍射成像技术、3D 打印技术的逐步应用，以及手机卫星、芯片卫星、立方体卫星等新概念、新应用的不断涌现，带动了商业航天制造、发射及运营服务产业的不断发展和变革。

（四）“航天 + 互联网”为代表的新型商业模式不断涌现

当前，商业航天发展模式不断创新，其总体趋势是在掌握价值链关键环节的基础上，注重航天与互联网跨界融合形成新业态。主要包括：掌控卫星设计制造、相关数据的应用服务等价值链关键环节，兼具设计制造商、运营商和服务供应商多种角色于一体；将微小卫星技术与云服务结合，提供互联网在线服务；创新卫星数据的应用服务领域；便捷、廉价地为用户提供定制化、多样化应用服务；吸引互联网巨头、风险投资公司等社会资源多渠道获得资金支持等。

（五）多途径实现低成本与快速研制

商业航天领域的设计制造改变了传统航天的研制思想，更注重创新、低成本与灵活性，更符合产业化的要求。主要体现在：采用成熟的技术和通用化、标准化、模块化的设计，采购商业现货，大幅降低研制成本，缩短研制周期，立方体卫星、手机卫星是其典型代表。

第五节　崛起的中国商业航天

航天产业是当今世界极具挑战性和广泛带动性的高科技产业之一，是名副其实的战略性新兴产业和先进制造业，是我国培育新经济、打造新动力的重要支撑，也是中国在国际上有实力能够实现跨越赶超的重要突破口。随着世界航天产业的快速发展，中国航天技术正逐步实现广泛的商业化的应用，商业航天以其特有的创新发展模式，为助推航天产业经济发展带来强劲的动力。当前商业航天已成为我国航天事业发展的新动力，也必将成为建设航天强国的重要推动力。

一、中国航天事业成就概述

经过60多年的努力，我国的航天事业已经取得了长足的进步，创造了非凡的业绩。当前，我国已具备了较为完善配套的航天型号研发、设计、试制、生产、试验体系及产品质量保障体系，是目前世界上为数不多的能够提供火箭、卫星、载人飞船、地面设备等多类航天产品、发射服务及地面设施建设等一揽子服务的国家；具备大部分种类的卫星设计、研制、生产能力，国产通信、导航、遥感应用的广度和深度不断提高，正在进入快速发展期，应用领域和规模不断扩大，为业务化应用和产业化发展奠定了基础；长征系列运载火箭基本实现型谱化、系列化和高密度发射，可靠性达到国际先进水平。

我国航天防务装备快速发展，自主研发了数十枚战略战术导弹，已形成完整配套的导弹武器系统，以及导弹武器系统研制的核心能力，其性能在诸多领域达到世界先进水平。航天防务装备的发展，有效提升了我军武器装备的信息化、体系化和实战化水平，为构建能够打赢信息化战争、有效履行使命任务的中国特色现代军事力量体系提供坚实物质技术基础，为维护国家安全提供了有力支撑。

我国已经成功研制18种型号的“长征”和“快舟”系列运载火箭，形成了较为完备的运载火箭型谱，在可靠性、适应性、发射成功率和入轨精度等方面稳居世界先进行列。截至2016年年底，已经成功发射各类卫星超过300颗，在轨卫星超过150颗，形成了对地观测、通信广播、导航定位等卫星系列，卫星遥感、卫星通信、卫星导航已广泛应用于国土资源、环境保护、防灾减灾、气象服务、海洋观测、交通运输、教育医疗、城市建设等经济社会发展各个领域，应用水平不断提高，取得显著社会效益。

我国以重大科技为代表的航天工程取得了一系列重大科技成果。我国已掌握天地往返、出舱活动、交会对接三大载人航天基础性技术，实现了从无人到有人、从一人一天试验飞行到多人多天在太空开展空间实验活动的重大突破；北斗卫星导航区域系统全面建成并投入运营；高分辨率对地观测系统5颗卫星成功发射投入使用。

二、中国商业航天发展意义

（一）商业航天是发展航天事业、建设航天强国的重要支撑

在全面建设小康社会、实现中国梦的关键时期，我国国家战略及经济社会发展对我国航天发展提出了新的需求。商业航天可进一步促进航天技术在经济社会各领域的广泛应用，扩大航天产业对国民经济与社会发展的影响，提高航天国际竞争力，对建设航天强国、助推航天梦具有重要意义。

（二）商业航天是推动航天产业军民融合深度发展的重要手段

军民融合发展作为一项国家战略，关乎国家安全和发展全局。推动军民融合深度发展，既要强化国家的主导作用，又要充分发挥市场的作用。商业航天作为航天发展到一定阶段的必然产物，受政府和市场的双重影响，能够促进体制机制改革创新，开创航天产业军民融合深度发展的新局面。

（三）商业航天是带动航天领域大众创业、万众创新的重要载体

大众创业、万众创新对于推动经济结构调整、打造发展新引擎、增强发展新动力、走创新驱动发展道路具有重要意义。商业航天鼓励全社会参与航天发展，支持各类市场主体开创新企业、开发新产品、开拓新市场、培育新业态，有助于实现航天产业创新驱动发展，走出一条有中国特色的发展之路。

（四）商业航天是加速形成航天产业新格局的重要途径

当前，我国经济发展进入新常态，迫切需要推动产业转型升级，优化产业结构，为经济发展注入新动力。航天产业作为战略性产业，对经济社会全局和长远发展具有重大引领带动作用。商业航天作为航天产业发展的新动力，已显示出巨大发展潜力和空间，有助于推动航天产业新格局的形成，使航天产业逐步从以服务国家需求为主向同时服务经济社会转变。

三、中国商业航天发展现状

国务院、国家发改委、国防科工局和地方政府相继出台一系列政策，鼓励和支持商业航天发展。国务院于 2014 年 11 月发布《国务院关于创新重点领域投融资机制鼓励社会投资的指导意见》，鼓励民间研制、发射和运营商业遥感卫星，引导民间资本参与卫星导航地面应用系统建设。国家发改委于 2014 年 11 月发布《国家发改委关于加快国家高技术产业基地创新发展的指导意见》，提出“十三五”期间国家将在航空航天等领域建成一批高技术产业

基地。2015 年工信部和国家航天局发布的《国家民用空间基础设施中长期发展规划（2015—2025 年）》指出，“我国空间基础设施正处于转型发展关键期，发展机制从政府投资为主向多元化、商业化发展转变”“民用航天产业要服务我国‘走出去’和‘一带一路’战略，大力拓展国际市场”。国防科工局相关规划文件也提出“推进卫星应用商业化发展”“推动各类社会资源参与商业航天发展”等思路。2016 年 5 月，国家发改委《关于实施制造业升级改造重大工程包的通知》中，重点工程之一即为“商业航天产品发展工程”，包括商业遥感卫星、通信卫星及运载火箭的研制生产线。

许多地方政府先后制定出台了一系列政策措施，多方筹措加大航天高新技术产业发展扶持力度。例如，湖北省政府联合航天科工集团，正在建设“湖北国家级商业航天技术创新创业园区”，旨在推动中国商业航天产业快速发展；北京市、吉林省、浙江省政府联合国内企业，构建了多个商业遥感卫星项目。

近两年国内商业航天企业相继脱颖而出。2015 年 9 月，航天科技集团成立了四维商遥公司，致力于为全球用户提供以高时空分辨率和高光谱观测能力的遥感数据服务和系统解决方案。2016 年，“航天国家队”航天科工集团和航天科技集团，先后在 2 月和 10 月成立航天科工火箭技术有限公司与中国长征火箭有限公司，这两家企业将提供“快舟”系列和“长征”系列火箭。专门从事航天系统产品研制及商业发射服务的翎客航天，国内首家商业遥感卫星运营 / 应用服务商——二十一世纪空间技术应用股份有限公司等也日益受到各方关注。此外，百度、腾讯等互联网巨头也纷纷向国内外商业航天企业伸出了合作的“橄榄枝”。

我国在商业卫星领域，也不断取得新突破，如北京二号民用商业遥感小卫星星座（DMC3）和吉林一号商业高分辨遥感卫星均发射升空，卫星遥感领域商业化、产业化发展破浪前行。低轨通信卫星领域，北京信威公司成功研制了“灵巧通信试验卫星”，并计划于 2019 年前后初步建成低轨移动通信星座，采用商业化模式提供全球通信和移动互联网服务。整体而言，我国卫星应用领域的商业化步伐有所加快，民营企业、高等院校、科研院所等进入商业航天领域的意愿日益强烈，发展商业航天的大气候正逐步形成，具备了发展商业航天的基本能力和必要条件。

在商业火箭发射领域，在已有长征系列运载火箭提供发射服务的基础上，我国成功发射的“长征六号”“快舟”固体运载火箭实现了一箭多星、星箭一体等多项重大技术创新，为我国提供优质而经济的商业发射服务奠定了基础，提高了国际竞争力。

在重大项目方面，航天科工 2016 年推出五大商业航天项目：飞云工程，对应无人机载区域网及其应用项目；快云工程，对应临近空间飞艇载局域网及其应用项目；行云工程，对应星载窄带全球移动物联网及其应用项目；虹云工程，对应星载宽带全球移动互联网及其应用项目；腾云工程，对应空天往返飞行器及其应用项目。这五大商业航天产业项目的开发与构建，时间跨度将超过十年，涉及子工程及分系统数千项，预计投资超千亿，产出超千亿。

在国际商业航天业务方面，经过 30 余年的商业航天发展，我国培育了国际知名的运载火箭和卫星平台品牌，受到了市场广泛认可。1985 年 11 月，中国政府宣布向国际市场提供发射服务，1988 年签署了首个商业发射服务合同，并在 1990 年的 4 月进行了首次商业发射。1999 年 10 月，长征四号乙火箭成功发射了中巴资源一号卫星，开启了我国卫星整星制造领域的国际合作的大幕。近年来，我国积极鼓励和支持企业参与空间领域国际商业活动，航天企业“走出去”步伐加快，积极同国际商业航天企业竞逐全球商业航天发射市场，完成了尼日利亚通信卫星、委内瑞拉遥感卫星一号、玻利维亚通信卫星、老挝一号通信卫星、白俄罗斯一号通信卫星等卫星出口和在轨交付，为土耳其地球观测卫星提供了商业发射服务，成功搭载发射厄瓜多尔、阿根廷、波兰、卢森堡等国的小卫星，积极开展空间信息的商业服务。截至 2016 年年底，累计为 20 多个国家和地区完成 40 多次国际商业发射服务，提供了 12 次搭载服务。

四、发展建议

（一）充分发挥政府引导作用

科学开展商业航天产业发展顶层设计。完善商业航天相关法律法规，国家行业管理部门研究制定商业航天产业发展战略规划，做好顶层设计工作；制定商业航天市场运行规则和行业规范，及相关的财税、金融、人才、保险等配套政策，促进商业航天产业发展。

吸纳各类企业参与商业航天发展。在保障国家安全的前提下，广泛吸纳民营企业参与航天产品研发、制造、运营、应用等环节，扩大商业航天的参与主体；鼓励各类企业自筹经费开展商业航天项目，积极争取用户采购相关产品与服务。

促进商业航天领域军民深度融合。加快国防知识产权转化，为航天军工企业与民营企业搭建知识产权服务平台，促进国防知识产权的应用；分步推进航天军工企业研发与试验能力向社会开放，实现航天军工企业与民营企业、社会机构的资源共享，充分利用现有基础设施能力服务商业航天发展。

（二）营造公平有序市场环境

明确对商业航天的监管职责。明确商业航天监管主体与监管职责，建立军地跨部门、跨领域的监管机构，落实相关监管职责，促进商业航天市场有序发展；制定商业航天准入标准，建立商业航天企业信用体系，逐步形成统一规范的商业航天管理系统；加强全过程管控，明确商业航天参与者的责任、义务，制定违规处罚办法；政府主管部门实施负面清单，保障市场公平有序竞争。

适度放宽政策管制。适度放宽商业发射许可审批，探索建立以备案制与审批制相结合的商业航天发射许可；将低轨资源向商业卫星适度开放，简化微小卫星频率轨道登记管理；适度减少卫星应用产业限制，允许符合条件的企业运营卫星应用服务；支持高科技宇航产品出口，根据需要适度放宽卫星出口与数据产品销售政策限制。

发挥市场机制的决定性作用。运用市场机制，推动形成政府引导、社会参与的商业航天产业多元化发展格局；鼓励市场主导的商业航天活动，加大航天发射、应用服务等产业商业化程度；实施“供给侧结构改革”，创造新供给、满足新需求，激发商业市场活力。

（三）发展商业航天基础能力

完善商业航天基础服务能力。完善天基服务能力，夯实商业航天发展基础；支持社会机构投资研制、发射和运营商业遥感、低轨移动通信卫星、科学试验卫星等；探索利用商业航天市场的发展带动航天基础设施建设、航天产品与技术开发等能力提升。

提高航天产品核心竞争力。加强核心技术研发，提升航天产品的核心竞争力；支持发展固体运载火箭、低轨移动通信卫星等服务于商业市场的航天产品；重点开拓空间信息应用产业市场，提高商业航天供给能力。

增强航天技术与应用创新能力。发挥航天军工企业科研设施、专业团队、技术积累等优势，鼓励航天企业建设以科技人员为核心、以成果转移转化为主要内容的“双创”平台；推动航天军工企业、地方以及民营企业在商业航天领域的协同创新，构建航天技术创新联盟和产业联盟。

（四）培育商业航天产业

创新航天产业投融资模式。在政府主导的航天项目中，大力推广政府和社会资本合作（PPP）模式，引导民间资本参与航天基础设施建设与运营，形成多元化航天投资机制；鼓励金融机构参与航天科技产业化，完善航天保险、风险基金和金融服务业，建立多元化的商业投资环境。

打造商业航天示范基地与骨干企业。建设商业航天产业示范基地，加速商业航天产业规模扩大；重点围绕商业发射、空间信息应用与服务等领域，培育商业航天创新中心；培育形成一批有核心竞争力的、具备国际先进水平的商业航天骨干企业。

促进商业航天与互联网跨界融合发展。深度挖掘大数据、云计算等新型信息技术与商业航天的契合点，促进航天企业跨界发展；充分利用互联网思维，优化升级航天产业模式；建设商业航天资源共享网络平台，促进商业航天产业上下游的信息沟通，推动完善商业航天产业链。

（五）推动商业航天国际化

建设服务全球的天基信息系统。加快形成覆盖“一带一路”沿线国家的通信、遥感和导航服务能力，航天企业向“一带一路”沿线国家提供商业服务。

国内外企业开展空间信息应用合作。开展对地观测卫星在环境与灾害监测、全球气候变化监测与预报、海洋监测等方面应用的国际合作；开展通信广播卫星在广播电视、远程教育、远程医疗等方面应用的国际合作；开展卫星导航系统在应用技术、终端设备研发、增强设施建设、特定行业服务等方面的国际合作。

打造“中国航天”国际影响力。充分利用各种交流平台，积极参与国际航天活动，扩大我国航天企业在国际市场的知名度；通过国际商业航天论坛、学术会议、展览会等，开展航天技术研发合作与文化交流；扩大商业航天领域新技术、新产品的推广范围，提高“中国航天”的国际影响力。

五、小结

当前，国家大力推动全面深化改革、军民融合发展，正处于以“互联网+”为代表的信息产业变革的关键时期，面对全球新一轮工业革命方兴未艾、世界商业航天发展突飞猛进的新态势，中国航天发展面临新的历史机遇。近年来我国政府十分重视并积极发展航天产业，中国商业航天也迎来战略机遇期，商业航天发展的历史洪流正奔腾而来。

参考文献

[1] 郑永春.SpaceX成功背后的创新启示[J].军事文摘，2016(5)：9-11.

[2] 黄志澄.SpaceX成长背后的大国博弈[J].军事文摘，2016(3)：6-8.

[3] SpaceX发射业务触及全球五大卫星运营商[J].航天工业管理，2016(3)：48.

[4] SpaceX公司首次完成商业卫星发射[J].航天工业管理，2013(12)：41.

[5] SpaceX公司宣布2018年开展火星任务.国防科技信息网，2016.

[6] 轨道ATK和SpaceX获美空军推进系统研发合同.航天工业管理，2016(2)：45.

[7] 国际商业发射市场的黑马[J].国际太空，2016(5)：44-47.

[8] 刘威.掀起大航天序幕一角的SpaceX.军事文摘，2016(3)：12-14.

[9] 刘畅.ATK公司与轨道科学公司并购重组案例研究[J].卫星应用，2016(8)：57-61.

[10] 轨道科学公司发射首艘“天鹅座”货运飞船[J].中国航天，2013(11)：21-23.

[11] 张振华，白明生，石泳，张健.国外商业航天的发展及启示[J].中国航天，2015(11)：31-39.

[12] 美国轨道科学公司“天鹅座”飞船与国际空间站成功对接[J].国防科技信息网，2013，10.

［13］ 光波．美国轨道科学公司简介［J］．中国航天，2006（6）：20-23.

［14］ 吴勤，张梦湉．美国商业航天发展分析［J］．国际太空，2016（5）：6-11.

［15］ 张蕊．美国载人航天商业化研究（上）［J］．国际太空，2016（4）：62-68.

［16］ 张蕊．美国载人航天商业化研究（中）［J］．国际太空，2016（5）：28-36.

［17］ 高建．浅析美国航天商业化的发展［J］．卫星应用，2016（6）：67-71.

［18］ 文朝霞．商业航天发射市场发展综述［J］．中国航天，2015（5）：45-50.

［19］ 黄志澄．商业航天是美国太空探索的新动力［J］．国际太空.2016，（5）：64-68.

［20］ 张京男．中美军工企业军民融合发展模式探析［J］．军民两用技术与产品，2015（7）：47-52.

［21］ 方勇．NASA“手机卫星”技术转化为“鸽群”商业卫星项目［J］．卫星与网络，2016（6）：34-35.

［22］ 邓雪梅．成群的小卫星将提供地球大片实时图像——紧盯地球的“眼睛”［J］．世界科学，2014（4）：19-20.

［23］ 美国企业家对商业航天政策的思考［J］．国际太空，2016（5）：22-23.

［24］ 美行星实验室公司将建纳星遥感星座［J］．中国航天，2013（8）：24-25.

［25］ 蓝色起源公司成功实现火箭软着陆并完成回收［J］．航天工业管理，2015（12）：35.

［26］ 蓝色起源将加快 New Sheperd 试飞工作．航天工业管理，2016（2）：47.

［27］ 张雪松．起底蓝色起源［J］．太空探索，2015（7）：38-42.

［28］ 有望改变世界的 12 项“黑科技”．中国科技奖励，2016（6）：10-13.

［29］ 龚燃．“天空卫星”SkySat［J］．卫星应用，2016（7）：82.

［30］ 周宇，王鹏，傅丹膺．SkySat 卫星的系统创新设计及启示［J］．航天器工程，

2015，24（5）：91-98.

［31］ 刘悦．美发布《初创航天领域投资报告》［J］．卫星应用，2016（5）：52-55.

［32］ 刘韬．美国“天空卫星”技术探析［J］．国际太空，2015（12）：66-69.

［33］ 曹世博.2015年商业通信卫星市场综述（上）［J］．中国航天，2016（5）：43-47.

［34］ 曹世博.2015年商业通信卫星市场综述（下）［J］．中国航天，2016（6）：44-46.

［35］ 刘姝.2015年遥感卫星市场综述（上）［J］．中国航天，2016（6）：46-49.

［36］ 刘姝.2015年遥感卫星市场综述（下）［J］．中国航天，2016（7）：45-48.

［37］ 王燕．全球首个充气式活动太空舱成功展开及其影响分析［J］．中国航天，2016（7）：16-22.

［38］ 文青.2016年《卫星产业状况报告》［J］．卫星应用，2016（6）：61-66.

［39］ 张召才．从《航天报告》（2016）看全球航天发展态势［J］．卫星应用，2016（8）：16-25.

［40］ 齐真.2016年全球地球静止轨道商业通信卫星市场综述［J］．国际太空，2017（3）：16-21.

［41］ 孙红俊，等．英国出台首部《国家航天政策》［J］．中国航天，2016（1）：22-25.

［42］ 刘宸妤．法国公布商业航天投资举措．中国航天，2015（11）：52-53.

［43］ 李剑刚.《美国法典》国家商业空间法专编研究［J］．中国航天，2012（1）：52-54.

［44］ 张振军．关于中国商业航天的法律思考．中国航天，2015（12）：8-12.

［45］ 王国语，陶阳子．美国《2015外空资源探索与利用法》的分析及应对建议［J］．中国航天，2015（12）：21-25.

［46］ 蒿旭．领跑太空2.0时代——美国商业航天发展综述［J］．航空世界，2016（9）：36-53.

［47］ 王聪，梁晓莉，等．NOAA发布商业航天政策，2015.

［48］ 陈建光，王聪，等．NGA发布商业地理空间情报战略，2015.

［49］ The Tauri Group.The space report 2016［R］.www.SpaceFoundation.org.

［50］ Space Foundation.State of the Satellite Industry Report 2016［R］.space.taurigroup.com.

［51］ U.S.Code:Title51-NATIONAL AND COMMERCIAL SPACE PROGRAMS.www.law.cornell.edu/uscode/text/51.

［52］ NASA.Commercial Orbital Transportation Services (COTS), 2014 Jun.

［53］ NASA.Boeing CCtCap Contract, 2013 Nov.

［54］ NASA.SpaceX CCtCap Contract, 2013 Nov.

［55］ brycetech.The Annual Compendium of Commercial Space Transportation: 2017［R］.https://brycetech.com.

［56］ The Tauri Group.Start-Up—Space Rising Investment in Commercial Space Ventures.https://brycetech.com.

［57］ OneWeb Contract A Milestone For Virgin Galactic' s Smallsat Launch Effort, June 25, 2015.http://spacenews.com/oneweb-contract-a-milestone-for-virgin-galactics-smallsat-launch-effort.

［58］ Satellite industry generated more than $260 billion in revenues in 2016, according to new report, July 12, 2017.

［59］ SpaceX still plans for first flight of a Falcon 9 with reused first stage this month, March 9, 2017.http://spacenews.com/spacex-still-plans-for-first-flight-of-a-falcon-9-with-reused-first-stage-this-month.

[60] SpaceX demonstrates rocket reusability with SES-10 launch and booster landing, March 30, 2017.http://spacenews.com/spacex-demonstrates-rocket-reusability-with-ses-10-launch-and-booster-landing.

[61] SpaceX launches first spy satellite after 24-hour hold, May 1, 2017. http://spacenews.com/spacex-launches-first-spy-satellite-after-24-hour-hold.

[62] SpaceX successfully launches JCSat-16 satellite, faces crowded end-year manifest, August 14, 2016.http://spacenews.com/spacex-successfully-launches-jcsat-16-satellite-faces-crowded-end-year-manifest.

[63] SpaceX to launch SES-10 on previously flown Falcon 9 this year, August 30, 2016.http://spacenews.com/spacex-to-launch-ses-10-satellite-on-reused-falcon-9-by-years-end.

[64] SpaceX demonstrates rocket reusability with SES-10 launch and booster landing, March 30, 2017.http://spacenews.com/spacex-demonstrates-rocket-reusability-with-ses-10-launch-and-booster-landing.

[65] SpaceX still plans for first flight of a Falcon 9 with reused first stage this month, March 9, 2017.http://spacenews.com/spacex-still-plans-for-first-flight-of-a-falcon-9-with-reused-first-stage-this-month.

[66] SpaceX to reuse Dragon capsules on cargo missions, October 14, 2016.http://spacenews.com/spacex-to-reuse-dragon-capsules-on-cargo-missions.

[67] Second SpaceX commercial crew mission ordered by NASA, August 1, 2016.http://spacenews.com/second-spacex-commercial-crew-mission-ordered-by-nasa.

[68] SpaceX wins $82 million contract for 2018 Falcon 9 launch of GPS 3 satellite, April 27, 2016.http://spacenews.com/spacex-wins-82-million-contract-for-2018-falcon-9-launch-of-gps-3-satellite.

[69] SpaceX Falcon 9 launches Dragon, lands first stage, April 8, 2016. http://spacenews.com/spacex-falcon-9-launches-dragon-lands-first-stage.

[70] SpaceX says reusable stage could cut prices 30 percent, plans November Falcon Heavy debut, March 10, 2016.http://spacenews.com/spacex-says-reusable-stage-could-cut-prices-by-30-plans-first-falcon-heavy-in-november.

[71] Orbital, Sierra Nevada, SpaceX win NASA commercial cargo contracts, January 14, 2016.http://spacenews.com/orbital-sierra-nevada-spacex-win-nasa-commercial-cargo-contracts.

[72] Orbital ATK, SpaceX Win Air Force Propulsion Contracts

by Mike Gruss — January 13, 2016.http://spacenews.com/orbital-atk-spacex-win-air-force-propulsion-contracts.

[73] Orbital Developing Rocket To Compete With SpaceX, ULA, January 14, 2016.http://spacenews.com/orbital-developing-rocket-to-compete-with-spacex-ula.

[74] With ATK Merger, Orbital Would Bring More Satellite and Rocket Work In-House, April 29, 2014.http://spacenews.com/40386with-atk-merger-orbital-would-bring-more-satellite-and-rocket-work-in.

[75] Orbital to launch next Cygnus mission on Atlas 5, November 4, 2016.http://spacenews.com/orbital-to-launch-next-cygnus-mission-on-atlas-5.

[76] Orbital ATK: Commercial satellite market sagging, profit up on NASA cargo contract, August 10, 2016.http://spacenews.com/orbital-atk-commercial-satellite-market-sagging-profit-up-on-nasa-cargo-contract.

[77] Orbital ATK wins $29.2 million contract for NRO launch, December 9, 2016.http://spacenews.com/orbital-atk-wins-29-2-million-contract-for-nro-launch.

[78] Orbital ATK expects decision on new rocket by early 2018, March 10, 2017.http://spacenews.com/orbital-atk-expects-decision-on-new-rocket-by-early-2018.

[79] Orbital ATK wins $78 million contract for next Space Test Program satellite, February 9, 2017.http://spacenews.com/orbital-atk-wins-78-million-contract-for-next-space-test-program-satellite.

[80] Orbital ATK Completing Final Report on Antares Failure, July 30, 2015.http://spacenews.com/orbital-atk-completing-final-report-on-antares-failure.

[81] Sierra Nevada Corporation passes key milestone in NASA commercial cargo contract, May 26, 2017.http://spacenews.com/sierra-nevada-corporation-passes-key-milestone-in-nasa-commercial-cargo-contract.

[82] Sierra Nevada Corp.prepares for next round of Dream Chaser tests, July 29, 2016.http://spacenews.com/sierra-nevada-corp-prepares-for-next-round-of-dream-chaser-tests.

[83] GAO Denies Sierra Nevada Protest of Commercial Crew Contract, January 5, 2015.http://spacenews.com/gao-denies-sierra-nevada-protest-of-commercial-crew-contract.

[84] Documents Show How Boeing and SpaceX Won Commercial Crew Amid Schedule Concerns, January 21, 2015.http://spacenews.com/documents-show-how-boeing-and-spacex-won-commercial-crew-amid-schedule-concerns.

[85] Sierra Nevada Plans To Resume Dream Chaser Flight Tests, October 8, 2015.http://spacenews.com/sierra-nevada-plans-to-resume-dream-chaser-flight-tests.

[86] Sierra Nevada Hopes Dream Chaser Finds "Sweet Spot" of ISS Cargo Competition, March 17, 2015.http://spacenews.com/sierra-nevada-hopes-dream-chaser-finds-sweet-spot-of-iss-cargo-competition.

[87] Sierra Nevada, SpaceX Get Commercial Crew Extensions from NASA, April 4, 2015.http://spacenews.com/sierra-nevada-spacex-get-commercial-crew-extensions-from-nasa.

[88] Sierra Nevada Reviews Options for Dream Chaser's Future, October 3, 2014.http://spacenews.com/42079sierra-nevada-reviews-options-for-dream-chasers-future.

[89] Blue Origin's New Shepard Vehicle Makes First Test Flight, April 30, 2015.http://spacenews.com/blue-origins-new-shepard-vehicle-makes-first-test-flight.

[90] Blue Origin still planning commercial suborbital flights in 2018, April 5, 2017.http://spacenews.com/blue-origin-still-planning-commercial-suborbital-flights-in-2018.

[91] Blue Origin suffers BE-4 testing mishap, May 15, 2017.http://spacenews.com/blue-origin-suffers-be-4-testing-mishap.

[92] Blue Origin signs OneWeb as second customer for New Glenn reusable rocket, March 8, 2017.http://spacenews.com/blue-origin-gets-oneweb-as-second-new-glenn-customer.

[93] OneWeb Satellites to open factory in Florida with eyes on business beyond OneWeb, April 18, 2016.http://spacenews.com/oneweb-satellites-to-settle-in-exploration-park-florida-with-eyes-on-business-beyond-oneweb.

[94] OneWeb breaks ground on a Florida factory that will build thousands of satellites.June 1, 2017.http://spacenews.com/oneweb-breaks-ground-on-a-florida-factory-that-will-build-thousands-of-satellites.

[95] OneWeb gets $1.2 billion in SoftBank-led investment, December 19, 2016.http://spacenews.com/oneweb-gets-1-2-billion-in-softbank-led-investment.

[96] Blue Origin signs OneWeb as second customer for New Glenn reusable rocket.March 8, 2017.http://spacenews.com/blue-origin-gets-oneweb-as-second-new-glenn-customer.

[97] OneWeb weighing 2, 000 more satellites, February 24, 2017.http://spacenews.com/oneweb-weighing-2000-more-satellites.

[98] FCC set to vote on license for OneWeb, following potential collapse of Intelsat merger, June 2, 2017.http://spacenews.com/fcc-set-to-vote-on-license-for-oneweb-following-potential-collapse-of-intelsat-merger.

[99] Virgin Galactic receives FAA license for SpaceShipTwo tests, August 2, 2016.http://spacenews.com/virgin-galactic-receives-faa-license-for-spaceshiptwo-tests.

[100] Spotlight Bigelow Aerospace, March 25, 2013.http://spacenews.com/34537spotlight-bigelow-aerospace.

[101] Planet to acquire Terra Bella from Google, February 3, 2017.http://spacenews.com/planet-to-acquire-terra-bella-from-google.

[102] Planet unveils satellite imagery online tool, March 10, 2017.http://spacenews.com/?s=Skybox+Imaging.